Study on Exchange Rate Risk and the Tolerance of Chinese Enterprises

汇率风险与我国企业承受能力研究

谢　非　胡大江◎著

经济管理出版社
ECONOMY & MANAGEMENT PUBLISHING HOUSE

图书在版编目（CIP）数据

汇率风险与我国企业承受能力研究/谢非，胡大江著．—北京：经济管理出版社，2020.5
ISBN 978－7－5096－7093－4

Ⅰ.①汇… Ⅱ.①谢… ②胡… Ⅲ.①人民币汇率—汇率波动—影响—企业管理—资本管理—风险管理—研究—中国 Ⅳ.①F279.23

中国版本图书馆 CIP 数据核字(2020)第 079438 号

组稿编辑：胡　茜
责任编辑：胡　茜　张玉珠
责任印制：黄章平
责任校对：陈晓霞

出版发行：经济管理出版社
（北京市海淀区北蜂窝 8 号中雅大厦 A 座 11 层　100038）
网　址：www. E－mp. com. cn
电　话：（010）51915602
印　刷：北京晨旭印刷厂
经　销：新华书店
开　本：720mm×1000mm/16
印　张：14.25
字　数：256 千字
版　次：2020 年 8 月第 1 版　　2020 年 8 月第 1 次印刷
书　号：ISBN 978－7－5096－7093－4
定　价：69.00 元

本专著献给重庆理工大学八十华诞

序　言

汇率制度是一国货币当局对汇率变动基本方式所做的一系列安排和规定，是国家货币政策意志的体现。在布雷顿森林体系下，国际汇率制度有固定汇率制、联系汇率制和浮动汇率制。2005 年 7 月 21 日，我国实施了以供求为基础，参考一揽子货币的有管理的浮动汇率制度，这标志我国金融体制开始向市场化、国际化方向迈进。人民币汇率不再单向变动，出现双向波动特征。因此，我国企业在国际贸易中面临着越来越大的汇率风险挑战。

以 2007 年美国次贷危机为标志的全球金融危机，是自 1929 年世界经济大萧条以来全球影响最为深刻的经济事件。金融危机将美国乃至全球经济推向了衰退的境地。在经济全球化格局中，美国金融危机所导致的世界经济秩序混乱和负面影响十分深远，不仅严重破坏了国际金融体制，产生了“多米诺骨牌效应”，同时还蔓延到实体经济及国际贸易领域。

金融危机使全球大多数国家都无法独善其身。自改革开放以来，我国经济发展的对外依存度不断提高，国际贸易深受金融危机影响，主要表现是，我国企业在国际贸易中面临产品和服务订单数量下降以及汇率升值和汇率波动等多重风险，而表现最直接的就是进出口总值下降，从 2008 年 11 月至 2009 年 7 月，我国进出口总值连续 9 个月同比负增长，平均负增长率高达 20.1%。同时，金融危机还使原有订单的后续执行更加困难。一方面，在金融危机的冲击下，一些国家特别是新兴经济市场国家的对外偿付能力、主权担保可靠性、汇率政策稳定性等受到较大冲击，这些国家的本币相对人民币短期内大幅度贬值，致使买家偿付能力降低。另一方面，随着美国金融危机向全球各个金融市场蔓延，银行稳健经营的基础遭到破坏，流动性普遍严重紧缩，许多非常著名的银行遇到前所未有的冲击。在全球银行信用纷纷被降级的情况下，出口贸易中涉及信用证结算等银行信用业务面临被降级的风险日益加大。同时，银行等相关金融机构为了降低风险实行信贷紧缩，致使部分公司无法从银行贷款。企业支付能力的降低和银行信贷的紧缩，迫使国际贸易中的买方企业不得不通过延长付款期限等方式来缓解资金压力。更为严重的是，一些客户单方面终止合同，屡屡发生赖账现象。

由于上述种种原因，金融危机使企业特别是出口企业在收汇时间和收汇频率等收汇环节中增加了许多不确定性。与此同时，人民币浮动汇率制度的实施，增加了企业国际贸易不同时间收汇的损益，使企业的国际贸易面临新的风险——汇率风险。

国内有关国际贸易与汇率风险关系的研究大部分表明汇率波动会影响企业国际贸易。企业应该对汇率风险进行管理，采取一定措施规避汇率风险，以减少企业因汇率波动带来的损失。目前，国内关于该问题的研究不多，且主要集中在利用金融衍生工具和运作对冲策略来规避汇率风险。从已有的研究来看，该领域研究基本停留在对客观情况的描述和调查，以此得出企业可以运用金融衍生工具或运作性对冲工具来规避风险的研究结论，但对企业如何运用金融衍生工具或运作性对冲策略来规避汇率风险的成效和相关实证研究并不多见。

就风险度量方法研究而言，方差方法是在假定收益率的概率分布确定的情况下，用资产收益率的期望来度量预期收益，用资产收益的标准差来度量风险，这种方法不能有效地反映风险概念并识别风险。下方风险法在方差方法的基础上进行修正，引入风险基准或参照水平替代方差方法中的均值来度量风险并进行风险决策。然而，其判断结果在一致性上存在问题。因此，用这两种方法来度量风险过于抽象，且方差方法直接反映的是市场波动幅度，无法准确定义和度量风险。受险价值方法即 VaR 方法考虑的是金融资产或证券组合在一定置信水平下和持有期限内预期的最大可能损失值，这种方法并不关注超过最大可能损失值的情况。相比前两种方法，VaR 方法更直观也更客观，而且还能适用于观测多种类型的投资风险。不过，VaR 的计算方法也存在一些缺陷，即不能预警、误差较大，而且缺乏次可加性，不能进行组合优化。

条件风险价值（CVaR）方法是由 VaR 方法发展而来，代表了超额损失的平均水平，是一种有利于防范小概率极端金融风险的风险度量和优化工具。CVaR 是一致性的风险度量方法，它具备一致性风险度量的性质：正齐性、平移不变性、单调性和次可加性及凸性。该方法是目前较常用的一种金融风险度量方法。

需要注意的是，CVaR 方法和 VaR 方法一样，是一种静态的风险度量方法，对投资风险或者投资风险的概率分布比较严格，难以处理投资风险概率分布不确定的情况，而且也只适用于投资额和投资期均固定的情况，难以处理投资期中间出现现金流的情况。动态风险度量模型和相应的动态 CVaR 是一种动态风险度量方法，能处理多期、动态投资的投资风险度量问题，不过该方法不易理解、求解较难，并且计算工作量较大，因此其应用受到很大的限制。

对于汇率风险管理与规避研究，目前的重点放在金融资产本身和确定条件下的风险研究上，较少有研究不确定条件下的汇率风险问题。而且关于不确定条件下的汇率风险研究也只是研究汇率变化所带来的不确定性结果，也就是说研究的是结果的不确定性，而非条件的不确定性。其实，在现实的金融领域内，经济变量之间存在很大的相关性，且受外部环境影响，某些变量也会存在一定的不确定性情况，在汇率风险管理的研究中也应该考虑这些问题。

对企业国际贸易而言，汇率风险是肯定存在的，也必然会给企业国际贸易带来影响。然而汇率为什么会有风险？对企业国际贸易的影响有多大？除了浮动汇率制度等政策因素外，在企业国际贸易交易过程中是否还存在其他因素导致的汇率风险？在企业国际贸易环境不断变化，金融危机蔓延的今天，收汇期和收汇额度不确定已经日益成为企业国际贸易中的突出问题，这些因素影响企业结汇而导致的汇率风险将有多大？在此背景下，企业又如何进行国际贸易汇率风险管理？这些问题在现在的文献中都难以找到答案，而这些问题的存在正是本书的由来和价值所在。

专著《汇率风险管理与企业承受能力研究》，是在对我国实行浮动汇率制度后的企业汇率风险大小和规避情况进行调研的基础上，基于金融学、管理学、数理统计、博弈论和数量模型等相关理论，对人民币汇率风险的度量方法及度量模型进行了深入研究，在我国浮动汇率制度下的汇率风险度量和规避理论研究方面均有所创新。同时，通过对汇率波动所带来风险大小的度量，为企业的汇率风险管理提供了依据和判断标准，从而实现企业有效规避汇率风险的目的。

本书的理论价值在于：基于国内外现有风险度量理论，结合人民币浮动汇率制度变革的实际情况，通过对相关数量模型分析和改进，构建了不确定条件下企业国际贸易汇率风险度量和规避的理论模型，并对收汇期不确定和收汇额度不确定条件下的汇率风险度量进行了算例分析。就学术价值而言，本书对我国浮动汇率制度下的企业国际贸易汇率风险度量和规避理论研究方面有所创新。

本书的现实意义是：在浮动汇率制度下，通过对企业汇率风险的度量，可以使企业清楚地认识到所面临汇率风险的大小，从而有助于企业采取不同的风险规避措施，为汇率风险管理提供决策依据和判断标准，从而实现企业有效规避汇率风险的目的。

由于国际贸易汇率风险的度量与规避涉及方方面面，需要研究的领域还很多且非常复杂，期待在后续的研究中再接再厉，期望在汇率风险管理与企业承受能力相关方面的研究中取得更多成果。

目　录

第一章 绪 论

第一节 研究背景及意义

自改革开放以来，我国经济社会发展已经取得了举世瞩目的成绩。我国经济总量由1978年的3650亿元增长到2018年的90.03万亿元，GDP每年的增速均高于6%（见图1－1和图1－2）。截至2018年我国GDP总量已位居全球第二。在全球经济一体化进程中，我国经济总量对世界经济总量的贡献率和世界经济对我国经济的影响力正日益增强。因此，中国经济全方位的对外开放格局将进一步形成。

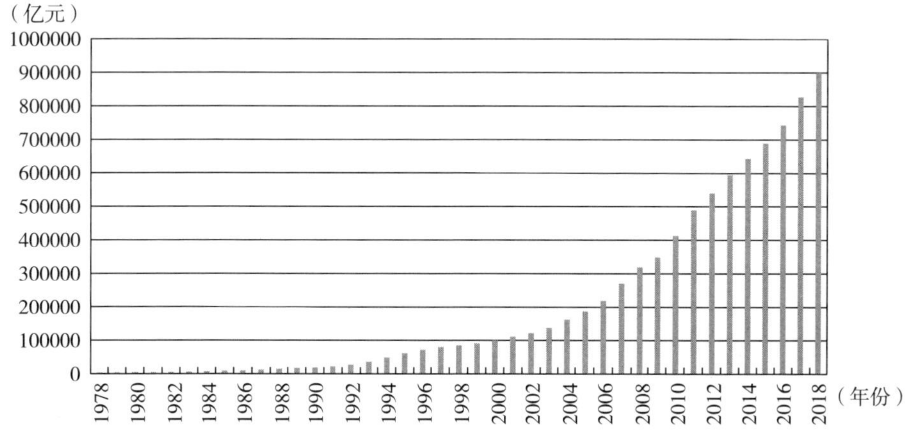

图1－1 1978～2018年我国GDP总量变化

资料来源：根据中经网统计数据库整理而得。

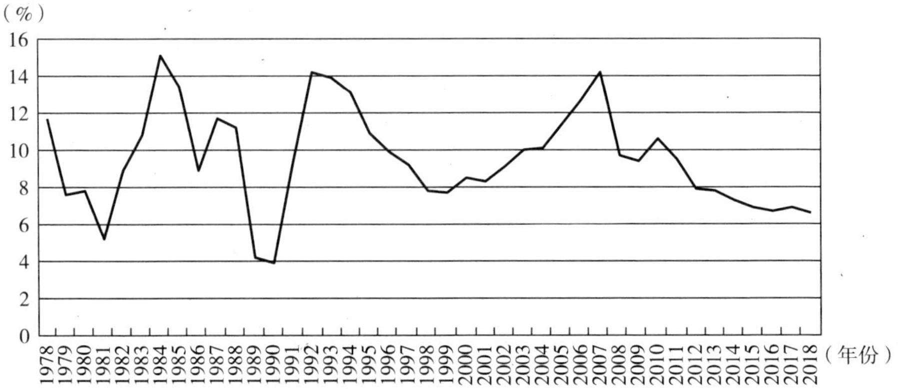

图 1-2　1978~2018 年我国 GDP 增长率变化

资料来源：根据中经网统计数据库整理而得。

我国汇率变化及波动是渐进的。2005~2007 年人民币汇率变动幅度较小，2007 年人民币开始呈现加速升值状态，2007 年人民币兑美元升值 6.46%，2008 年人民币兑美元升值 6.43%，且日间波动性逐渐增强。2010 年 6 月我国进一步加大汇率制度改革，人民币汇率波动性进一步增强，到 2018 年 12 月底，人民币兑美元名义汇率较 2005 年汇改前已累计升值 14.69%（见图 1-3）。2009 年 7 月，中国启动跨境人民币结算业务试点工作，这标志着人民币国际化进程正式启动。在人民币走向国际化的近十年历程中，我国先后历经了跨境人民币结算项目的全面放开、实施"一带一路"倡议、组织设立亚洲基础设施投资银行及加入特别提款权（SDR）货币篮子的重大国际化发展举措。根据中国人民银行的统计数据显示，跨境人民币结算金额从 2009 年的 35.8 亿元猛增至 2018 年的 5.11 万亿元，已覆盖 170 多个国家，人民币稳居中国跨境收付的第二大货币。国家外汇管理局决定从 2014 年 3 月 17 日起，人民币汇率浮动区间由原来的日间波动率 ±1% 扩大到 ±2%。与此同时，我国外汇储备由 2014 年值峰 3.9 万亿美元下降到 2018 年 12 月的 3.07 万亿美元（见图 1-4）。2015 年 12 月国际货币基金组织（IMF）决定于 2016 年 10 月将人民币加入 SDR 货币篮子，其货币构成为美元、欧元、人民币、英镑和日元五种货币，人民币在 SDR 货币篮子中所占份额为 10.92%（见图 1-5）。因此，人民币汇率波动将呈现双向波动且波动幅度加大的新特征。

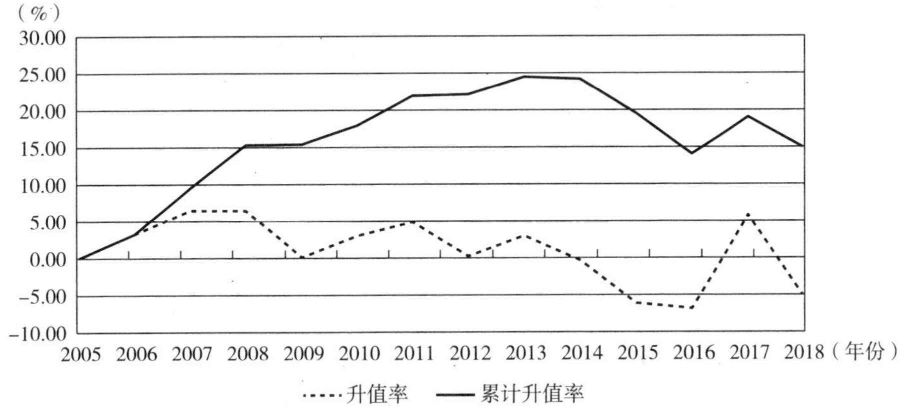

图 1-3 2005~2018 年人民币兑美元名义汇率波动

资料来源：根据国家外汇管理局相关统计数据整理而得。

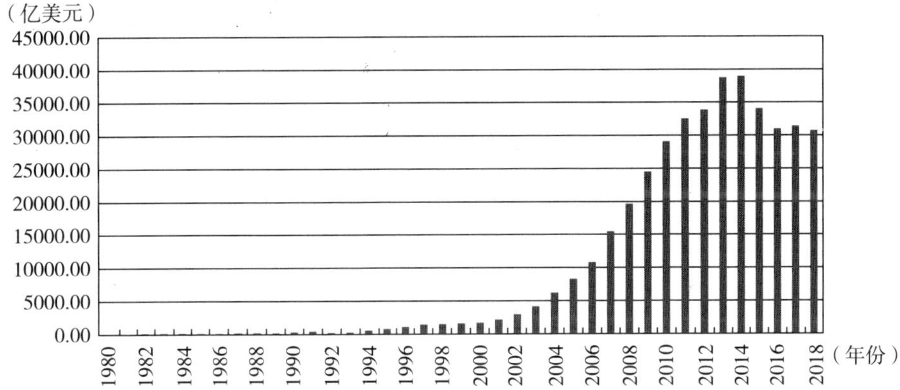

图 1-4 我国外汇储备

资料来源：根据国家外汇管理局相关统计数据整理而得。

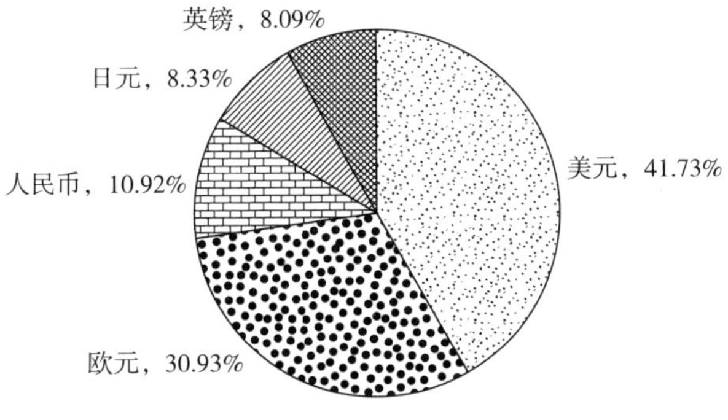

图 1-5 特别提款权（SDR）货币篮子

2000~2018年，我国对外贸易获得了长足发展，进出口总额由2000年的4742.97亿美元增至2018年的46224.16亿美元，总体增长了8.75倍。其中，进口总额由2000年的2250.94亿美元增至2018年的21357.34亿美元，增长了8.49倍，出口总额由2000年的2492.03亿美元增至2018年的24866.82亿美元，增长了8.98倍（见图1-6）。我国货物进出口贸易排名亦由2000年的世界第七攀升至2014年的世界第一，我国已成为世界第一贸易大国。

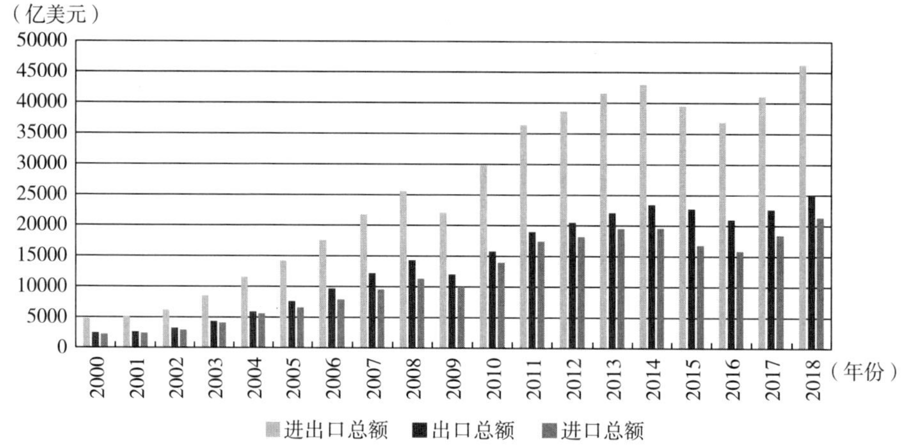

图1-6　2000~2018年我国进出口情况

资料来源：根据国家统计局相关数据整理而得。

自2005年我国开始实施以市场供求为基础、参考一篮子货币进行调节的、有管理的浮动汇率制度以来，人民币汇率波动频率加快、资本项目可兑换加快推进、离岸人民币市场迅速扩大、境外资产规模不断增加、资本项目可兑换稳步推进和利率市场化程度不断提高。这不仅使企业的国际贸易不可避免地面临越来越多的外汇风险，同时在一定程度上给企业带来了总资产价值风险、贸易收入风险、经营成本风险、盈利能力风险、负债风险等风险，也给中国人民银行汇率管理带来了难度。

党的十八届三中全会提出了全面深化改革的总体目标，"十三五"规划明确提出到2020年我国将全面实现建成小康社会的总体目标。目前我国正实施"一带一路"倡议，我国必将形成更深层次的全方位对外合作的新格局。在此背景下，我国企业将越来越多地参与到国际经济与贸易的活动中，在充分发挥自身优势的基础上，参与国际分工，拓展新的经贸合作领域。这是中国企业实现自身发展的重要战略机遇。

因此，在浮动汇率制度和“一带一路”倡议的大背景下，人民币汇率风险将以常态化的特征存在于涉外企业的国际贸易活动中，我国涉外企业国际贸易将直面人民币汇率风险的挑战。

据国家统计局相关数据显示，我国贸易顺差额已从2000年的241.09亿美元增至2018年的3509.48亿美元（见图1－7）。在这期间，国际贸易顺差额增长了13.56倍。贸易顺差的增长显示我国外汇储备成比例的增长，表明我国人民币汇率风险暴露头寸增加，即我国涉外企业人民币汇率风险的暴露头寸也在快速增加。

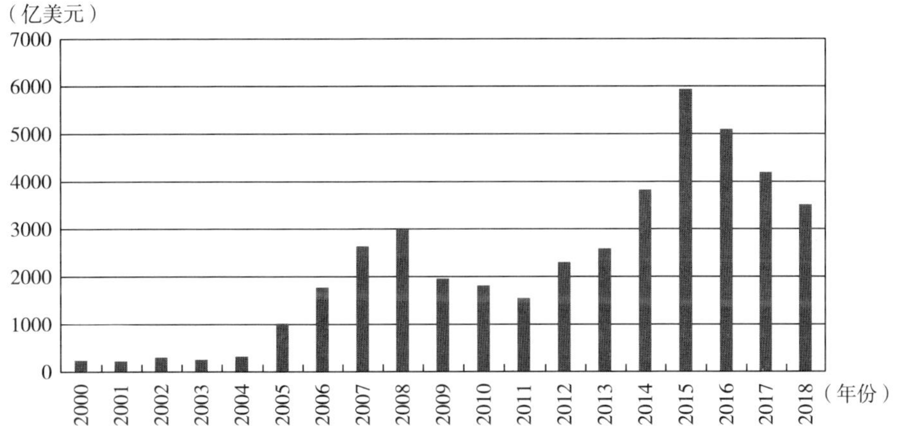

图1－7 2000～2018年我国贸易顺差情况

资料来源：根据国家统计局相关数据整理而得。

此外，人民币汇率变动结束单边升值，正在向双向波动状态发展，人民币汇率风险同时影响到出口企业和进口企业，这使有人民币汇率风险的企业数量大幅上升。2014年第一季度人民币汇率出现了较大波动，甚至出现“急贬”的情况。航空公司、原油加工企业等进口刚性较大的企业受人民币贬值的冲击较大。人民币贬值导致了这些企业运营成本的大幅上涨，以本币计量的外币负债也相应增加。例如，中国航空运输企业以美元计价的净债务主要来源于偿还购买飞机时所产生的国际贷款和支付国际航班的航空燃油费用，这些净债务占到总债务的80%左右，因2014年2月人民币汇率下挫使中国航空运输企业总体的汇兑亏损达7亿人民币。

我国企业正面临着更加复杂多变的国际经济环境。其原因：①各国经济恢复缓慢，欧债危机的阴霾还未完全消退；②各国间的货币竞争加剧，相关国家都实施了量化宽松的货币政策，世界主要国家之间货币的汇率波动趋势明显。由于全球经济下滑，我国企业的国际贸易额下降，企业生产成本尤其是劳动力成本不断上升，以及人民币汇率波动加大，我国企业的国际贸易形势不容乐观，汇率及人民币汇率风险对国际贸易实务的影响日趋明显。因此，加强涉外企业的人民币汇率风险管理，增强企业汇率风险承受能力，这是我国涉外企业面临的重要课题。

就整体而言，我国企业抵御汇率风险的能力偏低，这主要来源于以下三个方面：第一，我国部分企业汇率风险意识淡薄，从调研情况来看，许多企业尤其是中小型企业对汇率风险管理的认知水平较低，许多企业只能被动地接受因人民币汇率变动所引起的损益变化。第二，我国企业应对汇率风险的能力欠缺，2005年汇改之前人民币汇率一直较为稳定，我国企业没有机会也没有必要从事外汇市场交易，国家承担了汇率风险，这使我国企业在应对汇率风险方面的能力欠缺。第三，我国部分企业的汇率风险管理水平较低，在应对汇率变化的措施方面（含衍生产品选择）手段被动，在应对汇率变化的机制方面存在制度缺陷，在汇率风险管理的成本方面普遍偏高。

总之，由于我国涉外企业规避人民币汇率风险的能力较低，同时在人民币升值、人民币汇率弹性增强，以及国际国内复杂经济政治环境下，国内相关企业在未来较长时间内都将面临汇率及汇率风险问题。无论是次贷危机后的人民币快速升值还是人民币目前开始双向大幅的波动，对企业汇率风险的管理能力和汇率风险承受能力来讲都是严峻的考验。为了应对汇率风险，国务院国有资产监督管理委员会要求国有企业全面加强风险防范，建立健全人民币汇率风险应急管理机制，提高企业应对各类风险突发事件的管理能力。目前，中央企业等相关企业正在加强在汇率风险防范、监控和管理等方面的工作。涉外企业加强汇率风险管理能力，提高其汇率风险的承受能力，建立科学的汇率风险应急管理机制具有重要的现实意义。

自党的十九大以来，人民币利率市场化步伐明显加快，汇率形成机制改革进一步推进，人民币资本项目可兑换也在稳妥推进。但是在资本项目可兑换及人民币国际化的进程中，如何借鉴主要国际货币汇率管理的经验？如何发挥汇率对人民币国际化的重要促进作用？正确解答这些问题也使研究人民币国际化进程中汇率管理显得更具紧迫性。

自人民币国际化以来，人民币汇率波动幅度明显扩大，双向波动已成为汇率运行的新常态，跨境人民币净支付、境内外利差成为影响人民币名义汇率波动的主要因素。此外，尽管中美贸易战已通过多轮经贸磋商，但是中美贸易关系将在曲折中前进，人民币兑美元的汇率波动也会加大。因此，研究在人民币国际化进程中对汇率的有效管理策略，使其保持在合理均衡的水平上相对稳定，对我国经济内外均衡发展和人民币国际化进程具有重要意义。

本书将对我国汇率改革、人民币汇率波动、人民币国际化等进行分析，对中国人民银行外汇干预、人民币国际化下的实际有效汇率与均衡汇率、企业的汇率风险承受能力等进行实证研究，并在此基础上提出人民币汇率在均衡状态、非均衡状态下的管理策略以及企业汇率风险的规避措施、构建企业汇率风险承受能力、构建企业应急管理机制等相关建议。本书成果希望对涉外企业认识汇率风险、管理汇率风险、提升企业汇率风险承受能力及中国人民银行掌握实际有效汇率与均衡汇率、防范汇率风险有所帮助。

第二节 研究内容及方法

一、研究内容

（一）我国人民币汇率波动趋势及汇率制度分析

从汇率、汇率制度内涵出发，根据我国汇率政策、外汇管理机构及相关数据库提供的数据，对我国汇率改革措施历史沿革、主要贸易国家的货币汇率波动进行分析和研究，以准确把握人民币汇率波动的总体趋势。

（二）外汇干预的条件行为特征分析

从历史数据出发，通过 ADL 模型与 ARCH 模型及 GARCH 模型相结合的方法对中国人民银行外汇干预的逆风向性、市场波动性和市场对称性进行检验，旨在弄清中国人民银行在何种条件下对外汇市场实施最优化的干预措施。

（三）人民币国际化下的汇率管理策略研究

自 2017 年以来，在跨境收支中人民币结算比例不断提高，人民币国际化正从经常项目下的国际收支实施自由兑换的货币国际化第一阶段向资本项目下的国际收支实施自由兑换的货币国际化第二阶段迈进。在人民币国际化背景下，人民币汇率的决定不仅取决于政府支出、贸易条件、贸易开放度、国外净资产等因素，同时也受到境内外利差、离岸人民币资产规模的影响。在人民币国际化背景下，中国人民银行的汇率管理现状是怎样的？中国人民银行的汇率管理目标是什么？实际汇率与均衡汇率的偏差程度是多少？如何更好地使用汇率管理策略以达到中国人民银行汇率管理的目标？

（四）我国涉外企业汇率风险承受能力调查与分析

通过实地调研和查询相关资料，对当前企业汇率风险管理意识、管理手段和方法、汇率风险承受能力的现状进行调查与分析，阐明了企业当前进行人民币汇率风险管控的现实意义。在实地调研和网络查询的基础上，分析涉外企业面临的内外部经营环境以及涉外企业对人民币汇率风险的管理现状，确定了涉外企业人民币汇率风险的影响因素。

（五）建立企业汇率风险度量 VaR－CVaR 模型

在分析涉外企业动态汇率风险影响因素的基础上，根据短期内各币种汇率变化的随机游走性和各外贸企业在贸易结算中的币种构成状况，对涉外企业各币种汇率的 VaR 值和 CVaR 值进行加权平均测算出各涉外企业的汇率风险。本书采用 VaR－CVaR 与加权平均相结合的方法测算涉外企业的汇率风险，本书较好地克服了人民币只对单一货币风险研究的局限性。

（六）进行涉外企业汇率风险度量的实证分析

根据所建立的企业汇率风险度量 VaR－CVaR 模型，收集历史汇率数据对该模型的效度和信度进行验证，并对企业所面临的汇率风险进行动态测量。

（七）建立涉外企业汇率风险承受能力评价体系

对相关涉外企业进行实地调研和问卷分析，归纳总结出涉外企业人民币汇率风险承受能力的决定因素，建立起涉外企业人民币汇率风险承受能力评价指标体系。

（八）建立涉外企业汇率风险承受能力等级评级体系

根据建立的涉外企业人民币汇率风险承受能力评价指标体系，运用专家评分法及多级模糊综合评判模型，评估了我国相关出口型企业汇率风险承受能力的等级。将企业汇率风险承受能力从定性研究向定量研究迈出了坚实的一步。

（九）汇率风险应急机制研究

基于汇率风险的特点，结合应急管理的相关理论，将涉外企业人民币汇率风险管理应急机制划分为五部分（五个一级指标）：预防子机制、预警子机制、反应子机制、控制子机制、恢复子机制。结合涉外企业人民币汇率风险的特点，构建科学的涉外企业人民币汇率风险应急管理机制的二级指标体系。在此基础上运用解释结构模型（ISM）对涉外企业汇率风险应急机制指标体系、指标的逻辑结构及指标的相互影响等进行分析，研究得出多层次递阶的涉外企业人民币汇率风险应急管理机制解释结构模型，并建立了涉外企业汇率风险应急机制的属性综合评价系统。

（十）提出涉外企业外汇风险能力及规避外汇风险的相关对策建议

第一，提升涉外企业汇率风险承受能力的相关建议，根据建立的多级模糊综合评判模型中所涉及的涉外企业汇率风险承受能力的相关指标及需要注意的事项，提出了涉外企业增强汇率风险承受能力的相关举措，并对提升涉外企业汇率风险承受能力的方式提出了建议。第二，提出了企业在涉外活动中规避汇率风险的措施，在定性研究及定量研究的基础上，结合实证分析，提出涉外企业应该如何选择外汇币种及数量来有效规避汇率风险的策略，以达到提升涉外企业汇率风险承受能力的目的。

（十一）提出汇率管理的相关建议

在分析中国人民银行外汇干预的行为特征、测算人民币有效汇率及均衡汇率的基础上，运用 ARCH 模型、GARCH 模型、BEER 模型等进行实证分析，提出中国人民银行在人民币汇率均衡状态、非均衡状态、人民币国际化下初级阶段和高级阶段的汇率管理策略，以实现降低汇率风险的目的。

二、研究方法

（一）定量分析与定性分析相结合

第一，在实地调研和收集相关网络资料的基础上，定性地分析了我国涉外企业当前形势下的汇率风险状况，同时，利用相关数据，综合运用经济学、金融学等学科的相关原理与方法来度量涉外企业的汇率风险。第二，通过对中经网统计数据库、中国外汇交易中心、国家外汇管理局等相关数据定量地分析当期人民币汇率波动特征、人民币国际化的现状，并结合国际借贷说、购买力平价理论、汇率超调理论、汇率失调理论等来测算人民币汇率的失调程度。

（二）实证分析法

在理论研究的基础上，运用 Matlab、Eviews 等软件进行实证研究。第一，采用 VaR - CVaR 测算方法，定量计算企业的汇率风险。同时，基于系统工程理论，建立基于 ISM 的多层次递阶的涉外企业人民币汇率风险应急管理机制结构模型以及基于属性综合评价系统的涉外企业人民币汇率风险应急机制评价模型。第二，运用 ADL - ARCH/GARCH 模型实证分析央行外汇干预的逆风向性、央行外汇干预与市场波动性、中国人民银行外汇干预与市场对称性。第三，使用 BEER 模型计算人民币均衡汇率及其失调程度，分别分析人民币当期、长期、实际汇率的失调程度。

（三）对比分析方法

第一，通过改变研究中某些参数变量，对比分析了我国人民币汇率变化前后的结果，这有利于我国涉外企业选择合适的人民币汇率风险度量方法与规避手段来规避其面临的汇率风险，以此来提升企业的汇率风险承受能力。第二，通过分析国外发达国家和发展中国家外汇干预的经验、主要货币国际化的管理策略，对比分析我国汇率管理举措，以及在人民币国际化背景下我国采取的阶段性汇率管理策略，这有利于借鉴国外先进经验，降低汇率风险。

第三节　国内外研究现状

布雷顿森林体系崩溃之后，相关发达国家开始逐步实行有管理的浮动汇率制度。相关国家货币之间的汇率开始出现剧烈波动，而且波动愈加频繁；自 1976 年相关国家签署了《牙买加协议》并全面实施浮动汇率制度以来，汇率波动更加明显。在全球范围内，企业在国际贸易中所面临的诸多挑战中，汇率风险问题日益突出。与此同时，在经济全球化和区域经济一体化浪潮的作用下，国际间的非贸易资本流动日渐频繁，国际投融资、跨国资金往来结算等活动受汇率风险的影响越来越大。此外，近年来世界主要国家货币受金融危机影响，波动加剧，汇率风险已经成为各国汇率管理和企业生产经营活动中不得不直面的问题，并逐渐成为学术界关注的焦点，许多相关研究也围绕着该问题展开。

一、国内外外汇干预研究

（一）国外外汇干预研究

1983 年国际货币基金组织（IMF）根据《杰根森报告》将外汇干预定义为：货币当局为了影响本国货币汇率在外汇市场进行买卖外汇的行为。西方学者率先对央行外汇干预行为进行了探索，并形成了一些有益的研究成果。Eijffinger 和 Almekinders（1994）用德国联邦银行提供的外汇干预日度数据对德国中央银行的外汇干预行为进行了研究，研究发现德国中央银行的外汇干预量存在大量零值。

随后各学者纷纷效仿，发现很多国家的央行在实施外汇干预时，具有不连续的特点。随即 Eijffinger 和 Almekinders（1996）对德国中央银行的外汇干预做了进一步研究，发现德国中央银行只有在干预的必要性超过一定阀值时才会入市干预。基于央行对外汇干预的不连续性，Frenkel，Pierdzioch 和 Stadtmann（2005）运用了 Logit 回归的方法来对日本央行外汇行为进行了分析，其较好解释了日本央行的干预政策，但是却没有反映外汇干预量与影响因素之间的关系。Ito 和 Yabu（2007）结合 Friction 模型和 Probit 模型建立了一个新的模型对日本央行的干预行为进行研究，实证研究结果发现只有在汇率变动偏离了长期移动平均汇率时才会进行干预。Hodgson（2011）利用两阶段最小二乘法对门限回归模型进行了估计，检测和分析了加拿大中央银行的外汇干预行为。Chen，Chang 和 Yu（2012）运用 Tobit－GARCH 模型实证了日本当汇率面临严重的升值压力时，就会买入大量外汇进行干预。关于外汇干预量的研究，由于世界上许多国家并没有公布外汇干预的数据，因此 Suardi 和 Chang（2012）则通过分析月度外汇储备变动量与外汇干预大小、频率之间的协同关系，证明了外汇储备变化量可以作为外汇干预量的替代变量。随着日本、美国等国家外汇干预数据的陆续公布，学者们才开始使用实际干预量对这些国家进行分析。Chen，Chang 和 Yu（2012）认为实际汇率对于汇率长期、汇率中期和汇率短期的目标偏离也会使央行进行外汇干预行为，并且其还认为央行进行外汇干预时的干预成本也会影响干预行为。

（二）国内外汇干预研究

由于我国对外汇干预的研究起步相对较晚且缺乏外汇干预数据，因此我国现阶段研究还停留在研究的初级阶段。在定性研究方面，李平等（1999）基于资产替代理论和汇率目标区间模型，定性分析了西方学者在研究外汇干预中的理论对中国的适用性，并为中国人民银行提高外汇干预的有效性提出了对策建议。何彦（2000）对中国外汇实施冲销的背景和效应做了分析，并针对冲销过程中的冲销工具、基础货币流向和外汇储备方面的问题，提出了中国人民银行在进行冲销干预时的改革思路和建议。郭田勇和陈佳（2006）针对中国汇率改革之后的有效性进行了分析，指出了增强外汇干预效力的关键并提出了相关建议。除此之外，王楠和吕建黎（2006）、徐虹（2007）及朱庆（2007）都对中国外汇市场干预的现状、发展趋势进行了分析，并在此基础上提出了对策建议。

在定量研究方面，刁峰（2001）估计了央行外汇干预反应函数，实证结果表明我国央行在进行外汇干预行为时表现出了逆风向干预和目标干预的特性。随后，刁峰（2002）采用风险溢价模型对中国外汇市场干预的资产组合渠道的有效性进行了实证检验，表明中国外汇市场干预可由资产组合渠道影响汇率。朱杰（2003）推导出央行干预指数的测度方程式，对央行干预指数进行了测算。徐晟和唐齐鸣（2008）实证研究了中国进行汇率改革之后的外汇干预情况，认为央行参考一篮子货币的调整是积极稳定的。张在美、谢赤和孙柏（2010）结合了2-机制TR模型和Friction模型提出了一种新的模型——FTR模型，并对日本外汇干预行为的非线性进行了实证解释。李科和陈平（2010）利用汇率变动增量来验证了中国人民银行外汇干预同样具有逆风向性和非对称性的特征。谢赤和贝籽（2014）运用了TR-GARCH模型来证实了我国央行外汇干预的目标是进行“逆风向干预”和“熨平汇率波动”。

从已掌握的文献来看，虽然关于外汇干预有效性的研究较多，但专门研究外汇干预条件的文献尚少。且多利用2015年汇率改革之前的数据进行研究，所以能够有效反映外汇干预的最新情况不足。因此，本书基于我国1996年1月至2017年7月的月度干预数据，实证分析了我国央行在什么条件下可以实施外汇干预，为国家更加有效地调控外汇市场、稳定汇率波动提供了参考，具有一定的理论价值和现实意义。

二、国内外关于汇率测算及货币国际化研究

汇率管理的前提是汇率出现失调。汇率失调指的是实际汇率偏离均衡汇率的程度。因此，在研究人民币国际化下的汇率管理策略时，可以将国内外相关研究文献进行以下五个方面的梳理。

（一）汇率对货币国际化影响研究

现有的研究大部分都认为汇率对货币国际化具有重要的影响。从汇率反映的货币升值与货币贬值角度来看，Benjamin和Cohen（2012）认为在货币国际化初期阶段，国际市场上必须广泛存在着对该货币未来价值及其稳定性的信心。彭红枫等（2015）的观点与Cohen类似，他们的研究表明如果不能保持人民币币值稳定，就可能引发信心跌落和悲观预期，夸大货币波动幅度，导致人民币国际化程度出现反复甚至被其他国际货币替代的风险。周宇（2016）也认为汇率贬值总体上会对人民币国际化产生不利影响。沙文兵和刘红忠（2014）表示人民币升值预期对人民币国际化具有一定的促进作用，但人民币过快升值反而不利于人民币国际化。当然，也有极少数的研究提出了不同的观点，如赵然（2012）认为当实体经济发展到一定阶段之后，汇率波动不再显著影响货币国际化程度。

（二）人民币均衡汇率估计方法研究

早期估计均衡汇率的方法是在1964年由Balassa根据购买力平价理论（PPP）

确定的，但是这种方法缺乏与国际收支平衡间的相互联系，从而无法说明实际均衡汇率自身的变化，导致估计的结果存在偏差。由于宏观经济因素处于不断的变化之中，实际均衡汇率也不应该是一成不变的，由此在20世纪80年代末Williamson和Clark提出了基本均衡汇率（FEER）法和行为均衡汇率（BEER）模型，这两种方法都考虑了宏观经济因素的变动所带来的实际均衡汇率的变动。You和Sarantis（2011）、Cline和Williamson（2011）运用该方法计算了人民币兑美元的均衡汇率，并作为中央银行的政策制定依据。随后，国内学者采用状态空间模型、扩展型的购买力平价法、ML－ARCH模型、CKM理论模型等对人民币实际均衡汇率的估计进行了运用。研究发现，在对估计人民币均衡汇率问题上，基于宏观经济因素与实际均衡汇率间关系的BEER模型更具备操作性和适用性。

（三）人民币实际有效汇率影响因素研究

在建立宏观经济因素与实际有效均衡汇率间的关系模型前，首先需要确定主要影响人民币实际有效汇率的因素。Dunaway等（2009）、Cheung等（2010）和Cenedese等（2012）认为国外净资产、一国的贸易条件、政府支出和贸易开放程度是影响实际有效汇率的重要经济因素。国内学者依据我国的具体实际情况对人民币汇率的影响因素进行了补充和完善。陈华（2013）、肖立晟和郭步超（2014）通过对人民币实际有效汇率实证分析后发现，央行对外汇市场的干预也会影响人民币实际有效汇率。卜国军（2015）认为随着人民币国际化进程的加深，离岸人民币资产规模和境内外利差已成为影响人民币实际有效汇率的新变量。叶亚飞和石建勋（2017）将影响人民币实际有效汇率的因素分为了长期因素、中期因素、短期因素，认为人民币实际有效汇率受到众多因素影响且具有自动收敛机制。

（四）人民币实际有效汇率失调研究

人民币实际汇率是被高估、被低估还是已达到均衡水平，在不同经济发展阶段有着不同的结论。黄昌利（2010）对我国1994～2009年的长期均衡汇率进行了测算，认为人民币失调程度日趋减弱，但在2008年后出现了高估现象。李泽广和Man－Wah（2012），经过测度认为人民币被低估的水平控制在了10%～15%，但实证结果说明被低估的水平并不十分显著。Zhang和Chen（2014）等研究表明在2009年后人民币实际有效汇率围绕均衡汇率上下小幅波动，且从长期来看两者的变化趋势一致。卜国军（2015）通过对2005年“汇改”后的数据实证分析后得出结论，人民币实际有效汇率的偏离程度呈现周期性特点，随着汇率形成机制改革的加大和人民币国际化进程的深入，人民币实际有效汇率已趋于均衡水平。

（五）汇率管理策略研究

王晋斌等（2012）认为通过防御性汇率管理策略降低维持现有国际分工格局的成本，这依然是未来数年人民币汇率政策的基本出发点。李石凯等（2017）认为从人民币国际化启动以来，中国人民银行对人民币汇率的管理不能再沿用在岸汇率管理模型，建议借鉴美国的经验根据离岸人民币供给主动调控离岸人民币债券，维持离岸市场中人民币供给与需求的均衡，稳定人民币汇率。刘昊虹和李石凯（2018）通过实证检验分析得出，我国应该渐进有序地推动人民币汇率市场化进程，积极探讨新形势下人民币汇率管理的有效手段。

三、国内外企业汇率风险研究

（一）汇率风险度量与控制理论研究

汇率风险是国际金融市场影响力非常大的一种风险，受国际国内市场的广泛关注。汇率风险问题最早由 Rodriguez（1974）进行界定，认为汇率风险是由于本外币价值比率变化造成的本外币价值损失的可能性，并将汇率风险进一步划分为交易风险（Transaction Exposure）和折算风险（Translation Exposure）。此后，部分学者对其观点进行了进一步的补充。Shapiro（2006）认为汇率风险将作用于公司现金流的变化，其认为汇率风险就是公司现金流对汇率变化的敏感程度，并将汇率风险在 Rodriguez 研究观点的基础上再次细分，认为汇率风险包含汇率的交易风险、汇率的换算风险和汇率的营运风险三个层面。其中，汇率的交易风险是指企业与贸易伙伴签订交易合同后，在未来特定时点进行外币结算时存在的由汇率变动产生的不确定性；汇率的换算风险是指企业在编制会计报表时，将外币资产折算为本币时存在的不确定性；汇率的营运风险是根据购买力平价理论推出的由于汇率变化引起企业经营活动成本的变化，并最终影响企业的潜在风险。此外，还有部分学者认为企业的汇率风险暴露是公司超额报酬率在汇率变动下对这种变化的敏感程度（Adler & Dumas，1983）。随着理性预期学派的兴起，部分学者尝试用理性预期观点解释汇率风险，认为汇率风险就是企业在充分预期的情况下未预期到的汇率变化对企业市场价值的影响，即由未预期到的汇率变动而引起企业股票市值变化的风险（Madura，1989）。此外，还有部分研究对汇率风险与外汇风险进行了严格的界定，将外汇风险定义为是由于预期外的汇率波动产生的由本币表示的各种影响企业价值特征的指标的变化。为此，外汇风险仅存在于处于风险中的各种资产、负债和现金流中；汇率风险的意义较前者更加广泛，指汇率变动对企业所有的资产、负债和现金流本币价值产生的影响（Taylor，1997）。

随着人民币汇率形成机制市场化的不断推进，关于中国企业面临的人民币汇率风险问题方面的研究开始不断涌现。部分研究认为汇率风险可以划分为广义汇率风险和狭义汇率风险。广义汇率风险是指所有存在于商业银行外汇业务中的各种风险，其中包含流动性风险、操作风险、信用风险、市场风险、政治风险以及表外业务风险；狭义汇率风险则是一种单纯的市场风险，是指由于汇率变动而引致的企业经营标的本币价值的变化对企业经营造成损失的可能性（王姣姣，2009）。部分学者通过实证分析研究了人民币汇率与进出口贸易之间的关系，研究显示人民币实际有效汇率与中国进出口贸易存在长期稳定的均衡关系，这种关系具体表现为人民币实际有效汇率与中国进出口贸易呈反相关关系（孙悦，2012）。外汇储备急剧增加、通货膨胀、物价上涨、贸易顺差、原材料价格上涨的原因致使人民币持续升值、人民币汇率波动加剧，这给中国进出口企业造成了巨大的汇率风险（Milton Friedman，2001；Bahmani - Oskooee，2004；尚静，2008）。另外，还有部分学者认为人民币汇率变化对企业经营业绩的影响是有限的。汇率对企业经营业绩的影响与原材料价格、劳工成本、市场需求、企业市场地位等影响因素相比，其影响力明显偏弱；企业也会采用对自身有力的方式规避汇率风险；中国以制成品为主的贸易结构不存在贸易收支的“J”曲线效应或“W”曲线效应，为此，人民币汇率变动对中国进出口的影响不大（冯淼，2009）。

企业汇率风险管理就是通过分析和预测影响汇率变动的主要因素，并以此为基础提出针对性的应对措施，最终达到规避汇率风险目的的活动。巴曙松（2006）认为企业汇率风险管理的过程主要包括风险评估、风险识别和风险控制，其目的是减少企业面临的风险并增加收益。Srinivasulu（2009）认为汇率风险的管理策略可以归纳为两大类：一类是金融性策略，主要运用于管理短期风险；另一类是运作性策略，主要用于管理长期风险。Flood 和 Lessard（1986）、Logue 和 Dennis（1995）、Ahkan（2005）通过实证研究发现运作性对冲在管理长期的汇率风险中效果较好，而金融性对冲则在管理短期的汇率风险中效果较好。在实际的运用中，企业为了更好地控制汇率风险，往往两者兼用（Ahkan，2005；Allayannis，Ihrig & Weston，2006；Bradley & Moles，2002）。

自 2005 年人民币汇率改革以来，虽然部分国内学者对汇率风险及其管理进行了相关的研究，但是，目前相关研究多侧重于从金融性策略角度去管理汇率风险，在分析的方法和避险手段方面多数属于定性研究。部分学者根据国内企业经常使用的汇率风险规避手段，提出进一步完善这些措施的使用条件（魏爱东，2006）。还有部分学者甚至提出应使用高成本的出口保理和福费廷业务等方法提早收汇（熊洁敏，2007）。这些方法往往使用成本偏高，且不具备对冲性，提出的建议过于空泛，不具备应用价值。

（二）汇率风险对企业的影响研究

国内外关于汇率波动对企业影响的研究很多，但其结论却大相径庭。部分学者基于贸易总量的角度研究汇率波动对企业的影响，认为汇率波动对企业经营活动所起到的作用是负面的，这些负面影响将使企业的市场占有率和利润率都降低，并抬升出口商品的外币价格来抵消中国商品的竞争优势，降低他国商品价格增加其在本国内的竞争优势（王生云，2010；刘娇娇，2012），汇率波动增加出口企业的成本压力，不利于引进外商直接投资和金融市场的稳定（邓金英、郑力源，2012）。但是另外一些研究得出了相反的结论，这些结论认为，汇率波动对企业的影响不能一概而论，其作用具有两面性，既能产生消极抑制作用，也能产生积极促进作用（Christine Saucer & Bohara，2001；Glauco De Vita & Andrew Abbott，2004）。汇率波动将激励出口企业进行转型升级，提高出口产品附加值，最终增强企业整体的竞争力（Grauwe，2007）。

关于人民币汇率变化对中国进出口影响的相关文献中，大多侧重探讨人民币升值对某些行业进出口贸易的影响，相关文献就人民币汇率变化对贸易型企业的影响探讨较少。王利平（2007）在就浙江省高新技术行业、机电、纺织服装鞋类的企业调查的基础上探讨汇率变化对不同行业企业的出口影响，并分析了企业应对汇率风险的主要手段。商务部《人民币升值与出口企业承受力》研究课题江苏课题组（2008）以人民币升值背景下的江苏纺织服装行业和机电行业为研究对象，测算了自汇率改革以来人民币汇率变化对上述行业的影响。周业（2008）则研究了人民币汇率变化对浙江纺织服装业的影响，并从出口利润率、出口换汇成本、出口额等角度分析人民币升值对样本企业经营业绩的影响。

就人民币汇率变动的趋势而言，一部分学者认为人民币汇率呈现持续上升的趋势，出口贸易型企业仍将长时间面临汇率升值带来的负面影响（笪家祥，2008）。另一部分学者则认为人民币升值对企业出口边际成本的影响并不明显，但人民币的持续升值会对中国的贸易收支产生影响，这是由于中国出口型企业的商品定价更多地反映供给方面的需求而非需求方面的需求。为此，中国的进出口企业在国际市场上定价能力方面的弱势仍将持续（文争为，2012）。此外，还有部分研究认为，汇率变化将对进出口企业产生两方面的影响，一方面是汇率变化使企业出口收益无法确定，另一方面是汇率变化会导致企业损失无法确定（李肃浩，2012）。

（三）企业汇率风险承受能力研究

有不少研究对企业承受能力进行了探讨。部分学者认为要想提升企业的风险承受能力主要应从以下三个方面入手：第一，整合管理，根据需要对资源进行优化配置，提升企业的风险承受能力。第二，利用对象思想方法推动管理思想产品化，将其各种特点用于管理，提升企业管理水平。第三，提升价值系统，将企业的核心价值观系统、基本价值系统、无形价值系统与需求制约理论相结合，并使其融入企业的管理决策中，提升企业的价值创造能力（蔡中贯，2006）。

在企业规避长期性汇率风险的方法方面，前人也有相当多的研究成果，部分学者将企业规避汇率风险的方法大致归纳为两类：一类是不利用金融衍生工具的自然避险法，例如选择对本币结算和对自身有利的结算方式、在交易合同中另列汇率条款、压低采购价格、提高出口报价、调整企业出口产品比重、开拓新的外贸市场等；另一类是利用金融机构提供的金融工具（高建明，2010）。部分学者侧重于在不改变企业管理的情况下采用金融手段来规避汇率风险，如远期结售汇、融资方式、货币掉期、外币结构性存款、福费廷等都是可以操作的金融工具（马杰，2006）。对于相当多的企业来讲，一种金融产品是解决不了汇率风险的，必须将不同的金融产品进行组合（黄祖辉、陈立辉，2010）。此外，还有研究不赞同单纯使用金融工具，Amine（2008）以美国跨国公司为样本进行研究，结果发现金融性和经营性的方法都可以有效减少汇率风险。为此，规避汇率风险需要将企业自身调整与外部环境调整相结合。在人民币汇率不断波动的背景下，企业面对汇率风险问题将愈加突出，所面对的风险不能仅依赖企业内部控制或采用金融工具来规避，银行和政府部门等都应积极配合帮助企业应对汇率风险。

在企业规避短期性汇率风险方面，部分学者通过实证分析和理论分析认为汇率波动会对企业的出口贸易产生明显的负面影响，引入远期汇率可以将短期不可预期的风险转化为远期确定的结算成本，最终大幅减少企业因汇率变动而产生的短期结汇损失，降低汇率短期波动产生的不确定性风险，提升企业的汇率风险应对能力（Allayannis，1996）。同样，企业也可以采用与之类似的长期金融性或经营性保值策略，使短期不确定风险转化为确定的远期成本，最终控制汇率风险（Bradley & Moles，2002）。

（四）企业汇率风险应急机制研究

随着布雷顿森林体系崩溃后，全球主要国家货币汇率浮动市场化趋势不断增强，各国货币汇率波动的频度和幅度都逐渐扩大，汇率变动的不确定性增加，企业面临的汇率风险问题日渐凸显，各国对企业汇率风险的应急管理也越来越重视。此方面的文献大量涌现，国内外学者就企业汇率风险应急管理问题从不同的角度进行了研究。

第一，对于应急管理过程方面的研究。Norman R. Augustine（1995）认为突发事件的危机管理应包括“前驱症状”“急性”“慢性”和“治愈”四个阶段。我国的《中央企业应急管理暂行办法》规定中央企业应建立和完善应急管理责任制，并明确应急管理四阶段，即预防与应急准备、监测与预警、应急处置与救援、事后恢复与重建。赵红等（2006）将应急过程分成了监控、预警、启动、处置和后处理五个阶段。刘仁辉和安实（2008）将应急管理的程序划分为预防、准备、响应、恢复四个主要环节。沈华（2009）按时间顺序将应急管理划分为预警、反应和善后三个阶段。

第二，对于应急管理机制的内涵方面的研究。赵红等（2006）认为应急管理机制就是救助主体依据机理，为解决突发事件和问题而制定的一套行为准则和规范。颜海等（2010）则认为应急管理机制就是在突发事件的事前、事发、事中、事后全过程中，采取的各种实现制定好的规范化、程序化的处置方法和流程规范。

第三，对于应急机制功能方面的研究。韩建武（2004）认为应急管理机制具备在较短的时间内有效地终止或预防突发事件的危害，有效控制已发生的风险，使社会经济系统恢复正常的能力。吴俊（2006）认为应急管理机制的功能是“实时反馈、充分准备、高效行动、圆满善后”，将尽可能地控制突发事件的破坏力和影响力，使突发事件对人民生命和财产造成的损失降至最低。佟淑娇等（2012）则认为企业应急的功能就是预防危机的发生或在危机已发生的情况下有效地控制事态，维护企业的利益，使突发危机所产生的损失降至最低。

第四，对于应急管理内容及框架方面的研究。Haddow 和 Bullock（2003）认为，应急管理包括危机发生前的准备、危机响应以及各种危机发生后的支持和社会重建。加拿大政府制定的应急管理框架明确了应急管理的各阶段及其相关内容，即预防和减灾、准备、应对和恢复。罗伯特·希斯（2004）提出了危机管理的 4R 理论，即缩减力（Reduction）、预备力（Readiness）、反应力（Response）、恢复力（Recovery），较为全面地为企业应对各种危机做出了指导。Wybo 和 Kowalski（1998）则总结了基于应急管理决策指挥中心运作机制的相关应急技术。Ikeda 和 Beroggi 等（1998）对应急决策模型的构造技术进行研究。Landesman

（2001）提出了危机分级预案处置的原则，确保妥善处置各种危机。胡大江（2010）认为企业的汇率风险管理系统可以由风险识别、风险度量、风险规避、风险监控和绩效评估等要素构成，其中风险监控包括监测机制、预警机制、信息传递和反馈机制、止损机制、紧急处理机制。刘辉和任建伟（2008）指出应急机制主要包括实时监测、预警识别、预案启动以及方案处置和善后处理。邵云飞等（2010）基于全系统视角把应急管理分为指挥调度、处置实施、决策辅助、信息管理以及资源保障五大系统。韩传峰和刘亮（2006）提出构建突发事件应急机制系统要从预警、处置、信息、领导、评估、保障、善后和社会参与八个方面着手，通过分析要素之间的纵向关系和横向关系，确定了信息机制和领导机制要素的基础重要性。闪淳昌（2005）指出突发安全事件应急机制主要包括建立健全监测预警机制、应急信息报告机制、应急决策和协调机制、分级负责与响应机制、公众沟通与动员机制、应急资源配置与征用机制、奖惩机制和社会治安综合治理、城乡社会管理机制等。赵兴民（2010）则认为突发自然灾害的教育应急机制应由预警机制，分级响应、应急联动与救助机制，善后处理机制三部分构成。吴俊（2006）提出应急管理机制应由预防和准备子机制、管理和反应子机制及恢复和重建子机制三部分有机构成。

第五，对于汇率风险应急机制内容方面的研究。胡大江（2010）认为企业应该尽可能地估计各种突发事件对企业所面临汇率风险的影响，并据此制定应急预案，以便在最短的时间内进行危机干预，以降低突发事件对企业进出口贸易的影响。邱慧（2012）提出应建立有效的风险预警预评估机制以规避汇率风险，其认为有效的汇率风险预警体系应当由预警和信息处理部门、科学的评价指标体系以及具有专业知识的专业人才组成。费明（2011）从汇率风险管理预案的提交、实施和管理三个方面构建企业汇率风险预警机制。李艳（2006）建议预警系统可以模仿军事情报领域的做法，进行分级预警，并根据不同级别的预警启动应急方案。杨志国（2011）指出涉外企业要想构建高效的汇率风险管理组织应至少包括一个权威的汇率风险决策机构和一个专业的汇率风险管理团队。

第六，对于汇率风险应急机制构建必要性方面的研究。朱贺（2009）认为在经济全球化、人民币汇率风险不断加大的背景下，获得独立识别和预测规避汇率风险的能力对外贸企业非常重要，通过建立系统性的汇率风险预警机制，企业可以有效地进行风险管理。杨志国（2011）认为在实际工作中，企业大多从技术方面对汇率风险进行管理，但很少从全局性、前瞻性角度对汇率风险进行管理。任喜功（2013）认为风险辨识与控制在企业应急管理体系建设中是非常核心的基础性工作。

第七，对于应急管理评价方面的研究。该方面的研究主要集中在对应急能力、应急管理体系等的探讨。邓云峰等（2005）提出了城市应急能力评估体系框架，该框架主要包括法制基础、管理机构、应急中心、专业队伍、专职队伍与志愿者、危险分析、监测与预警、指挥与协调、防灾减灾、后期处置、通信与信息保障、决策支持、装备和设施、资金支持、培训、演习、宣传教育、预案编制等方面。林佳武和赵新（2010）设计了5个一级评价指标和15个二级指标，并利用专家咨询等方式评价了交通应急能力。佟淑娇等（2012）认为应急管理分为预防、准备、响应和恢复四个阶段，并选取了24个指标对企业重大事故应急管理能力进行评价。李君治和唐立峰（2013）基于云模型选取了应急预案培训及演练、应急响应、管理机构等19个指标对煤矿企业应急管理体系进行评价。王锐兰（2009）则构建了由4个一级指标构成的政府应急管理绩效评价体系。

四、研究评述

从上述文献来看，国内外关于汇率、汇率风险、外汇干预的相关研究已经比较丰富，尤其是随着计量经济学、应用统计学等学科的发展，相关实证研究也有了长足的进步，但是国内研究的深度不足和研究的范围较窄。首先，国内关于汇率、汇率风险、汇率风险管理的文献较多，但大多都是介绍国外一些先进的外汇风险管理方法，较少结合国内涉外企业的实际现状。其次，文献多数集中于涉外企业的汇率风险度量、汇率对企业的影响等方面，研究范围较窄，而且研究的系统性不足。

所以，本书从三个方面展开研究。第一，基于国内外外汇干预、汇率风险测算、企业应急机制等文献和外汇干预理论、风险度量理论及管理理论等，分析人民币汇率变动特征及趋势、央行汇率管理策略以及涉外企业的状况，并选择了ARCH模型、GARCH模型、ADL模型分析外汇干预的条件行为特征，选择BEER模型测算实际有效汇率，分析人民币实际有效汇率的失调程度，提出央行外汇管理策略，规避汇率风险。第二，基于汇率风险度量方法和承受能力测度的理论模型，确立了企业外汇资产之间的关系，分析了涉外企业面临的汇率风险及其大小，提出了调整外汇资产组合的若干方案。通过上述研究有助于加强企业汇率风险识别及管理能力，实现企业有效规避国际贸易汇率风险的目的。第三，将VaR与CVaR方法、解释结构模型与属性综合评价系统相结合，建立起企业汇率风险承受能力评价模型，并建立了企业汇率风险承受能力的应急机制，把定性的汇率风险影响因素定量化，为涉外企业汇率风险管理提供了新的思路。

第二章　我国汇率制度历史沿革

为了适应国际国内经济社会发展的需要，尤其是适应国际经济贸易对人民币汇率改革的需要。2005 年 7 月我国启动了人民币汇率制度改革，我国人民币官方汇率和市场调剂汇率并轨，开始实施以市场供求为基础的、单一的、有管理的浮动汇率制度。经过十多年的不断探索完善，人民币汇率改革虽有曲折和反复，但始终坚守市场化的改革方向，人民币汇率呈现出双边波动明显、市场化程度不断提高、人民币兑非美元货币走势独立性不断增强等特征。

第一节　汇率及汇率制度

一、汇率内涵

汇率（又称外汇利率或外汇汇率）是指两种货币之间兑换的比率，即一个国家的货币折算成另一个国家货币的比率。汇率的标价方法主要有直接标价法和间接标价法两种：

（一）直接标价法

直接标价法（Direct Quotation）又称应付标价法（Giving Quotation）。这种标价法是以一定单位的外国货币为标准，折合若干单位的本国货币。

（二）间接标价法

间接标价法（Indirect Quotation）又称应收标价法（Receiving Quotation）。它是以一定单位的本国货币为标准，来计算应收若干单位的外国货币。

世界上大部分国家（包括中国）都采用直接标价法，只有美国、英国等少数发达国家采用间接标价法。

二、汇率制度

汇率制度（Exchange System）是指各个国家对于确定、维持、调整与管理汇率的原则、方式方法、管理机构等所做出相关的法律规定。汇率制度分为固定汇率制和浮动汇率制两种。

固定汇率制是指一国货币与其他国家的汇率基本保持固定，仅在小幅度范围内进行波动。

浮动汇率制是指一国不规定本国货币与其他国家的汇率，由外汇市场的供求决定汇率变化。浮动汇率制又分为自由浮动和有管理的浮动两种。自由浮动汇率制是指货币当局（央行）对汇率波动不采取任何措施，完全由外汇市场供求自发决定汇率变化。有管理的浮动汇率制是指货币当局会采取一定的措施干预汇率波动，主要包括在外汇市场上购买外汇或者出售外汇，通过外汇供求来影响汇率的波动。

第二节　汇率改革历史沿革

一、1994～2005年我国宏观经济形势及汇改措施

（一）1994～2005年我国宏观经济形势

1. 经济增长

经济增长的快慢会对汇率造成短期影响和长期影响。从短期来看，经济的高速增长促进进口增加，导致本币贬值。从长期来看，经济的快速增长会带来投资收益的增长，从而吸引国际资本流入本国，导致本币升值。此外，劳动生产率会因经济增长而提高，促进本币升值。

如图2－1所示，在1994～2005年期间，我国GDP增长率在1994～1999年出现持续下降特征，在2000～2005年期间又稳步提升。GDP增长率从1994年的13.1%下降到1999年的7.6%，虽下降速度慢，但1999年的GDP增长率较1994年GDP增长率下降了42.0%。2000～2005年我国GDP增长率出现持续上升的趋势，从2000年的8.4%上升到2005年的10.2%，这表明我国经济外部因素和内需不足的困难已经克服。

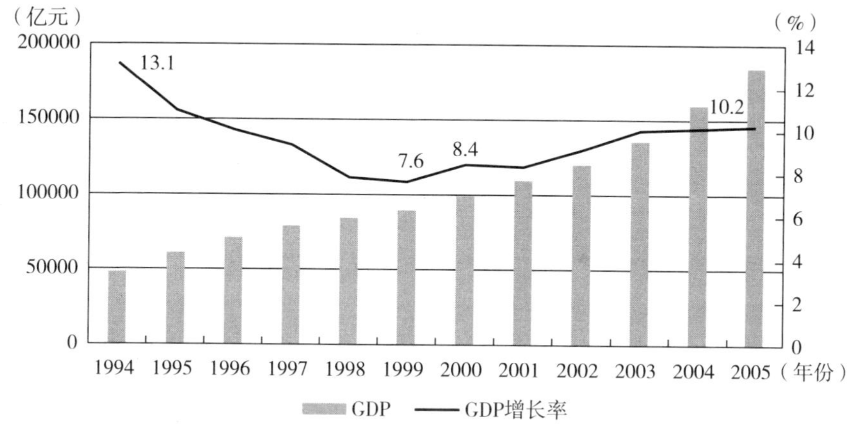

图 2－1　1994～2005 年我国 GDP 总量及增长趋势

资料来源：根据国家统计局相关数据整理而得。

2. 国际收支状况

如图 2－2 所示，自 1994 年以后，我国持续出现国际收支经常账户与资本及金融账户双顺差，这对于一个长期以来存在外汇短缺的发展大国来说是件好事，但是也暴露出一些问题，即此阶段的错漏账户金额巨大，1997 年达到 222.54 亿美元。一般来讲，如果该项目逆差额突然巨幅增加，一般是由于资金外逃引起的。我国 1989 年以前的错漏账户的逆差额为 15 亿美元，1990 年起该账户逆差额迅速增加，1993 年逆差额到达 100 亿美元。之所以出现错漏账户逆差，是因为市场认为人民币汇率被高估，从而对人民币预期贬值，最终导致资金的外逃。自 1994 年起人民币持续升值改变了市场对人民币汇率的预期，部分由贬值预期转变为升值预期。但由于 1994 年出现的高通货膨胀率和人民币汇率的升值，致使市场认为人民币被高估，从而在 1995 年和 1996 年该账户出现 178 亿美元和 155 亿美元的逆差额。1997 年则受亚洲金融危机的影响，市场对人民币贬值的预期更加强烈，从而使错漏账户差额达到 222.5 亿美元。此后的三年由于人民币汇率趋于稳定，人民币贬值预期压力减少，国家对套汇、逃汇的检查力度加大，错漏账户的逆差额逐渐减少。

在国际收支特别是贸易收支中，会对汇率产生长期影响。若一国国际收支顺差，则国外对该国货币的需求就会上升，引起该国货币升值；反之本国货币贬值。根据数据资料显示（见图 2－3），我国贸易顺差额已经从 1994 年 53.9 亿美元增至 2005 年 1020 亿美元，贸易顺差额大约增长了 17.9 倍。尤其是在 2004 年过渡到 2005 年，贸易顺差大幅增长，这种现象伴随着人民币的加速升值。

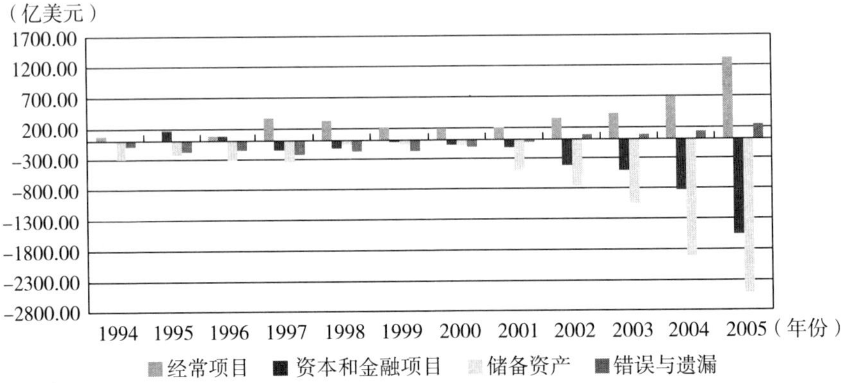

图 2-2　1994~2005 年我国国际收支差额

资料来源：根据国家外汇管理局相关数据整理而得。

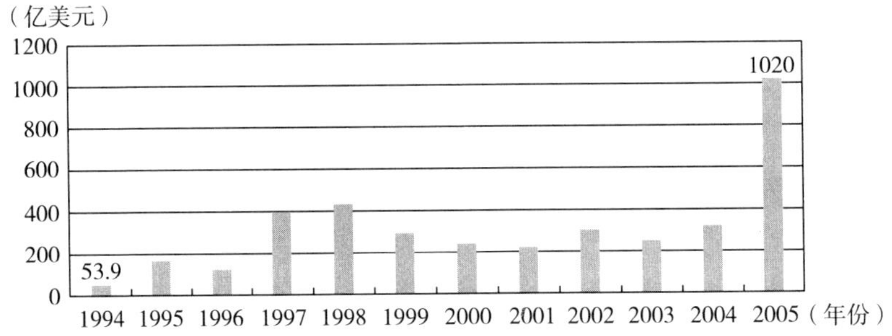

图 2-3　1994~2005 年我国贸易顺差情况

资料来源：根据中国经济网相关数据整理而得。

3. 货币供应量

货币供给是决定货币价值、货币购买力的首要因素。如果本国货币供给减少，则本币由于稀少而更有价值。通常货币供给减少与银根紧缩、信贷紧缩相伴而行，从而造成总需求、产量和就业的下降，商品价格也会随之下降，本币将会升值，反之本国货币贬值。

分析我国货币供应量（见图 2-4），以 M2 增长率为指标，该指标在 1994~2000 年期间持续下降，由 1994 年 34.5% 的高增长率逐年降低，到 1998 年该增长率已不足 1994 年的一半，而 2000 年的 M2 增长率达到了这段时期的最低点 12.3%。货币供应量增速下降克服了经济过热和高通货膨胀率，但也引发了此后数年的内需不足和经济低迷。

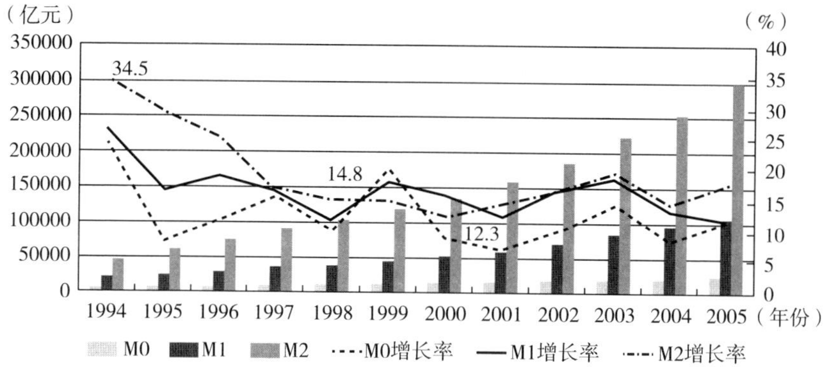

图 2-4 1994~2005 年我国货币供应量

资料来源：根据国家统计局相关数据整理而得。

从货币供应的结构来看，作为 M2 组成部分的 M0 和 M1 增长变化趋势与 M2 有很大不同，1994 年、1997 年和 1999 年为 M0 和 M1 的增长率高峰，但在 M2 中的比重逐渐降低，这说明储蓄存款与非支票性定期存款对 M2 的影响在逐步加大。

4. 通货膨胀水平

通货膨胀水平与汇率之间的关系可以通过购买力平价理论进行解释。根据该理论，汇率的变动来源于购买力的变动，而购买力的变动又在于物价的变动。由此可见，汇率的变动最终取决于物价的变动程度。若本币的通货膨胀水平高于其他国家货币的通货膨胀水平，则贬值。反之，本国货币则会升值。

我国的物价指数经历了从两位数高位的大幅回落，然后又持续为负再接着缓慢上升（见图 2-5）。1994 年我国经济处于过热状态，居民消费价格指数（CPI）和 GDP 平减指数均处于 20% 的增长率左右。随着经济的调整，物价指数迅速下降，到 1997 年 CPI 已回落至 2.8%，GDP 平减指数回落至 1.63%，这表明我国经济软着陆成功。

从图 2-4 和图 2-5 可以发现，我国物价走势与货币供应量增长率走势十分类似，1994~1998 年以较快速度下降；1998 年之后物价指数和货币供应量增长率下降速度缓慢，甚至出现小幅反转。

（二）1994~2005 年我国汇率改革措施

根据上述分析各经济因素对汇率的影响，由此总结了 1994~2005 年我国央行对外汇市场干预的情况（见图 2-6）。从图中可以看出，在此阶段我国的国际收支服务贸易顺差额、购汇量、外汇储备规模都得到了大幅度的提高，同时汇率

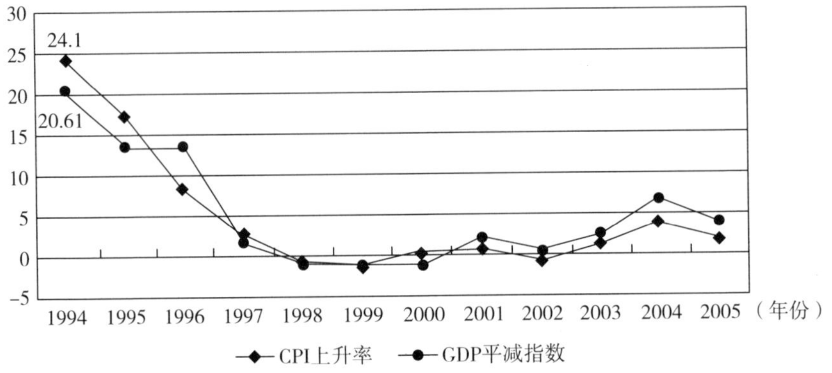

图 2－5　1994～2005 年我国 CPI 上升率及 GDP 平减指数走势

资料来源：根据 Wind 资讯相关数据整理而得。

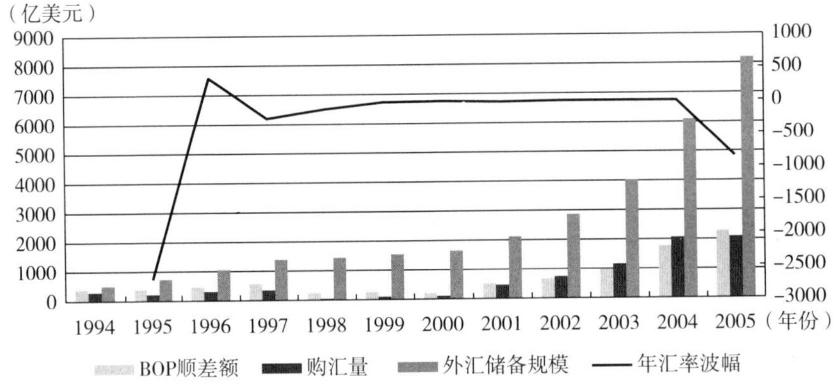

图 2－6　1994～2005 年中国人民银行干预情况

注：BOP（Balance of Payments），即国际收支服务贸易统计。

资料来源：根据中国外汇管理局网站的数据整理而得。

的波幅也逐年减少。在此期间，根据中国人民银行采取冲销手段的不同，可以划分为三个不同的阶段：

第一阶段为 1994～1997 年。这段时间人民币汇率走势由快速升值转为渐趋稳定，由于中国贸易出口和直接投资的增长迅速，人民币汇率面临升值压力，央行在市场上投放了大量的人民币，外汇占款大幅度上升。由于利率和资本管制，国内货币供给的增加并没有带动市场利率下降和短期资本流出，并且这一阶段有大量套利资本流入国内，国内面临通货膨胀的压力，对此主要采取了回收再贷款的方式进行了冲销干预。

第二阶段为 1998～2000 年。在这段时间中受金融危机影响，出口大幅减少，国内出现通货紧缩，为治理通货紧缩，中国人民银行连续降息，使短期资本大量外流。国际收支错误与遗漏账户逆差高达 422.7 亿美元，其他投资逆差达 932.7 亿美元，这进一步减少了国内货币供应。这一阶段的人民币汇率持续稳定，央行主要采用公开市场操作的方式进行冲销干预，1998 年和 1999 年通过债券逆回购等方式投放基础货币。2000 年起，随着金融机构流动性增强，为防止债券市场的投机现象，中国人民银行开始采用债券正回购政策进行货币回笼。

第三阶段为 2001～2005 年。在此阶段中国出口与外商投资恢复高速增长，外汇市场对人民币升值预期日益增强。为了稳定货币供给，中国人民银行试图采用扩大公开市场操作和回购债券等方式进行冲销，但由于当时政府债券的严重缺乏，冲销空间受到限制。因此，自 2003 年 4 月起，中国人民银行通过滚动发行中央银行票据来加大冲销力度。

同时，自 2001 年"'9·11'事件"发生以后，美国 IT 泡沫破灭，因此美国采取了降息的策略，美国联邦储备系统（以下简称"美联储"）大幅降息，以致国内美元存款利率开始低于人民币的利率，美国降息策略导致当月个人结售汇立即由逆差变成了顺差，中国出现大规模的资本净流入，人民币面临单边升值的压力。在此背景下，2005 年 7 月 21 日，央行宣布人民币不再单一盯住美元，开始实行以市场供求为基础、参考一篮子货币调节、有管理的浮动汇率制度，从此人民币告别固定汇率制度，进入了有管理的浮动汇率制度，并确定了人民币汇率的市场化取向。实际上，在中国加入世界贸易组织后，中国贸易顺差不断加大，汇率便成了西方国家对中国施压的工具。就在央行宣布人民币升值的 2005 年 7 月，中国的新增外汇储备已经达到 217.6 亿美元，截至 2005 年 11 月份中国贸易进出口差额累计值为 908.2 亿美元，贸易顺差规模前所未有的扩大。但是，巨额的贸易顺差，一方面会招致贸易摩擦加剧，另一方面则进一步加大了人民币的升值压力。

由于中国经济的不断快速增长，其对世界经济和金融体系影响巨大。在当前美元长期走低，贸易顺差不断加大的格局下，人民币如果仅停留在当前有管理的浮动价位，其承受的压力只会愈发加大。为了使人民币汇率更加市场化，中国人民银行此后根据市场的发展不断推出改革配套措施，汇率市场形成机制在多个方面取得积极进展。2005 年 8 月上旬，中国人民银行先是提高了境内机构经常项目的外汇留成比例，放宽了居民个人经常项目的购汇政策，随后又允许符合条件的非银行金融机构和非金融企业参与银行间外汇市场交易，并在外汇市场引入询价交易方式，进一步丰富银行间外汇市场交易品种，扩大远期结售汇业务和开办掉期业务，以进一步发展外汇交易市场。

2005 年 9 月 22 日，国家外汇管理局宣布取消对外汇指定银行结售汇周转头寸外汇限额，实行结售汇综合头寸管理，给银行提供了更多的持汇空间，使其可以灵活自主地管理外汇资金，为今后外汇衍生产品市场的发展以及外汇市场的功能深化拓展了管理空间。

2005 年 9 月 23 日，中国人民银行又公布了改进汇价管理的一系列重要措施，除了将非美元货币对人民币交易价的浮动幅度扩大到 3%，还包括对银行美元挂牌汇价实行价差幅度管理，美元现汇买卖价差限制在交易中间价的 1%，现钞买卖价差扩大到中间价的 4%，银行可在规定价差幅度内自行调整挂牌价格等。新措施还取消了银行挂牌的非美元货币的价差幅度限制。

2005 年 11 月 24 日，国家外汇管理局发布公告，在银行间市场引进美元做市商制度，并决定于 2006 年初推出即期询价交易方式，进一步将外汇市场的自主定价权下放给商业银行。

2005 年 11 月 25 日，中国人民银行又与 10 家国内银行首次进行了 60 亿美元的货币掉期操作。当天中国人民银行以 1：8.0805 的价格向 10 家银行买入人民币、卖出美元，同时约定一年后中国人民银行再以 1：7.8500 的价格用人民币买回美元。通过调期业务，一方面，缓解国际金融市场对人民币升值的预期，保持人民币汇率的稳定；另一方面，中国人民银行将美元调换给商业银行，中国人民银行持有的外汇相应转到商业银行手中，外汇储备的增长必然减缓。

中国人民银行的上述举措，都属于增强银行自主定价能力和外汇管理风险意识的举措，有利于提高市场在汇率形成中发现价格、规避风险的基础性作用，有利于中国人民银行更有效地以市场供求为基础，参考一篮子货币汇率变动并对人民币汇率进行管理和调节，以进一步推进汇率机制朝着更富弹性的市场化方向发展。

二、2006 ~ 2018 年我国宏观经济形势及汇改措施

2005 年 7 月中国进行了汇率形成机制改革，人民币与美元脱钩，开始参照一篮子货币制定汇率，由此向人民币汇率市场化迈出了积极的一步。对于 2006 ~ 2018 年人民币一直处于上升通道，在此期间由于国内宏观经济形势处于不断的变化当中，中国人民银行对外汇的干预目标和干预措施也在改变。

（一）2006 ~ 2018 年我国宏观经济形势

1. 经济增长

如图 2 – 7 所示，从 2005 年后 GDP 出现持续性增长，GDP 增长率从 2005 年

的 11.4% 上升到 2007 年的 14.2%。但受金融危机的影响，2008 年、2009 年 GDP 增长率大幅度下降。2010 年 GDP 增长率有了一定的回升但之后一直呈现下降趋势，这主要是由于我国的经济发展达到一定水平后趋于平缓，由高速增长转为中高速增长，我国经济进入新常态。

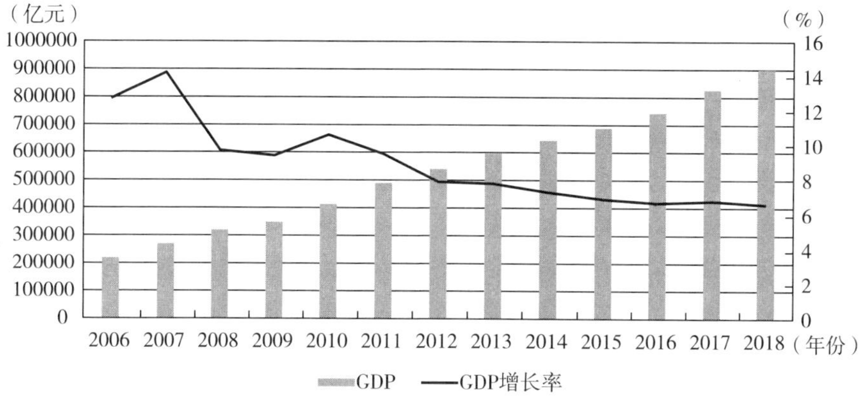

图 2－7　2006～2018 年我国 GDP 总量及增长趋势

资料来源：根据国家统计局相关数据整理而得。

2. 国际收支

相较于前十年，2006～2018 年我国贸易顺差波幅较为平和，但体量较大。受金融危机的影响，从 2008 年后我国贸易顺差大幅下降，到 2011 年达到历史最低点，为 1548.98 亿美元。2012～2015 年贸易顺差稳步上升，在 2018 年我国贸易顺差达到了 3509.48 亿美元，如图 2－8 所示。

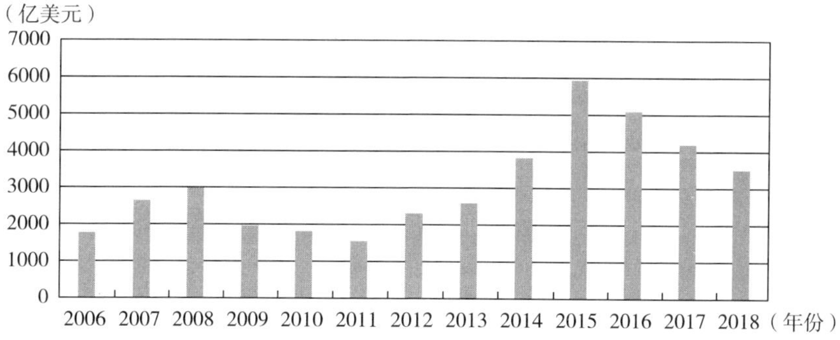

图 2－8　2006～2018 年我国贸易顺差情况

资料来源：根据中国经济网相关数据整理而得。

3. 货币供应量

分析此阶段的货币供给（见图2－9），以M2增长率为指标，M2增长率从2006～2009年持续上升，M2增长率从2006年16.9%一直达到了2009年28.5%的峰值。2009～2014年M2增长率又呈现持续下降态势，2015年又有小幅度回升。货币供应量增速下降克服了经济过热和高通货膨胀率，是政府宏观调控的结果。

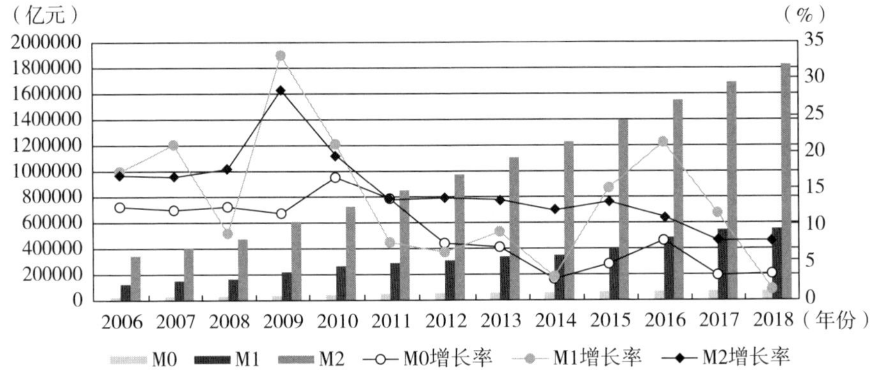

图2－9　2006～2018年我国货币供应量

资料来源：根据国家统计局相关数据整理而得。

从货币供应的结构来看，作为M2组成部分的M0和M1增长变化趋势与M2有很大的不同，M0增长率从2006～2010年有小量的波幅，总体呈上升趋势，2010年后开始大幅度下降。M1增长率的波动性很大，M1最高增长率达到33.2%，而最低增长率却只有3.2%。这主要由于自2005年人民币汇率形成机制改革以来，人民币汇率的波动幅度显著扩大。尽管人民币出现持续升值的趋势，但央行的外汇干预方向仍以买入外汇卖出本币为主，并且从外汇储备的变化来看，干预规模相当巨大。向外汇市场抛出了大量的基础货币，导致M1、M2过快增长。在这种情况下，央行不得不进行冲销，采取的冲销措施主要是以提高法定准备金率为主。这种做法又使M1、M2的增长率开始大幅度下降，从而也影响到了M0的变化。

4. 通货膨胀水平

在2008年金融危机后，我国进出口总额减少，购买力下降，到2009年CPI上升率低至－0.69，GDP平减指数低至－0.08。在2006～2012年CPI上升率和

GDP 平减指数呈现出“M”形态，此后一直处于缓慢下降阶段，直至 2015 年后又有所上扬。相对于别国来说，我国通货膨胀水平较低，因此在金融危机后虽然进出口额减少，但是这段时期的人民币汇率波动不大，如图 2－10 所示。

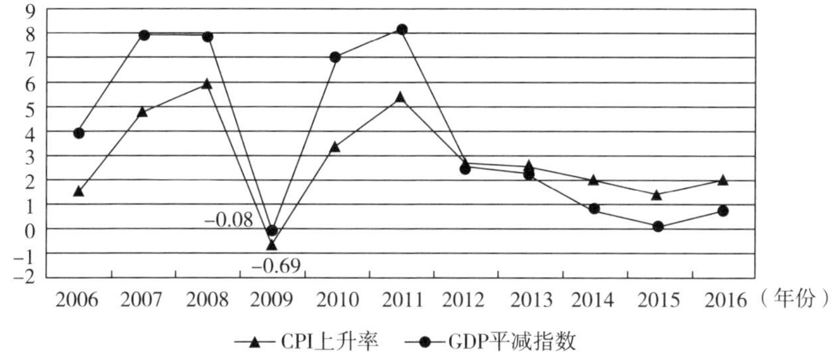

图 2－10　2006～2016 年我国 CPI 上升率及 GDP 平减指数走势

资料来源：根据 Wind 资讯相关数据整理而得。

（二）2006～2018 年我国汇率改革措施

2005 年中国人民银行对人民币汇率形成机制进行了重大改革，进一步增加了人民币汇率的弹性，与此同时，这次改革对中国外汇干预机制也产生了深远的影响。

首先，外汇干预的目标已经彻底放弃了单纯盯住美元式的汇率稳定，而是在更多灵活的汇率形成机制条件下，参考一篮子货币进行调节，探索人民币汇率的合理、均衡水平，并保持其在均衡水平上的基本稳定，人民币汇率的市场化程度进一步提高。其次，中国人民银行干预的自主性和主动性得到提高，使得中国人民银行可以根据国内外经济金融形势，从宏观上灵活把握干预的必要性与干预时机。最后，随着中国外汇市场的不断健全和进一步开放，市场效率得到有效提高，外汇干预的手段和工具也越来越丰富，有助于中国人民银行干预策略的提升。

在干预策略上，自 2005 年人民币汇率形成机制改革以来，人民币汇率的波动幅度显著扩大。自 2006 年 7 月至 2008 年 6 月，中国人民银行已连续 19 次提高法定准备金率，到 2008 年 6 月，中国存款类金融机构法定存款准备金率已高达 17%，远远高于西方发达国家的水平。

2015 年 8 月 11 日，人民币汇率形成机制市场化又迈出了关键的一步。中国人民银行宣布人民币汇率以市场供求为基础，参考一篮子货币计算人民币多边汇率指数的变化，维持人民币汇率在合理均衡的水平上基本稳定，形成有管理的浮动汇率制度。此次改革一个非常重要的内容就是完善人民币对美元汇率中间价的形成机制。做市商在每日银行间外汇市场开盘前，参考上一日银行间外汇市场收盘汇率，综合考虑外汇供求情况以及国际主要货币汇率变化，并向中国外汇交易中心提供中间价报价。此次汇率改革叠加了不久前国内股市异动的影响（中国遭遇了一波较大规模的资本集中流出）。这一次，我国选择了有管理的汇率浮动，坚持让人民币汇率参考一篮子货币进行调节，随美元波动而反向波动。自 2015 年汇率改革以后，为了解决有管理的浮动汇率制度的透明度问题，2016 年初披露了人民币汇率中间价的报价机制（即中间价 = 上日收盘价 + 一篮子货币汇率），改善了中国人民银行与市场之间的汇率政策沟通。2017 年 5 月，又在人民币汇率中间价的定价公式中引入了逆周期因子，其主要目的是适度对冲市场情绪的顺周期波动，反映国内经济基本面变化。2015 年 8 月 11 日的汇率改革也有制度原因。制度原因就是 2015 年 11 月 30 日，国际货币基金组织将对人民币加入 SDR 进行评估，而在 2015 年 7 月 25 日发布的初评报告中提出人民币汇率存在技术障碍。当时包括市场在内的各方都认为人民币汇率处于均衡合理的水平，人民币不存在大幅升值或者大幅贬值的基础。尽管国内出现了一定程度的资本外流和外汇储备减少，但仍属于意料之中的有序调整，国际收支仍属于基本平衡的范畴。不同于股票市场，汇率形成是在以机构为主体的银行间市场，国家外汇储备充裕，央行拥有较强的外汇市场调控能力。过去主动的、渐进的、可控的人民币汇率形成机制改革总体是成功的，央行在汇率改革中建立了较好的信誉，而且外汇市场和股票市场都能独当一面。外汇市场是以机构为主的市场，而股票市场是以散户为主的市场。股票市场上 80% 是散户交易，外汇市场交易中做市商占 90% 以上，二三十家做市商控制了 90% 以上的外汇交易。同时，国内经济存在的结构性问题都不是短时间内能够解决的。经济下行给中国带来了阵痛期，如果缺乏汇率弹性，就容易遭到货币攻击。现在看来，2012 年改革的时机很好，外汇供求基本平衡；2014 年改革时供求压力也没有那么大，也有机会；2015 年上半年也是很好的机会，股票正热，汇率调整一点反而能给股市泄火。

一系列的汇改实践表明，为了避免汇率不稳定带来的汇率风险增加，我国采取了强有力的外汇干预手段。

第三节 人民币汇率波动研究

一、人民币汇率走势回顾

自2005年汇率改革以来，人民币逐步摒弃了只盯美元的汇率制度，实施了以市场为导向、适时管理的浮动汇率制度，人民币汇率在受到2008年全球金融危机影响出现两年停滞期后整体上保持升值的态势。特别是在2010年我国在内外形势的冲击下再次调整人民币汇率形成机制，人民币汇率的波动弹性进一步扩大，波动趋势也更加明显。据统计，截至2018年12月底，较2005年汇率改革前，在直接标价法下，人民币与美元的名义汇率累计升值约14.80%，人民币与美元的实际汇率累计升值30.80%，如表2－1所示。

表2－1 2005年12月至2018年12月直接标价法下美元兑人民币名义汇率及实际有效汇率升值情况

日期	RMB/USD	升值率（%）（较上一年）	累计升值率（%）（基期为2005年）	人民币实际有效汇率	升值率（%）	累计升值率（%）
2005年12月30日	8.0709	0.0000	0.0000	90.6600	0.0000	0.0000
2006年12月29日	7.8087	3.2487	3.2487	89.6700	－1.0920	－1.0920
2007年12月28日	7.3046	6.4556	9.4946	90.8400	1.3048	0.1985
2008年12月31日	6.8346	6.4343	15.3180	102.7700	13.1330	13.3576
2009年12月31日	6.8282	0.0936	15.3973	98.5600	－4.0965	8.7139
2010年12月31日	6.6227	3.0096	17.9435	99.3200	0.7711	9.5522
2011年12月30日	6.3009	4.8590	21.9306	106.4500	7.1788	17.4167
2012年12月31日	6.2855	0.2444	22.1214	106.9700	0.4885	17.9903
2013年12月31日	6.0969	3.0006	24.4582	114.7000	7.2263	26.5167
2014年12月31日	6.1190	－0.3625	24.1844	121.1400	5.6146	33.6201
2015年12月31日	6.4936	－6.1219	19.5430	124.6200	2.8727	37.4586
2016年12月30日	6.9370	－6.8283	14.0492	117.9300	－5.3683	30.0794
2017年12月29日	6.5342	5.8065	19.0400	117.9000	－0.0254	30.0463
2018年12月28日	6.8632	－5.0350	14.9636	115.8100	－1.7727	27.7410

资料来源：根据国家外汇管理局及国际清算银行相关数据整理而得。

根据表2-1可以看出，直接标价法下人民币与美元的汇率变化整体可分为以下阶段：2005~2008年快速升值阶段；2008~2010年平稳阶段；2010~2015年双向波动阶段。从图2-11可以看出，自2005年汇率改革后的人民币与美元的名义汇率走势整体也基本符合以上阶段特征。汇率改革初期，由于人民币升值还处于观望、探索阶段，升值幅度较小且速度较慢，之后在先前管理经验的指导下，人民币开始大幅升值。2008年，在经历了国际金融风暴的洗礼之后，为了稳定经济，国家加强了汇率管制，将汇率维持在较为稳定的状态。此后，在中国经济高速发展和西方国家施行“量化宽松”货币政策的双重作用下，人民币开始重新升值。自2014年以来，受国内外各种经济因素影响，人民币开始贬值，呈现双向波动趋势并震荡加剧。

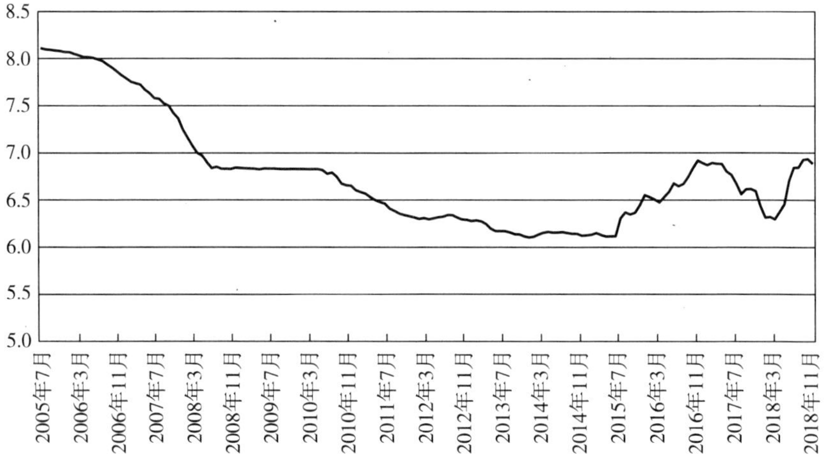

图2-11　2005年汇率改革后直接标价法下人民币与美元名义汇率走势

资料来源：根据国家外汇管理局相关数据整理而得。

1. 2005年7月至2006年7月缓慢升值阶段

2004年以来，我国国民经济发展连年都以7%以上的增速增长，经济保持着良好的发展势头，尤其是对外经济贸易，增长势头和后续力十分强劲，中国贸易在全球贸易中的比重日益增大，贸易顺差不断加大。同时，在美元持续贬值的国际经济环境下，中国经济的快速崛起对我国紧盯美元的人民币汇率制度提出挑战，而长期的国际贸易顺差更是加剧了国际贸易冲突，并将人民币升值的矛盾具体化，大多数逆差国家不断要求改革人民币汇率机制。为促进中国经济的平稳运行，改善当时国际贸易失衡，提高中国货币政策的独立性，更好地适应国际货币

"多极化"趋势，中国人民银行于2005年7月21日决定进行完善人民币汇率形成机制改革，并根据我国贸易顺差程度和结构调整的需要来确定人民币兑美元当日升值2%。从此之后，人民币汇率的缓慢升值在一定程度上缓和了中国的国际贸易冲突，改善了国际关系。

2.2006年7月至2008年7月快速升值阶段

2007年5月以来，中国人民银行再次放宽人民币汇率浮动范围，将人民币汇率波动幅度扩大三个点后，人民币汇率进入快速升值阶段。即使在2007年世界金融危机初期的洗礼下，全球经济大都逐步陷入发展低谷，但我国的国际贸易顺差仍保持着高速增长的态势，巨额的贸易顺差使得外汇储备不断增加，从而进一步推动了人民币升值。

3.2008年7月至2010年7月保持平稳阶段

自2008年世界金融危机爆发后，多数国家和地区采取了一系列措施来抑制金融危机所带来的经济破坏，然而最终并没有取得理想的效果，金融危机开始逐步渗入到实体经济。2008年下半年，我国实体经济增长减速、物价水平回落、居民消费需求降低，这对我国国民经济发展造成了严重影响。虽然我国在出口贸易方面也采取了加大补贴等一系列激励措施，但还是无法改变国际经济整体萎缩的趋势，人民币汇率变化微乎其微，人民币汇率趋于平稳。

4.2010年7月至2013年7月人民币汇率缓慢升值与平稳发展共存

自2008年开始，美国先后启动了三轮QE①，再加上世界各国仍然处于经济恢复阶段，为增加出口，各国货币竞争性贬值的意愿十分强烈。期间，人民币汇率间歇性保持高位升值。随着美国逐步缩小QE规模，世界经济缓慢复苏，人民币升值速度也渐渐放慢。然而，随着我国近几年利率市场化、汇率市场化进程的加快，中国人民银行逐步淡出汇率市场，人民币汇率的波动将越来越贴近汇率市场行情的变化，人民币汇率也越来越贴近市场均衡值，缓慢升值与平稳发展协同共进。

5.2013年7月至今人民币告别单向升值模式，进入双向波动新常态

自2005年人民币汇率改革以来，人民币汇率整体上基本呈现出持续单边升值的态势。然而，2014年以来，人民币汇率呈现小幅度双向波动走势。2014年，人民币兑美元汇率出现了自汇率改革以来的首次年度贬值，累计贬值0.36%。为

① QE（Quantitative Easing）主要是指中央银行在实行零利率或近似零利率政策后，通过购买国债等中长期债券，增加基础货币供给，向市场注入大量流动性资金的干预方式，以鼓励开支和借贷，也被简化地形容为间接增印钞票。

了提高整个人民币汇率形成机制的市场化程度和汇率弹性，使其更接近市场汇率，2015 年 8 月 11 日，中国人民银行对人民币进行贬值性调整。此后，受人民币中间价报价机制改革、美元加息预期以及新兴市场货币贬值潮的影响，人民币波动加剧且贬值压力较大。

二、人民币汇率影响因素分析

（一）GDP 因素

人民币汇率波动趋势与中国 GDP 增长速率趋势保持一致。在经历了 2006 年和 2007 年的快速增长后，人民币汇率于 2008 年、2009 年保持较为平稳的状态，2010 年开始人民币汇率再次快速升值。金融危机发生后，GDP 增长率自 2008 年第三季度开始持续下降，至 2009 年第四季度才恢复为正增长，而 2011 年全年 GDP 增速为 9.2%，创两年新低（见图 2－12）。除了金融危机后人民币盯住美元的一段时期外，人民币兑美元升值比率与中美两国 GDP 增率差保持了良好的协同性，中国经济的增长变化为人民币兑美元汇率的波动提供了经济支持。

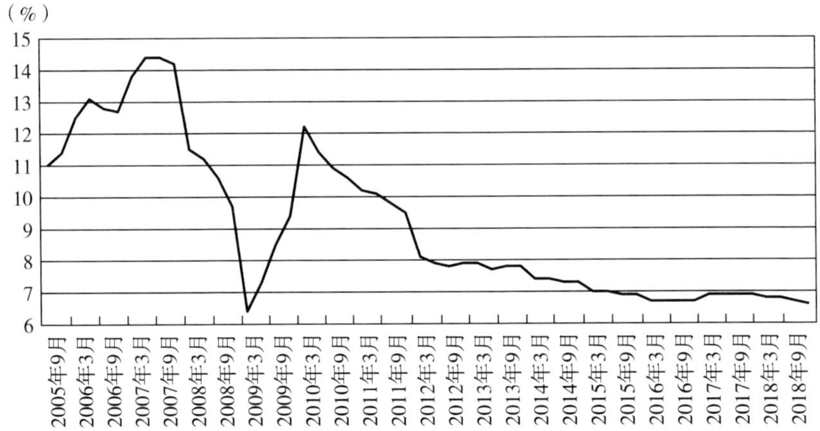

图 2－12　2005 年以来中国 GDP 季度累计同比实际增速

资料来源：根据中经网统计数据库整理而得。

（二）国际收支因素①

自改革开放以来，我国经济总量不断增加，经济实力不断增强，国际竞争能

① 国际收支说是从国际收支的角度分析汇率决定的一种理论，是关于汇率决定的流量理论，核心思路是国际收支引起的外汇流量供应决定了短期汇率水平及其变动。

力逐步提升，国际出口贸易量不断扩大，这为人民币升值提供了土壤。同时，国际上个别西方国家通过各种事件，寻找各种理由借机呼吁人民币升值。人民币在多种复杂的政治经济环境下一直处于不断升值的道路上。2011 年，我国贸易顺差出现了多年来的首次下降，非直接投资项目甚至出现了逆差。自 2012 年以来，中国货物贸易进出口额增速已由前些年的两位数增长降至个位数增长，并且增速低于当年 GDP 增速，2014 年更是保持较低增长。虽然我国贸易顺差增速放缓，但经常项目仍然长期维持顺差，这是支持人民币汇率的重要基础。

（三）国内外物价水平因素

汇率与物价水平有着较为紧密的关系，根据购买力平价理论[①]，汇率的变化直接受两国物价水平相对变动的影响。传统的经济理论认为，当本国的通货膨胀率高于外国的通货膨胀率时，本币贬值；当本国的通货膨胀率低于外国的通货膨胀率时，本币升值。自汇率改革以来，国内物价水平在 2007 ~2008 年处于较高的水平，其余时间则表现相对平稳（见图 2 – 13）。与此同时，全球主要大宗货物价格在危机之前都表现出快速增长的状态，危机后则处于连续下跌的状态。为此，人民币兑美元汇率在金融危机前出现了大幅度升值，在金融危机后则逐渐平稳。

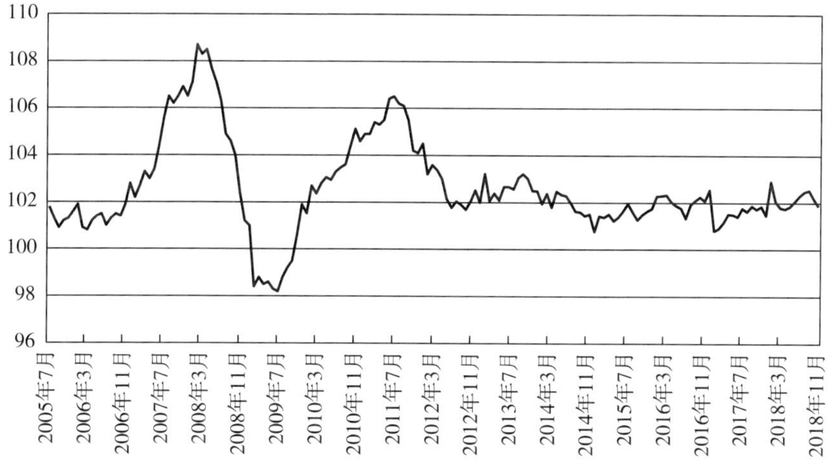

图 2 – 13　2005 年以来 CPI 月度走势

资料来源：根据中经网统计数据库相关数据整理而得。

① 购买力平价理论是关于汇率决定的一种理论。人们对外国货币的需求是由于用它可以购买外国的商品和劳务，外国人需要其本国货币也是因为用它可以购买其国内的商品和劳务。因此，本国货币与外国货币相交换，就等于本国货币购买力与外国货币购买力的交换。所以，用本国货币表示的外国货币的价格也就是汇率，决定于两种货币的购买力比率。由于货币购买力实际上是一般物价水平的倒数，因此两国之间的货币汇率可由两国物价水平之比表示。

（四）热钱[①]投机因素

国际热钱往往会流入币种升值区域，因此热钱在各国间的快速流动可以反映出汇率的趋势。人民币多年的连续升值导致中国市场上本身就存在大量的流入资本，再加上美国实行宽松货币政策，中美利差增强了热钱流入中国的动力。国际热钱的流入，一方面使我国的外汇储备有了相当数量的增加，为国际贸易提供了便利；另一方面，国际热钱的投机资本增多，在一定程度上间接加剧了我国流动性过剩情况，同时也可能会加大汇率波动的幅度。

（五）国际货币竞争因素

国际货币竞争一直是国际竞争的核心问题。目前，虽然美元保持着国际货币的霸主地位，但随着中国经济实力的增强和人民币加入 SDR 货币篮子，我国也不可避免地加入到国际货币的竞争中。一方面，我国为了自身经济和贸易的发展，有选择合理的汇率水平和波动水平的需要；另一方面，我国还必须考虑到以人民币为国际储备的国家的利益和主要贸易伙伴的利益，确保这些国家不因为人民币汇率水平的波动与我国发生贸易纠纷。

（六）外汇储备因素

我国的外汇储备主要由四部分组成，即贸易顺差、外国直接投资、外国贷款、“热钱”，其中最主要的组成部分是贸易顺差。我国长期以来的贸易巨额顺差必然使得与我国进行贸易的国家出现贸易逆差，从而造成该国严重的国际收支失衡。而这些国家为了自身利益，有可能或是必将联合起来遏制中国出口，迫使人民币升值，从而改善当下本国贸易收支失衡的状况。从这个层面讲，我国外汇储备越多，人民币升值压力就越大。我国外汇储备自 2014 年 6 月达到 3.99 万亿美元峰值后，一直处于下降趋势，至 2014 年末外汇储备余额下降为 3.84 万亿美元。2015 年 6 月末我国外汇储备余额为 3.69 万亿美元，2015 年 12 月末我国外汇储备降至 3.33 万亿美元，至 2018 年 12 月底我国外汇储备为 3.07 万亿美元，人民币升值压力得到缓解。

（七）央行调控

虽然我国汇率水平的决定已基本实现了以市场需求为主，甚至人民币对部分货币的涨跌幅限制也被逐步放开，但是为了人民币汇率的稳定和我国经济贸易的安全，仍然需要中央银行的有效调控。这些调控着重避免因人民币汇率的过度波动和汇率水平的过度变化造成的严重损失。目前，我国资本项目的开放正处于稳步推进

① 热钱，又称游资，或叫投机性短期资金，是指寻求短期回报的流动资金，其目的在于用尽量少的时间以钱生钱，只为追求高回报而在市场上迅速流动的短期投机性资金。

的过程中，资本项目开放后，我国将不得不在人民币汇率稳定和国内货币政策有效性之间做出抉择，在确保国内政策有效的状况下，可能会在一定程度上牺牲人民币汇率的稳定性，此时央行的管控对人民币汇率变动势必产生重要影响。

三、人民币汇率变化趋势分析

自人民币汇率制度改革以来，人民币汇率经历了缓慢升值期、快速升值期、稳定期及双向波动期。就目前来说，人民币汇率已经进入一个新的阶段，人民币从一种走势清晰、较易预测的货币转变为双向波动、震荡加剧的货币。

目前，人民币汇率总体发展态势趋于平稳，可以说是正在接近合理价值，这一点从我国不断缩小的贸易顺差上可以看出来。中国央行行长易纲认为，人民币汇率将由市场来决定，央行对于市场的介入将逐步减弱。然而也有部分国家却认为，中国为了在海外市场竞争中占据优势，有意将人民币维持在市场价值以下。2013 年美国财政部曾批评中国政府对外汇市场的干预，认为人民币应该大幅升值才能接近市场汇率水平。自 2014 年初以来，我国央行引导人民币贬值 2.5%。2015 年 8 月 11 日，央行改革了人民币兑美元中间价报价机制，当日人民币兑美元中间价贬值近 2%，创下自 1994 年汇率改革以来最大单日跌幅。这次汇率改革在一定程度上提高了人民币汇率形成机制的市场化程度和汇率弹性。受美元加息预期、新兴市场货币贬值潮以及对抗国内通货紧缩的影响，人民币在近期内可能维持较低的水平。

在通常情况下，一国货币的汇率变化主要是由该国的经济增长、相对物价水平和国际收支三方面影响的。自改革开放以来，我国的经济发展在波动中保持着快速增长态势，国内生产总值年均增长 9.7%，无疑是世界上经济增速最快的国家。即使是在全球性的金融危机中，我国 GDP 也稳居全球第二位。中国经济实力的增强为人民币的稳定提供了支持，另外我国经常项目长期处于顺差地位、外汇储备充足，因此从中长期来看，人民币出现大幅贬值的可能性不大。

第四节 人民币汇率波动特征分析

自人民币汇率改革以后，在市场化的大方向下，我国一直坚持浮动汇率制度。然而，由于国际上人民币升值呼声的不停歇以及国际政治环境的不稳定，使我国经济也受到了一定程度的冲击，人民币汇率的波动成为新常态，且波动幅度逐步增大。

一、人民币呈现非均衡双向波动

如图 2－14 所示，2010 年 1 月至 2018 年 10 月期间，在间接标价法下，人民币兑美元、人民币兑欧元、人民币兑日元、人民币兑港币的汇率走势呈现非均衡性。从整体来看，间接标价法下人民币兑美元一直保持着升值的趋势，而人民币兑其他货币的升值幅度变化不一致，有的甚至出现了贬值，人民币汇价波动呈现出明显的非均衡双向波动的特点。

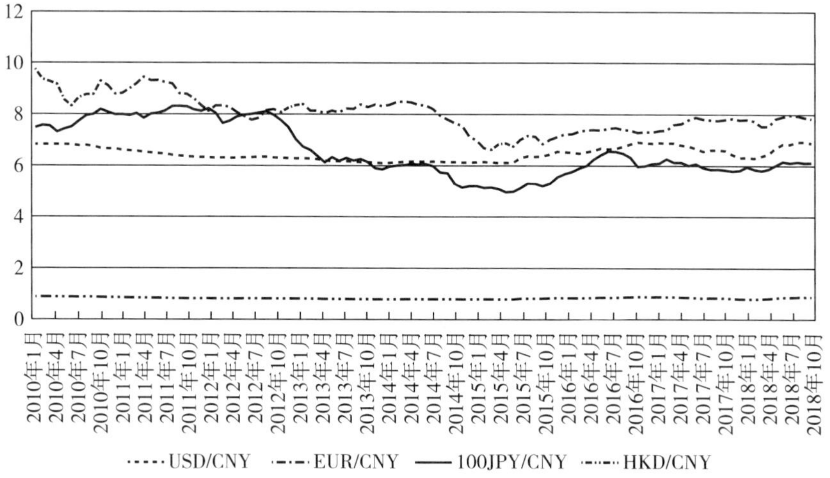

图 2－14　2010 年 1 月至 2018 年 10 月人民币汇率走势

资料来源：根据外汇交易中心相关数据整理而得。

二、人民币对非美元货币走势独立性增强

人民币在我国汇率制度改革前采取紧盯美元的汇率制度，在测算人民币与其他货币的汇率时，主要依据美元价格，因此，人民币兑非美元的汇率变动与美元兑非美元具有极大的一致性。自 2005 年 7 月实行汇率制度改革后，人民币采取参考一篮子货币制度，改变了人民币对美元的依附性，人民币对非美元变动的独立性也显著增强。从图 2－15 至图 2－17 中可以看出，人民币、美元分别对欧元、日元和港元等非美元货币的走势并不完全一致。但与此同时，这种趋势会使

我国涉外企业面临更加复杂的汇率风险问题。

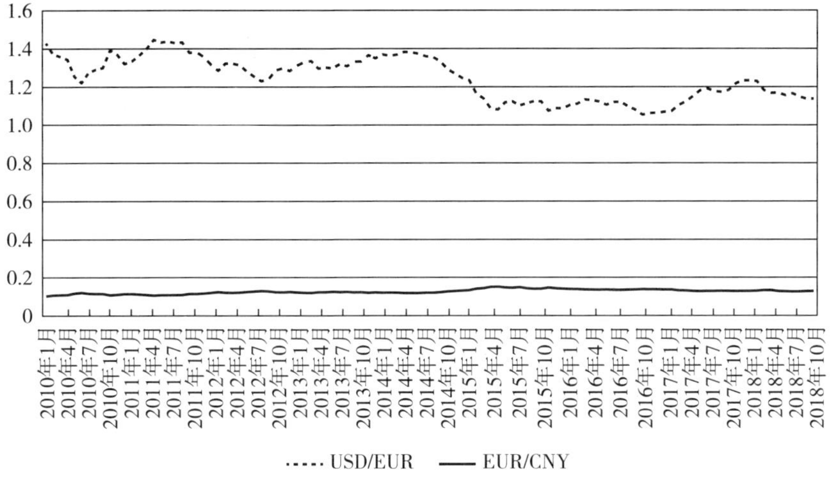

图 2－15　2010 年 1 月至 2018 年 10 月人民币兑欧元与美元兑欧元汇率走势

资料来源：根据中国外汇交易中心相关数据统计而得。

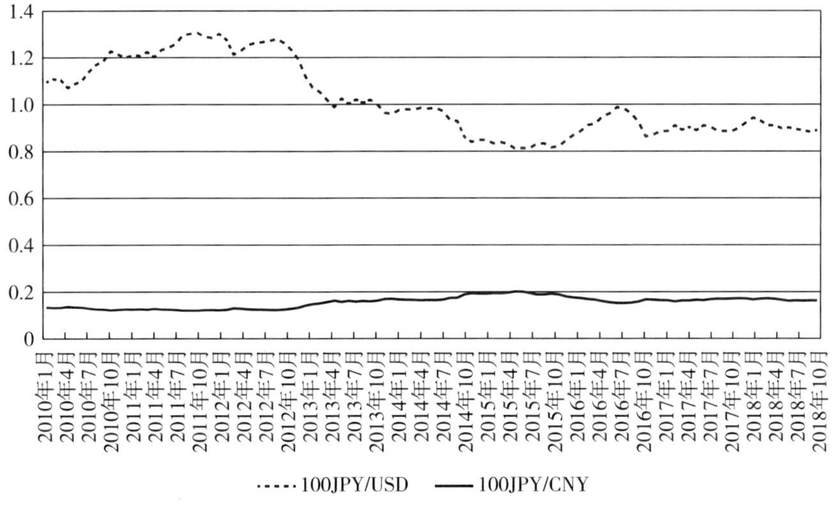

图 2－16　2010 年 1 月至 2018 年 10 月人民币兑日元与美元兑日元汇率走势

资料来源：根据中国外汇交易中心相关数据统计而得。

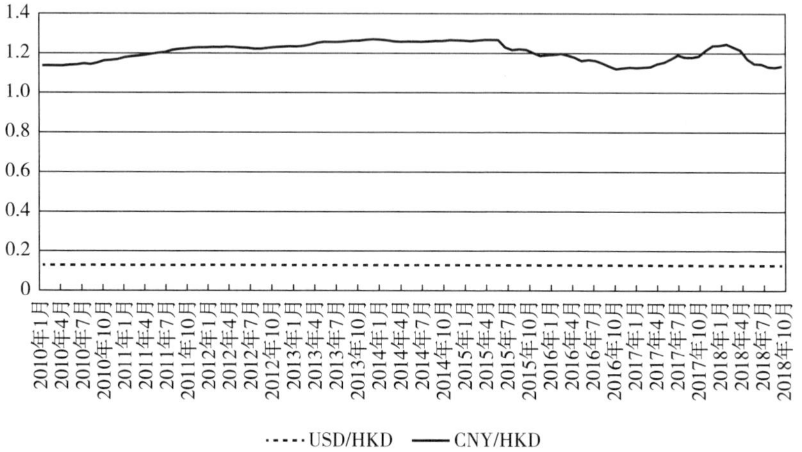

图 2－17　2010 年 1 月至 2018 年 10 月人民币兑港元与美元兑港元汇率走势

资料来源：根据中国外汇交易中心相关数据整理而得。

三、人民币汇率波动特征是频率和幅度不断加大

自人民币汇率实行有管理的浮动汇率制度后，人民币经历了升值、相对均衡、再升值、再均衡、现在又贬值的发展历程。人民币汇率波动频繁且波动幅度加大，标志着人民币随市场变化的时代来临。人民币兑美元汇率波动的特征同时也使人民币与其他各国货币之间的汇率更加灵活多变。人民币近来表现出了双向波动的趋势。如图 2－18 至图 2－21 所示，除了人民币兑港元以外，人民币兑其他货币波动幅度有明显趋势。

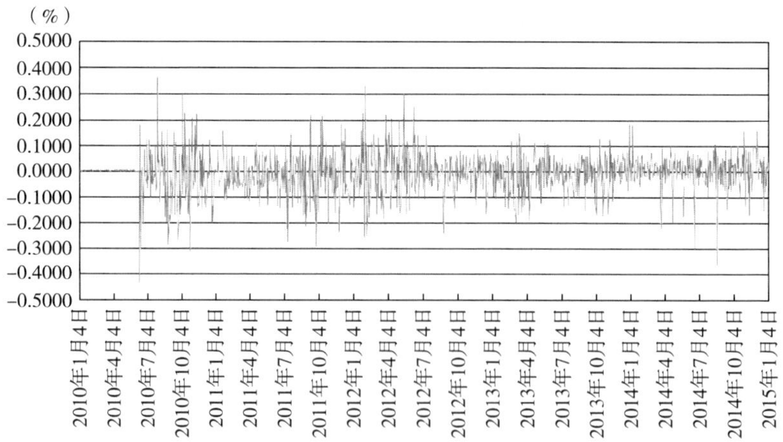

图 2－18　人民币兑美元日汇率波动

资料来源：根据国家外汇管理局相关数据整理而得。

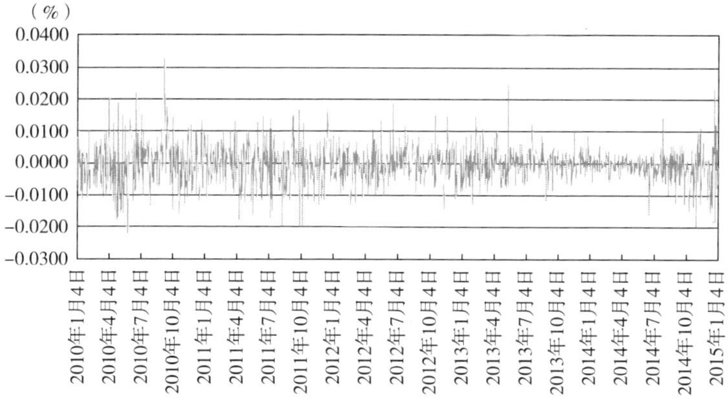

图 2－19　人民币兑欧元日汇率波动

资料来源：根据国家外汇管理局相关数据整理而得。

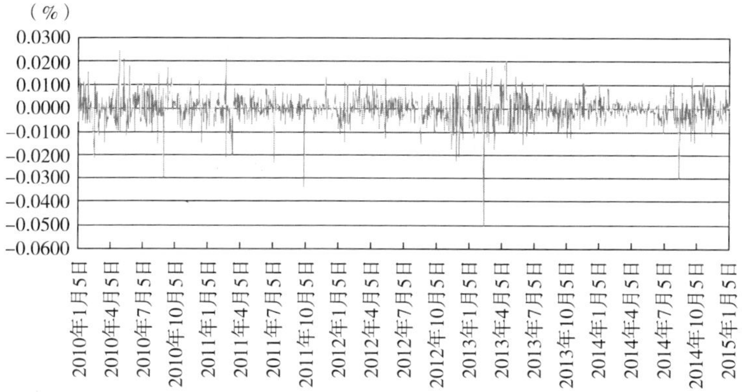

图 2－20　人民币兑日元日汇率波动

资料来源：根据国家外汇管理局相关数据整理而得。

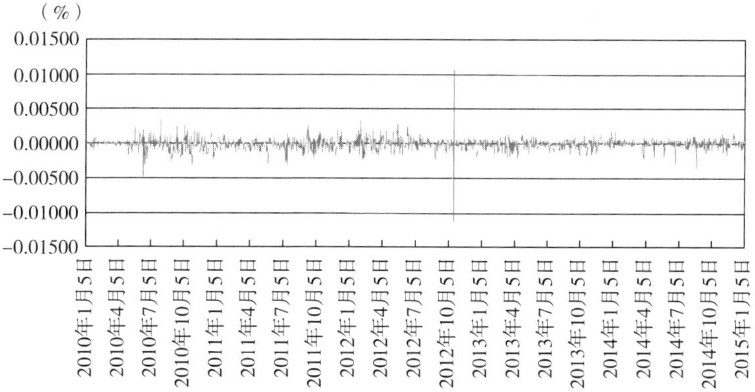

图 2－21　人民币兑港元日汇率波动

资料来源：根据国家外汇管理局相关数据整理而得。

第三章　汇率风险管理理论

风险与人类相伴相生，人类的活动与风险息息相关。汇率风险管理与一般的风险管理也是相同的，主要是风险识别、风险度量、风险评价、风险控制、风险应急预案、风险管理等。在外汇市场中，外汇风险更是无处不在、无时不有。在进行有效的汇率风险管理之前，我们必须先认识汇率风险。那么，汇率风险是什么？又如何进行防控汇率风险？

第一节　汇率风险的界定

汇率风险（Exchange Rate Risk），又称外汇风险或外汇暴露（Exchange Rate Exposure），由于汇率的波动而引起实际价值发生变化（涨或者跌）。Jorion（1990）认为汇率变动对企业的影响存在以下两个方面：①对企业以外币计价的净货币性资产产生影响；②对企业拥有的实质性资产价值产生影响。汇率风险又有广义概念和狭义概念之分，狭义的汇率风险仅指汇率的风险；而广义的汇率风险不仅包括了汇率风险，而且还有政策风险、交易风险、信用风险等。在实际生活中，凡是从事与外币相关的经济贸易企业都会面临汇率风险。在对外贸易中，往往汇率波动使企业的外币收入或者外币支出的实际价值发生变化，导致企业得到额外收入或者造成经济损失。

根据汇率风险定义可知，汇率风险是在企业外汇头寸不平衡时，由于汇率波动产生损失或者收益。按照汇率风险产生的原因，汇率风险分为交易风险、折算风险、经济风险三类。这种分类方法是目前学术界比较认同的分类方法。

一、交易风险

交易风险，是指汇率波动对以外币计价的应收债权或应付债务将来实际收付的现金流量的影响程度。该风险从以外币达成交易开始（如签订进出口合同、外币借贷合同），一直持续到债权债务结算后结束。如果在结算前，汇率朝着不利的方向变动，那么企业将从外币资产中换得更少的本币，或是以更多的本币支付外币负债。

二、折算风险

折算风险又称转换风险，是指公司在跨国经营活动中为了编制统一的财务会计报表对不同币种的货币进行折算，因汇率波动而出现的账面损失。折算风险产生的主要原因是公司结算日的市场汇率（现行汇率）与交易发生时的市场汇率（历史汇率）不一致。折算风险引起的损益只是账面上的损益，并不会对公司经营产生实际的影响。

三、经济风险

经济风险是未预期的汇率波动对公司未来收益或现金流的影响程度。汇率变动会通过影响企业的生产成本、销售价格和产销数量等非货币性资产负债来改变企业的最终收益。经济风险是一种综合且复杂的风险，影响范围广泛，不仅会对拥有大量外贸活动、资本流动频繁的跨国企业产生重要影响，而且对产销都在国内的企业，可能因经济风险通过影响其竞争对手及互补企业来改变该企业的竞争地位，进而影响该企业未来的生产经营活动。

第二节 汇率风险管理理论内涵

一、早期汇率风险管理理论

在早期汇率风险管理中，理论基础主要是套期保值理论。凯恩斯和希克斯最早从经济学角度对套期保值理论进行阐述，认为可以利用套期保值来规避现货市场的价格波动风险。这种思想主要基于两种基本原理：第一，现货市场和期货市场价格走势趋于一致。虽然现货市场和期货市场是两个独立的市场，但现货价格是期货价格最主要的影响因素，因而，两个市场的价格变动趋势是一致的。如果期货价格走势与现货价格走势出现了偏离，则存在无风险套利机会，那么市场套利者会进行操作，最终使期货价格和现货价格回到无套利的市场均衡价格水平上。第二，现货市场价格和期货市场价格随着交割日的临近，两者趋于一致。如果在交割日现货市场价格和期货市场价格不同，则存在无风险套利的机会，市场套利者会进行相应的操作，最终使两者趋向一致。在上述原理的作用下，通过在期货市场上购买或出售与现货数量相等但方向相反的期货合约，即在购买或出售现货的同时，在期货市场上出售或购买数量相等的期货，这样，无论市场价格怎么变化，在现货市场上的亏损均可以由期货市场的盈利得到弥补或抵消，同样，在期货市场上出现亏损也可以由现货市场上的盈利得到弥补或抵消。

二、现代汇率风险管理理论

现代汇率风险管理理论以计量经济模型测算风险、企业汇率风险承受能力以及汇率风险应急机制为主要内容，测算风险最常用的就是 VaR 模型、CVaR 模型以及应急机制理论。

（一）风险度量与控制理论

对于风险度量方法的研究随着风险影响的加大而越来越深入，也一直成为理论界、学术界与实践派研究的重点难点之一，特别是在投资组合理论形成以后，对风险的研究更是成为研究的热点之一。许多学者对此进行研究，各种各样的风险度量手段与方法竞相出现，也为风险测算提供了各种不同的方法。

Markowitz（1952）在将风险定量化方面做出了显著的成就，他在设定了一定的收益率序列分布的基础上，用资产收益率方差来测算风险，首次定量化测算风险。Roy（2001）在沿袭 Markowitz 思想的前提下，进一步深化了风险度量的研究，提出了“安全第一法则”，即首先设定某个可以承受的风险水平，再用投资价值低于该水平的概率来测算风险，使风险的测算更加具体化。由于 Roy 研究的重要观点，学者们认识到均值—方差的局限性（Markowitz，1959；Levy，1969），即均值—方差方法在测算识别风险时的模糊性。为了改进方差方法的缺陷，使其更具有适用性，学者以及业界随后开始对风险度量方法进行研究与发展。在风险的测算问题上，开始引入风险的参照标准，在研究过程中也发现了边缘损失风险在测算中的作用，并由此开始注重收益率序列分布的研究，并得到许多研究成果。那么风险与收益是何种关系，如何做出最优的决策来规避风险？龙朝阳等

(2001) 在探究两者关系的基础上，改进了一些限制条件，探究最优的投资组合策略，使其风险最小化。那么在各种方法中孰优孰劣？刘志东 (2006) 等选择多种方法进行了深入的研究比较，经过多次优劣的比较结果更明确地表明没有在任何条件下都适用的方法，在不同的情形下应该选择合适的测度方法。

近年来，VaR (Value at Risk) 方法由于其概念简单、易于理解、便于操作等原因成为当今主流的金融风险度量方法之一，学者们与实践家也对该方法的理论与实际应用做了大量的工作。Linsmeier 和 Pearson (2003)、Duffie 和 Pan (2005) 在摩根大通集团提出 VaR 模型后，运用详细的表述介绍了 VaR 模型的概念和计算方法。在之后的研究结果中，研究者们提出了多种定量计算 VaR 的方法。Alexander 和 Baptista (2006) 采用历史模拟法对比进行了研究，结果显示研究组合中具有越低方差的组合出现较大风险的概率愈大。在 Glasserman (1997) 提出风险测度的有效模型即蒙特卡罗模型之后，Antonelli (2004) 计算出了蒙特卡罗模拟的详细过程。David 等 (2003)、Dowd (2004) 和 Bouchaud 等 (1999) 在测度风险的 VaR 时借助半参数方法，并研究了在极端情况下的 VaR 计算方法。在国内，不少学者探讨了 VaR 模型应用的重要性，既可以应用于投资组合管理中（郑明川、吴晓梁，2003；廖凌雁，2006），也可以预测风险（叶青，2005）及股票指数流动性（刘晓燕、翟东升，2004）等问题。

尽管 VaR 模型简单且易于操作，但是在应用中却存在约束与局限性（Artzner，1997，1999）。如何克服局限性？Rockafellar 和 Uryasev (2002) 对 VaR 模型进行了优化，并冲破 VaR 的局限性，提出了 CVaR 的概念并建立了 CVaR 投资组合优化模型，模型的实证结果表明 CVaR 更具有优越性。Pflug (2004)、Kibzun 等 (2006)、Anderssom (2007)、Pownall 和 Koedijk (2009)、Palmquist 等 (2010)、Mulvey 和 Erkan (2011) 等在研究中分别验证了 CVaR 的优越性，并把它们应用于证券组合优化管理、信用风险管理等领域中。在我国，陈金龙和张维 (2002)、田新民 (2004) 不但对 CVaR 方法进行吸收并开展了拓展研究，并将其与 Antonio 在 2001 年提出的投资组合优化统一模型进行了对比研究。CVaR 模型的进一步研究是非常重要的课题，相关学者运用 CVaR 模型在金融领域进行深入研究（李成、马国校，2007），有一些学者将 CVaR 模型运用于其他非金融领域的风险管理中（许明辉等，2008）。

由于市场的变化及新情况新信息的不断出现，对风险的监控是一个持续的过程，这就需要根据实时风险度量结果进行动态调整，从静态转向动态，从单期转向多期。如果单单只用 VaR 模型或 CVaR 模型在度量风险时就会产生偏差，于是一些学者提出了动态风险度量模型。Cvitanic 和 Karatzas（1999）在 Bayes 条件下，提出了如何去测度动态条件下的风险度量。Balbas 等（2003）、Coquet 等（2002）给出了不同动态下的风险度量，并表明任何一种动态一致性或动态凸性风险度量都来自于条件 g - 期望。Roorda，Schumacher 和 Engwerda（2005）、Kang Boda 和 Jerzy（2006）提出风险的动态持续性，并在该条件下研究风险度量属性与具体度量方法之间的关系问题。在国内，何信、张世英和孟利锋（2007）从动态的角度研究风险测度，构建以条件持续性、序列持续性和动态持续性为基础的多时期动态风险度量框架，并分别实证研究了动态风险度量方法。在这些研究的基础上，孟志青、虞晓芬、蒋敏等（2008）将动态风险测度视为某个动态规划，并构建了一种动态 CVaR 组合投资优化的模型。谢非（2008，2010）在收汇期以及收汇额不确定的条件下，运用 CVaR 方法以及动态规划理论对企业国际贸易中所面临的风险进行了度量，并运用历史汇率数据开展了实证研究，针对不同的条件提出具有针对性的规避汇率风险的措施与建议。

在对多元序列进行风险测度方面，Bollerslev，Engle 和 Wooldridge（1988）提出了 VECH - GARCH 模型，这是第一个多元 GARCH 模型，但是这个模型在估计的过程中存在两个问题：一是受到参数的影响太多；二是不能够保证条件协方差矩阵正定。Engle（2002）解决了上述难题，并且冲破了以往研究假设模型中多种资产的相关性是无变化的、与事实相悖的限制，提出 DCC - GARCH 模型，这一模型不仅克服了以上两个难题，而且还具有比较简单的计算过程，被后续研究者运用到其他相关的研究中。特别是该模型可以估计多元序列矩阵式的相关系数，因此面对复杂多变的市场情况时，也有了可以克服的工具，并被广泛运用于具有相关性的多资产研究中。

（二）企业承受能力理论

目前，承受能力问题早已突破了其原本物理学上的范畴，成为众多学科的研究视角，在统计学、社会学、资源环境、心理学、生态学、经济管理学等领域都对承受能力研究有了扩展。承受能力又称承载力，承受能力概念的发展经过从自然生态学的种族承受能力、人类生态学的资源承受能力到生态学承受能力的过程，再因现在社会企业经营活动的加剧而进一步延伸到企业承受能力（张太海，2012）。1798 年马尔萨斯的《人口原理》第一次将承受能力思想引入社会科学领域，该阶段承受能力概念着重强调基本生活资料与人口数量之间的均衡问题。进入 20 世纪后，关于承受能力方面的研究开始逐渐拓展至生态学方面。在该学科中提出的承受能力定义较宽泛，强调资源的短缺问题，不仅体现数量的最大极限也体现出可持续发展的内涵。Park 和 Burgess（1921）对承受能力的思想拓展到多因素影响方面。到了 20 世纪六七十年代，承受能力延伸到资源学上来，并在 20 世纪 80 年代被联合国等国际组织广泛应用于各种评估中。进入 21 世纪，随着承受能力理论和思想的不断发展，人类系统中的承受能力研究成为主流。

（三）应急管理理论

1. 应急管理概念及原则

应急管理是由一门涉及运筹学、战略管理等各方面知识的综合学科，是企业管理的工作之一。随着经济、社会的发展，突发事件的风险因素日益增多，这给企业经营管理带来了严峻的挑战，应急管理在企业日常经营管理中的作用日益突出。Haddow 和 Bullock（2004）把应急管理定义为“处置和避免风险的学科”。威斯纳等（2004）定义应急管理为个人、团体和社区管理风险源以努力避免或减轻风险源所导致突发事件对其冲击的连续不断的过程。

应急管理是指企业管理人员通过全面系统地分析突发事件的发生原因、发生过程以及突发事件可能造成的后果，选用预先制定的应急措施，在各类突发事件发生的全过程中，依据预先制定的应急措施，对突发事件进行预警、控制和恢复重建，尽可能降低危机给企业造成的损失。企业要想进行有效的应急管理，应当遵循以下原则：

（1）预防为主原则。对事件的发生做好充分的准备和预防，有效避免事件的发生，因此企业应采取相应的措施，有效防止危机的发生。

（2）全面原则。由于各类风险具有复杂性，为此企业在管理的全过程中需要全方位、无死角的考虑问题，不能遗漏某方面的问题。

（3）准确及时原则。突发事件具有爆发突然、扩散迅速的特征，为此企业管理人员必须在第一时间内做出相应的反应，防止危机的进一步扩大。

2. 应急管理内容及发展历程

任何事件的发生和发展都会遵循一个进程或者发展周期，风险因素都会存在潜伏期，危机状态不是即刻形成的，同样也不能立马将已发生的损失恢复到正常水平，应急管理是一个过程，需要时间。应急管理是针对突发事件设置的，而突发事件则过于宽泛，为了更好地制定应急管理制度，应将其工作进行常态和非常态区分。一个完整的应急管理过程包括预防、预警、反应、控制与恢复五个阶段。管理者在其中任何一个阶段都要有可以采取的策略和措施，这样才能达到有效应急管理。在应急管理的预防阶段，要做好有效规避风险的准备工作，主要包括预案的制定、应急管理机构的设立等；在预警阶段，企业工作的重点是预警机制的构建和完善；在反应阶段，企业的主要工作是对预警信息进行快速及时地沟通与反馈，使决策层能有效地指挥协调，最终保证预案的执行；在控制阶段，企业主要是通过预案准备的各种方法和工具对突发事件进行管控；在恢复阶段，企业需要总结经验，并采取合理的措施对突发事件已经造成的损失进行恢复。

应急管理由公共关系学中的危机管理发展而来。美国学者卡特里普和森特较早论述了应急管理，他们从管理学的角度出发，针对美国社会中存在的“突发问题”提出了应急策略。西方应急管理的研究在20世纪60年代至20世纪80年代逐渐走向成熟，具有代表性的学者有巴顿、福斯特、格林、米卓夫等。通过长期总结和研究管理实践经验，西方国家已建立了较为成熟、完善、可靠、有效的应急管理机制。

中国古代应急管理已有启蒙，“防患于未然”“未雨绸缪”“亡羊补牢”等成语都是应急管理中预防和控制思想的体现。然而，中国系统化的研究和应用应急管理始于20世纪90年代。2003年，“非典”的爆发使应急管理研究和应用受到社会各层面的极大关注，国家甚至通过制定《国家突发事件总体应急预案》和《中华人民共和国突发事件应对法》来为应急管理提供了法律保障与基础。2008年，在南方雪灾和汶川地震等重大灾害发生以后，在应急管理方面的研究再次受到高度重视，国内相关研究通过借鉴西方国家应急管理理论和思想，在立法、管理机构、预警机制、信息沟通等方面展开讨论。2009年4月，国内首个以企业与政府应急管理机制为研究对象的应急管理学院在暨南大学设立。近年来，应急管理受到社会各方面越来越多的关注。

3. 汇率风险应急机制

根据《中华人民共和国突发事件应对法》，突发事件可以划分为自然灾害、事故灾难、公共卫生事件和社会安全事件四大类，而汇率风险是经济安全事件，属于社会安全事件。关乎企业的经营业绩，为此无论是从国家法律方面还是企业自身利益方面，企业都应该建设科学有效的应急机制以处理汇率波动引发的风险。应急机制是系统内各组成因素之间，以及系统与外部环境之间的相互作用，通常表现为针对特定突发事件的预案。汇率风险应急机制主要是指企业在汇率风险管理过程中通过协调、预防、预警、反应、控制和恢复措施实现降低汇率风险管理目标的工作流程。

汇率风险应急机制相对常规状态下企业的运行机制而言是一种特殊的应急机制，特指汇率即将或正在发生大幅波动时，企业管理者根据预案以较快的速度采用预防、预警、反应、控制和恢复措施有效地处理汇率风险，使汇率异常波动对企业经济、生产、经营等方面造成的负面影响在可能的情况下降至最低。由于我国应急管理理论研究起步较晚，再加上人民币汇率波动风险近年来才凸显，相关企业对于汇率风险管理的重视程度不够，因此我国企业汇率风险应急机制的建设还存在很多尚待完善的地方：

第一，把侧重点放在了事后补救方面，轻视了预防工作。由于习惯了较为稳定的汇率，部分企业的危机意识不强，在汇率风险应急管理过程中更多考虑的是风险事件发生之时、风险事件发生之后采取的措施和策略，只能被动地应对汇率变动的突发事件，不去仔细研究分析汇率风险产生的原因，主动规避风险，避免或减少汇率风险造成的损失。

第二，汇率风险监测、预警决策系统有待完善。在实际中，许多企业往往缺乏专门的应急管理组织机构，缺少能掌握和熟练运用金融工具的专业人才，为此，这些企业不能对汇率风险进行实时监测，不能形成有效的汇率风险监测和预警系统。

第三，不具有快速决策能力和应急联动机制。许多企业由于在应急管理组织构建和人员设置方面存在缺陷，不能及时有效地处理汇率风险的相关信息，致使企业决策层面不能及时、正确地做出相关决策，在控制汇率风险的过程中，这些企业的处置能力有待提高。

第三节 汇率风险管理程序

央行、企业以及商业银行在进行汇率风险管理时必须遵循一定的步骤。汇率风险管理主要有以下六个步骤：一是进行风险识别；二是对风险进行度量；三是进行风险评价；四是选择风险管理办法；五是风险管理预案；六是风险管理决策（风险管理方案的执行与风险管理绩效评价）。

风险识别是风险管理的第一步骤，在实际生活中或者工作中面临的风险是错综复杂的，需要在风险发生之前进行准确识别和分析，以便对风险进行精准控制。风险识别的本质就是收集有关风险要素、风险事故和风险损失等信息，发现导致损失或者潜在损失的风险因素。

风险度量是指在风险识别的基础上，运用概率论、应用统计、大数法则等方法对某一个或者几个风险进行定量分析和描述，以此作为风险评价和风险管理办法选择的依据。风险度量是对风险现状的客观反映。

风险评价是经过风险识别和风险度量后，将损失发生频次、损失程度及其他因素综合考虑，分析风险的影响，并对风险的现状进行评价。根据风险评价发生的时间不同，可以分为事前风险评价、事中风险评价、事后风险评价。按照风险评价方法划分，可以分为定量风险评价、定性风险评价、综合评价等。

选择风险管理办法是汇率风险管理的第四个阶段，也是最为关键的阶段。央行、企业、商业银行等风险管理单位在风险识别、风险度量和风险评价以后，需要准确选择风险管理办法，以实现降低风险损失的目的。

风险管理预案是风险管理单位为了实现风险管理目标而制定的风险管理计划，是风险管理者在综述考虑风险因素、风险管理成本、所处风险管理条件等因素后所做出的计划。风险管理预案既可以为风险管理决策者提供参考依据，也是实施风险管理的重要指南。

风险管理决策是风险管理的重中之重。风险识别、风险度量、风险评价、风险管理办法和风险管理方案的制订都是为风险管理决策提供依据的，而风险管理决策的正确性直接影响着风险管理的效果。风险管理决策的目的在于保证决策过程的科学性和决策效果的有效性；风险管理决策的过程是实现风险管理目标的过程；风险管理决策的效果直接关系到风险管理目标的实现。

一、汇率风险管理识别方法

汇率风险识别的方法有很多，如德尔菲法、分解法、现场调查法等，其中最常用的就是德尔菲法和分解法。

（一）德尔菲法

德尔菲法又称专家会议预测法或者专家调查法，是一种集中各位专家智慧进行准确、科学预测的方法，该方法准确性高且具有广泛的代表性，因此其应用范围非常普遍，也是被广泛运用到风险管理和风险决策当中。德尔菲法实质上是一种反馈匿名函询法。其特点主要是各专家之间均相互匿名。其大致过程是先对要分析的问题征询专家意见，然后进行归纳整理，反馈给专家，再次征集各位专家意见，多次重复，直到各位专家意见一致才停止。

（二）分解法

风险的来源可能来自多个方面，如政治风险、社会风险、法律风险、认知风险，也可能是汇率风险、利率风险、信用风险等。每种风险所构成的基本要素也不尽相同。如外汇交易风险，其主要构成要素为本币、外币、时间等。根据业务类型不同，外汇交易分为即期外汇交易和远期外汇交易。即期外汇交易和远期外汇交易这两种所面临的风险也是不同的。时间越长，汇率的波动幅度可能性就越大，所产生的风险也就越高。

（三）现场调查法

现场调查法也是风险识别的一种重要方法。现场调查法是指风险管理部门和相关的工作人员，就风险管理单位可能面临的风险进行现场调查，并形成调查报告，供风险管理者或者决策者参考的一种风险识别的方法。

现场调查法的优点主要有：可以及时掌握风险管理单位的现场调查资料，了解风险管理单位的实际风险现状，可以预防风险事故的发生等。现场调查法的缺点主要有：采用现场调查法耗费时间较多，管理成本过高等。

二、汇率风险计量模型

（一）现金流量法

现金流量法是从公司财务的视角出发，研究汇率变动对企业现金流或经营收入的影响，其模型如下：

$$CF_{it} = \partial_{it} + \beta_{it} EX_{it} + \varepsilon_{it} \tag{3-1}$$

其中，CF_{it}表示第 i 家企业在 t 时期的现金流或经营收入的变化率，反映了企业收益水平的变化，EX_{it}表示 t 时期汇率的波动率，∂_{it}和 ε_{it}分别表示第 i 家企业的常数项和随机误差项，β_{it}表示第 i 家企业的外汇风险暴露。

总体来看，现金流量法的优点在于，通过企业的现金流量来度量企业的外汇风险暴露，有利于帮助管理者理解汇率波动（汇率风险）对公司经营活动产生的影响，进而采取合适的规避汇率风险的措施。同时，由于该方法所用现金流量数据是从企业内部获取的，不受其他因素干扰，可以较为准确地度量公司的外汇风险暴露及汇率风险。但是，该方法最大的缺点在于它很难囊括所有影响现金流量的因素，而且需要大量的公司内部数据，这些数据对于学者来说通常都难以获取。因此，限制了其进一步应用和发展。

（二）VaR 模型和 CVaR 模型

VaR 模型是在一定的时间段内、一定的置信水平条件下的最大可能损失。是最大可能损失分布的 p - th 分位数（一般地，$p \geq 0.95$），即：

$$VaR_p = F^{-1}(p) \tag{3-2}$$

其中，F^{-1}是分位函数，它被定义为损失分布 $F(x)$的逆函数。

令 $X = u + y$，推导易得，对于 $X > u$，有：

$$F(X) = [1 - F(u)]G_{\alpha,\beta}(x-u) + F(u) \quad (3-3)$$

设 n 为样本总数，N_u是样本中超出门限值 u 的样本数目，这样就可以用$(n-N_u)/n$ 作为 $F(u)$的估计，化简可得：

$$F(X) = 1 - \frac{N_u}{n}\left[1 + \frac{\alpha}{\beta}(x-u)\right]^{-\frac{1}{\alpha}} \quad (3-4)$$

对于某一给定的 p 值，由式（3－2）和式（3－4），可得 VaR 的估计式为：

$$VAR_p = u + \hat{\beta}/\hat{\alpha}[n/N_u(1-p)^{-\hat{\alpha}} - 1] \quad (3-5)$$

$$CVAR_p = VAR_p + E[X - (VAR_p \mid X) > VAR_p] \quad (3-6)$$

其中，式（3－6）等式右边第二项为超出VaR_p的平均超出函数。对于 $\alpha<1$ 的 GPD，其平均超出函数为：

$$e(u) = E[X - (u \mid X) > u] = \frac{\beta - u\alpha}{1-\alpha},\ \beta + u\alpha > 0 \quad (3-7)$$

结合式（3－6）和式（3－7），可得 CVaR 的估计式为：

$$CVaR = VAR_p/(1-\hat{\alpha}) + (\beta - \hat{\alpha}_u)/(1-\hat{\alpha}) \quad (3-8)$$

三、汇率风险管理基本方法

汇率风险管理是在汇率风险识别、汇率风险度量之后，进一步考虑选择风险管理办法，以达到较少损失的目的。汇率风险管理的基本方法主要是风险规避、风险转移、风险控制、风险担当。

（一）风险规避

风险规避是风险管理者在汇率风险识别和汇率风险评估和基础上，针对存在的汇率风险因素采取回避、转移措施，以消除汇率风险因素或者减少汇率风险因素的危险性。风险规避包含消极的规避和积极的规避两种方式。

消极的规避，即从根本上消除汇率风险。例如，企业所生产的商品坚决不对国外销售，这样就可以完全规避汇率波动造成的损失。虽然这种方法规避了汇率风险，但是企业也丧失了海外市场获利的机会，故称为消极的规避。

积极的规避，针对将来的汇率风险做好规划和准备，以减少或者抵消汇率波动等意外因素造成的价值变动，这包括获利和损失两方面。例如，企业为了规避汇率波动造成的损失，决定生产内需商品。这种规避的结果，不但规避了汇率风险，同时也回避了利益。

（二）风险转移

风险转移可以让风险管理者或者风险管理单位将不想要的风险转移出去，达到降低成本、减少损失的目的。在外汇交易风险管理中，主要是使用金融衍生工具进行套期保值，如远期外汇合约、外汇期权、外汇期货等。除此之外，还可以将不会同时发生的风险集中起来通盘考虑，形成风险组合，使这新的风险组合中发生的风险损失的部分能够得到其他未发生损失部分的补偿，达到风险转移的目的。

（三）风险控制

风险控制是对不愿意放弃也不进行转移的风险，通过降低其损失发生的可能性，缩小其不利影响的损失程度来达到控制目的的各种控制技术和方法，相对于风险规避，风险控制是一种积极的风险处理手段。例如，企业或者商业银行可以通过强化管理，采取周密的措施阻止风险发生及其损失发生的可能性，在决策阶段，可以加强管理，使风险发生的可能性降低甚至是消除风险的发生。

（四）风险担当

风险担当是风险管理者或者风险管理单位自己承担风险造成的损失。风险担当是处理汇率风险最普遍、最省事的风险规避方法。当采取其他风险规避方式所发生的实际费用超过风险实际造成的损失时，风险管理者或者风险管理单位可以采取自留风险的方法。

第四章　央行汇率干预理论与实务

随着我国金融市场化进程的逐步深入，“一带一路”倡议的实施以及“沪港通”的出现，国内外资本市场之间的联系愈发紧密，这些因素导致我国外汇储备与人民币汇率变动的不确定性也在不断加大。一方面，人民币汇率和外汇储备的波动直接影响我国对外的进出口贸易活动，如人民币币值上升过快会对国内出口企业的经营活动造成过大冲击，而人民币币值下降过快不利于人民币国际化战略的推进，会引发资本外流，损害金融体系的稳定性。另一方面，人民币汇率和外汇储备的变动很可能诱发我国资本市场的波动。这是因为汇率预期的变化会影响我国金融资产的期望收益，从而改变国内外投资者的资产配置组合，同时还可能促使上市公司调整其经营决策，从而对企业价值产生影响。外汇市场干预作为央行调整人民币汇率预期、维持人民币汇率水平基本稳定以及平衡内外部经济的重要手段之一，为了保持人民币汇率水平的基本稳定，适时地对外汇市场进行干预是十分必要的。

第一节　理论基础

一、外汇干预的理论依据

自20世纪70年代发达国家实行浮动汇率制度以来，世界主要货币的汇率由市场决定自由浮动，但由市场决定的汇率常常超出政府所能承受的范围，对一国经济增长造成了不利的影响。为了防止汇率波动带来的损失，中央银行在外汇市场上实施干预操作以稳定汇率成为必然行为。支持外汇干预的相应理论包括了“市场无效”学说、汇率超调理论、汇率失调理论和货币危机理论。

（一）“市场无效”学说

学者 Soros 和 Levich 等将有效市场理论引入外汇市场，假定市场参与者都是理性的，依靠自身认识对市场进行预期，并根据掌握的信息做出决策，在这种条件下，政府的干预是无效的。有效市场假说描述的是一种理论理想化状态，但是现实的外汇市场并非完全有效，即每个市场参与者掌握的信息是有限的，所有的认识都是有缺陷的，并不满足于有效市场假说下的外汇市场。所以，我们就得到了这样一个结论，即我们所要面对的市场并不是理性的市场，而是一个无效市场。当汇率受到多种因素影响时会出现较大幅度的波动，市场参与者就面临诸多不确定性，从而影响外汇市场的稳定，进而影响国家经济的稳定发展，即央行进行外汇干预是必要的。

（二）汇率超调理论

学者 Rudiger（1976）在其文献中第一次提出粘性价格货币分析法，即汇率超调模型。汇率超调理论认为，商品市场和金融市场对价格的调整速度具有不对称性。金融市场的价格调整速度较快，当外汇市场面临冲击时，汇率容易对外部冲击做出过度调整，出现汇率超调现象。在短期均衡汇率向长期均衡汇率调整的过程中，汇率超调会给金融市场与实体经济带来冲击。

自 2005 年汇率改革以后，人民币逐步摒弃了只盯住美元的汇率制度，实施了以市场为导向、适时管理的浮动汇率制度，一定程度的汇率浮动是市场机制的产物，可以通过货币政策来刺激经济稳定和发展，随着我国加入 SDR，人民币国际化的进程进一步加快，这对维持管理汇率的技术操作，尤其是外汇储备的冲销操作要求更高了。汇率超调的存在，就要求外汇储备冲销操作适度，在时效性方面对货币政策也提出了新的考验，这些都要求央行在汇率干预上的准确性。特别是在“一带一路”倡议后，国际投资加剧，使问题更加复杂化，对我国经济安全、金融稳定带来了更为严峻的挑战，需要更加重视外汇干预问题。

（三）汇率失调理论

汇率失调主要包括汇率高估和汇率低估两个方面。该理论指出，若现实中的汇率严重偏离均衡水平，将对一国宏观经济造成不利影响。汇率高估易引起贸易收支恶化，引起货币和债务危机，影响资本市场的稳定；汇率低估易引起国际间贸易摩擦，也不利于国内产业结构调整和资源配置效率，并可能引发通货膨胀。因此，当汇率出现失调时，需要政府出面进行必要的干预和调节，这为外汇干预提供了必要的理论支持。Helmut（2010）认为人民币名义汇率被低估，但是实际汇率却上升的主要原因是因为经济增长率高，所以工资实际增长率也就越高，最终导致实际汇率上升越快，即所谓的“巴拉萨—萨缪尔森效应”。

（四）货币危机理论

Krugman 和 Paul（1979）最早在文献中提出货币危机，建立了第一代货币危机理论，该理论认为由于政府采用了扩张性的财政政策导致了财政赤字，从而政府不得不通过央行增加货币的供应量；同时，为了维护汇率的稳定，只能大量抛售外汇储备，一旦外汇储备不足，最终导致固定汇率制度崩溃并产生货币危机，典型案例是 20 世纪 70 年代发生的拉美主权债危机。

以 Obstfeld（1996）为代表提出了第二代货币危机模型，该理论认为与第一代危机不同的是在发生货币危机之前不存在不同的政策，而是由于货币危机本身导致了货币政策的变化。最经典的是 Obstfeld 提到所设计的动态博弈模型，进一步证明了存在多重均衡的性质。在外汇市场中有中央银行和诸多投资者，每个人都根据自身所掌握的信息不断修正并做出决策，如果当投资者的预期和信心偏差不断积累导致维持稳定汇率的成本超过放弃稳定汇率的成本，那么中央银行就会选择放弃干预，从而产生货币危机。

二、汇率决定基础上的外汇干预理论

（一）购买力平价理论

基于商品市场均衡汇率理论，Cassel 和 Keynes 从商品市场和资产市场均衡的角度提出了购买力平价理论（Purchasing Power Parity，PPP）以考察一国商品价格和利率对汇率水平的作用。

购买力平价理论强调，不同货币间的汇率是由各种货币的价值决定的，而各种货币的价值是其不同货币购买力的最直接反映，各种货币的购买力最终取决于各国的价格水平。因此，两种货币间的汇率与两国间价格水平之间的关系可以表述为：

$$S_t = P_t / P_t^* \qquad (4-1)$$

式(4－1)中，S_t 为汇率；P_t / P_t^* 为同期本国与外国的物价水平之比。

出于对外汇干预理论分析的需要，对上述理论模型，即式（4－1）两边取自然对数后，可表示为：

$$s_t = p_t - p_t^* \qquad (4-2)$$

式(4－2)中，s_t，p_t，p_t^* 分别为 S_t，P_t，P_t^* 的自然对数。

货币数量论是通过流通中货币数量的变动来说明商品价格变动的货币理论。该理论认为，一般价格水平是由货币数量决定的，货币数量越多，则价格水平就越高。其模型表达式为：

$$M_tV_t = P_tY_t \tag{4-3}$$

式(4－3)中，M_t 为 t 期货币供应量；V_t 为货币流通速度；P_t 为价格水平；Y_t 为实际 GDP。同样，对上式两边取自然对数后，得到表达式：

$$m_t + v_t = p_t + y_t \tag{4-4}$$

整理后得：

$$p_t = m_t + v_t - y_t \tag{4-5}$$

式(4－5)中，m_t，v_t，p_t，y_t 分别为 M_t，V_t，P_t，Y_t 的自然对数，由式（4－2）和式（4－5）可得：

$$s_t = (m_t - m_t^*) + (v_t - v_t^*) + (y_t^* - y_t) \tag{4-6}$$

当一国政府实施非冲销干预时，若中央银行在外汇市场上卖出本币买入外汇，则使得国内货币供应量增加，当其他条件不变时，由式（4－6）可知，s_t 将随之增大，这意味着本国货币的币值下降。反之，若中央银行在外汇市场上卖出外汇买入本币，则使得国内货币供应量减小，这意味着本国货币的币值上升。由此得出，中央银行实施的非冲销干预将通过改变本国货币供应量的途径有效影响汇率水平，但对于冲销干预而言，中央银行的干预行为将因不能改变市场上的货币供应量而无法从根本上对汇率产生长期的影响。

（二）粘性价格货币模型

粘性价格货币模型的一般描述如图 4－1 所示。P 表示价格的对数，S 为直接标价法表示的汇率的对数，MM 线为货币市场均衡时汇率和价格水平之间的关系，45°线表示商品市场均衡线，即在购买力平价条件成立的前提下价格与汇率的关系，两者在购买力平价条件下的变化率是相等的。当货币供给既定时，价格水平越低，实际货币余额则越高，从长期来看本币将贬值。因此，MM 线向右下方倾斜。MM 线与 45°线的交点，则为购买力平价条件下商品市场和货币市场共同的均衡点。当国内货币供应量增加时，MM 线则由 MM_0 右移至 MM_1，长期汇率和国内价格水平均上升，长期均衡点也从 A 点移到 C 点。

若本币出现过度升值，当中央银行进行非冲销干预时，将导致市场货币供应量增加，短期内商品市场价格因存在粘性而不会很快发生变化，但由于货币余额的增加使国内利率降低，投资者预期本币在长期内贬值，从而大量抛售本币，使汇率在短期内超过均衡水平，由 S_a 上升至 S_b 形成汇率超调。但从长期来看，本币的贬值和利率的降低，又增加了对国内商品的需求，从而使得商品市场开始缓慢调整，价格水平逐渐上升，汇率又由 S_b 降低到 S_c，均衡点由 B 移到 C。由此可以看出，中央银行的非冲销干预有效影响了汇率水平，使得过度升值的本币成功

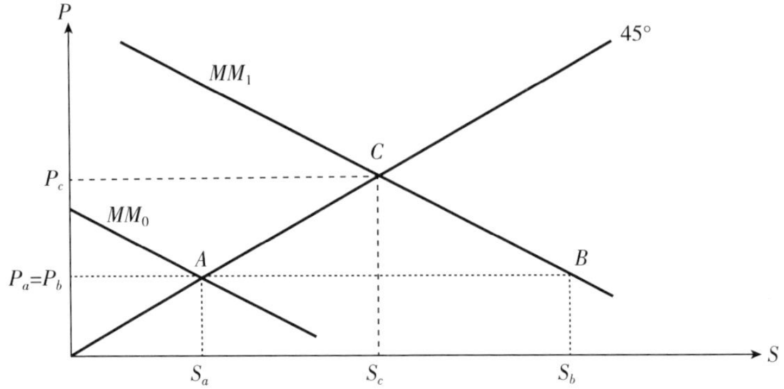

图 4－1　粘性价格货币模型

贬值。而若中央银行采取的是冲销干预，则国内的货币供应量将不会发生变化，相应的货币市场均衡线 MM 也不会发生移动，则不会对汇率产生影响。

Masson 和 Blundell－Wignall（1985）在分析冲销干预有效性的过程中假定国内外资产不完全替代，因此，非抵补的利率平价并不成立，它由国内外资产相对供给的变化所导致的风险补贴修正。于是，Blundell－Wignall 和 Masson 扩展了粘性价格货币模型。他们认为，货币政策的变化导致汇率水平偏离均衡汇率，即期实际汇率偏离均衡汇率是由国内外实际利差造成的。央行采取冲销干预将影响私人持有的国外净资产，并通过资产市场组合渠道影响即期实际汇率。

与粘性价格货币模型相比，在 Masson 和 Blundell－Wignall 的修正模型中，汇率超调缓慢，即央行的冲销干预使汇率调整到长期均衡水平而不引起汇率短期内的过度波动。Masson 和 Blundell－Wignall 利用德国 1973～1982 年的宏观经济数据对他们的模型进行了实证检验。结果表明，在浮动汇率制度下，冲销干预对马克汇率的影响是明显的。因此，冲销干预是有效的。

第二节　其他国家的外汇干预机制与实践经验的比较与借鉴

一、发达国家央行外汇干预机制与实践经验

（一）发达国家外汇干预机制

美国作为世界强国之一，在外汇干预方面领先于世界各国水平。早在 1976～

1979 年期间，美国就对美元进行了弱势干预，在经过 1974 ~ 1975 年的世界性经济衰退以后，美国经济仍处于高通货膨胀、高失业率和低经济增长率的处境。卡特政府为了刺激经济，决定采取扩张性的财政政策和货币政策。虽然利率在上涨，但美国的通货膨胀率上涨的速度更快，外汇市场因此开始不断抛售美元，使美元汇价一路下跌。1978 年 11 月 1 日，卡特总统宣布美元汇价太低，美国财政部和中央银行将直接进行干预。到 1978 年 11 月底，美国干预市场的总额达到 350 亿美元，使美元汇率明显回升。但美元真正走强是在 1979 年 10 月美联储主席保罗·沃尔克上台宣布货币供应控制以后。

如果说 20 世纪 70 年代末美国等国的央行干预外汇市场是一场失败的持久战，那么 1985 年 9 月五个工业国联合对外汇市场的干预则是一场成功的速决战。美国、英国、法国、德国和日本五国的财政部长与央行行长在纽约广场饭店开会讨论外汇干预问题，并发表声明“非美元货币对美元的汇价应该进一步走强”，他们认为，“在有必要时将进一步合作，进行干预”，这是多国联合协作进行外汇干预的典范。

经过几十年的发展，当今美国的干预模式已经演变为由美国国会授权财政部负责制定汇率政策。在实践中，财政部应在与美联储协商一致的情况下制定汇率政策。当决定需要进行外汇市场干预时，由美联储具体实施完成。干预所需外汇来自美联储独立持有的外汇储备和财政部掌控的外汇平准基金（Exchange Stabilization Fund），两家各占干预规模的一半，两家持有的外汇由欧元和日元构成。财政部外汇稳定基金的来源包括，存放在美联储的头寸，或通过美联储将特别提款权货币化。美联储买卖外汇的资金来源于自身的外汇资产组合或向国外央行或美国财政部买卖外汇形成的资金。为防止外汇干预对国内货币供应量的影响，美联储通常会同时在国内进行冲销。财政部和美联储干预外汇市场的目的是减少市场扭曲，熨平市场短期过度波动或使美元汇率趋近货币当局认可的经济基本面。相比市场交易量，美国外汇干预的规模较小，只在边际上或引导预期上起作用。近年来，美国外汇干预的次数明显减少，透明度增加，如美国在 1995 ~ 2006 年只进行过两次外汇干预。目前，美联储在实施外汇干预后的 30 天内将详细公开所有干预细节。除此之外，美联储还代理其他国家央行或国际组织买卖外汇，但这不改变国内银行系统的资产负债表，也无需实施冲销。

（二）发达国家外汇干预的经验和启示

从外汇干预机制来看，发达国家的机构设置已较为成熟和完善，外汇干预决策的制定和实施通常采用双层模式，即由两个或多个部门共同参与协作完成。财政部通常是外汇干预政策的最高决策机构，承担了外汇干预的主要责任，而中央银行是负责具体实施的机构，它既可以直接在外汇市场上进行公开操作，又可以委托商业银行等金融机构代理执行。这些部门之间分工明确、相互配合，既保证了外汇干预政策与本国宏观经济政策的一致性，也保持了国内货币政策的独立性。发达国家通常都设有专门的外汇平准基金，主要用于公开市场操作。因此，其外汇干预的资金可由外汇平准基金和外汇储备共同提供，为资金来源提供了充分的保障。

从外汇干预的实践来看，首先，发达国家的外汇干预并非每次都是成功的，而联合干预成功的概率要高于单独干预的概率，干预的成败除了与一国货币当局采取的外汇干预决策的合理性密切相关外，还受政府公信力、外汇市场条件、一国经济总体状况等多种因素的影响。

其次，发达国家的外汇干预非常注重货币政策的独立性，也很重视与货币政策的密切配合，外汇干预政策的目标主要是调节汇率、稳定外汇市场，而货币政策则是调整本国经济活动，如通货膨胀情况、就业状况与经济增长等所采取的利率调控等一系列措施，两者在本质上既互相影响，又具有目标上的一致性。因此，发达国家在进行外汇干预时，将首先考虑在不影响货币政策的前提下进行，而在某些情况下也会通过改变货币政策来加强外汇干预的效果。

最后，由于发达国家的外汇市场已趋于成熟，因此其外汇干预的方式和手段具有多样性，可根据不同时期经济发展的需求进行灵活的选择和搭配。

另外，近年来发达国家外汇干预的频率呈现总体下降趋势，随着经济的高度发展和外汇市场的逐步成熟，国内各部门运行趋于稳定，对风险的管理和抵御能力也已达到较高的水平。因此，应该让汇率更多地按照市场规律自发调节。

二、发展中国家央行外汇干预机制与实践经验

（一）亚洲金融危机时期的央行外汇干预

在亚洲金融危机时期外汇市场干预的成功案例是中国香港。1997 年 10 月 21 日到 10 月 22 日，市场上抛售港币抢购美元的风潮高涨，港币的流通量迅速下降。港币流通量的下降使同业拆放利率在 1997 年 10 月 23 日上升到 280%。利率的剧升使股指猛跌，仅 1997 年 10 月 23 日一天，恒生指数就下跌 10% 以上。在这次港币危机中，抛售港币者大都是当地居民，且由小笔金额组成，没有对冲基金等大规模投机者在港币和股市上做空的迹象，股票抛售额不足市场交易额的 3%。在港币抛售者中，有一部分属于国外对冲基金参与炒作，虽其人数少，但

起到了“兴风作浪”的作用。香港金融管理局及时进行的干预及利率的上升抑制了港币的抛售风潮。但此时炒作者又卖出美元兑换成港币来获取高利率，同时又进入股市以低价买入股票。虽然此时港币与美元的联系稳定住了，但却形成了对利率和股市的冲击。一些国际炒家在香港股市卖空，然后突然大量抛售港币，迫使利率上升、股价下跌，从而在股市卖空中获利。为了打击试图操纵市场的投机者，香港金融管理局在1998年8月14日到8月18日在大量干预外汇市场的同时，在股市上购买了约150亿美元的股票，购入额达到了市值的7%。因此这次香港金融管理局的干预，不但稳定了汇率市场，也抬高了股指，使投机者的冲击失败。香港金融管理局的这次干预也带来了一些不利影响，如GDP增长率下降、失业率上升等。

亚洲金融危机时期外汇市场干预失败的案例则是泰国央行在1997年5月对外汇市场的干预。起初，泰国央行为了满足泰国金融机构对远期美元的需求，在市场上抛出了远期美元。此后投机性的远期美元需求急剧增加，为此泰国央行不得不大规模介入远期市场，其中在1997年5月14日1天就卖出了100多亿远期美元。到1997年6月底，泰国央行对远期市场的干预规模达到了约250亿美元，与其所持的外汇储备额相同。由于是远期交易，外汇投机者为了准备买入远期美元交割所需的即期泰铢，必须在即期市场上卖出美元。央行为了维持即期市场汇率的稳定，必须在即期市场上买入投机者抛出的即期美元，从而使美元储备增加，然后央行再动用外汇储备在远期市场上满足美元交割。

泰国央行在外汇市场的干预客观上鼓励了外汇投机。央行持续大规模的干预，使外汇市场的投机者能够很容易地以低价买入远期美元，从而为投机者获取巨额利益创造了条件。泰国央行进行了为期一周的远期外汇市场干预后，于1997年5月14日停止干预，同时让利率上升并实施资本控制，这意味着外汇干预失败。

（二）新兴市场国家外汇干预的经验与启示

从外汇干预机制来看，新兴市场国家的外汇干预机制相对发达国家来说较为简单，大多数国家的央行担负外汇干预决策的制定和执行双重责任，使得央行的负担过重。在资金的来源方面，大多数国家没有设立专门的外汇储备管理部门，这在一定程度上影响了外汇干预效力的发挥。

从外汇干预的实践来看，首先，由于新兴市场国家的外汇市场体系还不够成熟，干预的方式虽然有即期市场、远期市场、掉期交易市场及期权市场可供选择，但根据Canales - Kriljenko（2003）的调查研究发现，82%的新兴市场国家选择在即期市场上进行干预，可见这些国家非常注重外汇资金的流动性，并希望在短期内看到外汇干预的效果。

其次，多数新兴市场国家偏好秘密干预，这可能主要是与新兴市场国家干预的目标有关。由于这些国家在很多时候所进行的干预并不是为了稳定过度波动的汇率，而是为了达到本国一些宏观经济目标或积累外汇储备，在这种情况下，这些国家的中央银行可能不希望暴露其政策目标而进行秘密干预，在实现其政策目标的同时，尽量降低对外汇市场的影响。

最后，随着越来越多的国家放弃固定汇率制度而逐步向浮动汇率制度转换，汇率制度的弹性越来越大。央行在外汇干预上的主动性得到提高，可以更加灵活地制定本国汇率目标，而在新的汇率形成机制的探索过程中，逐步积累了丰富的经验，在外汇干预的规模、方式、工具、手段等方面的技巧日渐提高。

但是，外汇干预作为新兴市场国家实现政策目标的一项重要措施，在汇率的管理上只能起到辅助作用，如果这些国家的汇率形成本身存在缺陷，那么是无法通过外汇干预的手段来弥补的。

第三节　外汇干预的条件行为特征分析

一、央行外汇干预的前提条件

早在1976年浮动汇率制度合法化以来，西方许多学者对央行外汇干预做了大量的深入研究，研究思路均是对预先设定的央行干预反应函数来进行计量估计和分析，从而判断央行外汇干预是逆风向干预还是目标干预。近年来，我国学者也对央行外汇干预进行了不同的研究，认为外汇市场干预主要是基于两种情况：一是在市场出现动荡时通过干预来稳定汇率；二是在市场稳定时通过外汇干预达到央行的目标水平。更进一步，有学者通过实证得出了我国央行在人民币相对于美元升值时，央行的对抗性很强烈，而当人民币贬值时，央行并没有做出干预。根据国内外学者的研究成果，我们可以将外汇干预的前提条件进行如下归纳。

（一）汇率波动超过目标区间

由于汇率制度的不同，汇率的波动目标区间也有所不同。在盯住汇率制度之下，汇率的目标区间则为零；在完全自由浮动汇率制度之下，汇率的目标区间为无穷大；自20世纪70年代布雷顿森林体系瓦解后，国际货币体系由固定汇率制度转变成了浮动汇率制度，在浮动汇率制度下，汇率的目标区间就介于盯住汇率制度和完全自由浮动汇率制度之间。事实上，为了保证经济的稳定健康发展，世界各国都是实行管理浮动汇率制度，即在浮动汇率制度的基础上，各国央行在汇率出现过度波动时进行适当的外汇干预。

在管理浮动汇率制度下，根据汇率波动区间理论，汇率应该是在以真实的长期均衡汇率为中心上下浮动，这种长期内的汇率波动相对表现出一定的规律性。但在短期内受到经济因素和非经济因素的影响，汇率波动会出现一定的随机性。但无论是短期内还是长期内汇率波动幅度过大都会形成负面的经济冲击。从这个意义上来讲，科学的汇率制度就是以不同的形式确定不同的外汇市场波动区间，如果汇率的波动超过这一预定的波动区间，央行就有必要采取外汇干预措施。

从1994年我国实行以外汇市场供求为基础的管理浮动汇率制度和强制结售汇率制度以来，央行开始作为交易者的身份进入外汇市场买卖来进行外汇干预。在1994～1997年以及2001～2004年期间，由于出口和外商直接投资迅速增加引起的双顺差使得人民币面临升值压力，央行多次拆借出人民币增加外汇储备以稳定人民币汇率。1998～2000年期间，受到金融危机的影响，国际收支盈余大幅度下降，人民币面临贬值压力，央行则采取了抛出外汇资产的方式干预外汇市场。由此可见，央行通过大规模外汇买卖来调节供求关系使得汇率回落在稳定的目标区间，达到稳定和协调汇率的目的。

此外，央行的目标干预区间也不是一成不变的。从长期来看，影响汇率的一系列基本因素也在不断变化，当这种变化积累到一定程度后，必然要求汇率做出与之相应的调整。

（二）汇率短期波动异常

汇率水平在外汇市场上的不断变化是正常的，但汇率在短期内大幅度的、单一趋势的波动则会对经济金融的正常运行带来冲击，从而影响宏观政策目标的实现。汇率的短期剧烈变动可能在投机者的推波助澜和市场预期的变化等因素的影响下，由短期的不稳定过渡到中期甚至长期的不稳定，而汇率的中长期不稳定又会对投资、储蓄、资本流动和外贸等产生明显不利的影响，这些负面影响主要表现在两个方面：

（1）汇率波动妨碍国际间投资资本的流动。汇率波动增加了国外资产投资的风险，可能使企业减少国外金融资本投资。汇率不确定减少了国外资产的预期收益，使企业因此可能降低购买国外企业的意愿。因此，汇率波动不利于海外投资，妨碍世界资源的有效配置。

（2）汇率波动有损国际贸易的开展。由于汇率波动的存在，国际贸易的收益变得不确定，这就迫使企业在出口国外的商品中加入了风险补贴成本，如果这种成本转嫁给消费者，则会使商品价格上升而导致需求下降。汇率波动如果增加了从事国际贸易企业的风险，那么许多企业就会因此而选择退出市场。

为了防止短期汇率的不稳定转化成中长期的汇率不稳定，中央银行认为在短期内汇率的大幅波动超出宏观经济良好运行所能承受的范围时，必然会采取相应的干预措施。

（三）配合公开市场操作和货币政策

在宏观市场经济中，外汇市场与其他相关市场互相影响、相互协调，从而使经济能够得以稳定、有效地运行。首先，外汇市场作为一国经济金融体系中的重要组成部分，其运行状况与整个经济运行状况休戚相关。因此，在一定的宏观经济政策目标驱使下，各国可能会通过在外汇市场上进行干预的方式，间接影响本国的经济金融整体运行情况。其次，在外汇市场上进行买卖外汇的干预行为直接引起了国内基础货币总量的变化，从这个层面上来讲，外汇干预也是一国货币政策的重要组成部分。因此，货币当局可以通过搭配外汇干预、公开市场操作等多种金融工具，为实现货币政策、财政政策等宏观目标提供支持。最后，货币当局进行外汇干预时还可能出于其他的政策目的，如通过买卖各种外汇来调节本国外汇储备量以及外汇储备的币种结构，为维护本国出口贸易而人为地阻止本币升值等。因此，在中央银行进行外汇干预时应该配合公开市场操作和货币政策，使得干预目标与宏观经济政策目标保持一致。

二、模型的设计及分析

（一）自回归条件异方差模型（ARCH）

传统的经济计量模型假定样本的方差保持不变，但是研究发现这一假设并不合理。许多学者发现经济类时间序列数据，如股票价格、通货膨胀率、外汇汇率等，经常出现方差随时间变化的特点。为了刻画预测误差的条件方差中可能存在的某种相关性，罗伯特·恩格尔提出了自回归条件异方差模型。ARCH 模型的主要思想是，扰动项 u_t 的条件方差依赖于它的前期值 u_{t-1} 的大小。ARCH(1) 就是时刻 t 的 u_t 的方差即 σ_t^2 依赖于时刻 $(t-1)$ 的残差平方的大小，即依赖于 u_{t-1}^2。

具体来讲，考虑到 k - 变量回归模型：

$$y_t = \gamma_0 + \gamma_1 x_{1t} + \cdots + \gamma_k x_{kt} + u_t \qquad (4-7)$$

并假设在时刻（$t-1$）所有信息已知的条件下，扰动项 u_t 的分布是：

$$u_t \sim N[0,\ (\alpha_0 + \alpha_1 u_{t-1}^2)] \tag{4-8}$$

即 u_t 遵循以 0 为均值，（$\alpha_0 + \alpha_1 u_{t-1}^2$）为方差的正态分布。

由于式（4－7）中 u_t 的方差依赖于前期的平方扰动项，故称它为 ARCH（1）过程：

$$\mathrm{var}(u_t) = \sigma^2 = \alpha_0 + \alpha_1 u_{t-1}^2 \tag{4-9}$$

所以，容易加以推广，得 ARCH（p）过程可以写为：

$$\sigma^2 = \alpha_0 + \alpha_1 u_{t-1}^2 + \alpha_2 u_{t-2}^2 + \cdots + \alpha_p u_{1-p}^2 \tag{4-10}$$

如果扰动项方差中没有自相关，就会有假设：

$$\mathrm{var}(u_t) = \sigma^2 = \alpha_0 \tag{4-11}$$

此时有：

$$\alpha_1 = \alpha_2 = \cdots = \alpha_p = 0 \tag{4-12}$$

从而得到误差方差的同方差性情形。

恩格尔表明，容易通过以下的回归去检验上述虚拟假设：

$$\hat{u}_t^2 = \hat{\alpha}_0 + \hat{\alpha}_1 \hat{u}_{t-1}^2 + \hat{\alpha}_2 \hat{u}_{t-2}^2 + \cdots + \hat{\alpha}_p \hat{u}_{1-p}^2 \tag{4-13}$$

其中，$\hat{u}_t$ 表示从原始回归模型式（4－7）估计得到的 OLS 残差。

（二）广义自回归条件异方差模型（GARCH）

我们常常有理由认为 u_t 的条件方差示 σ^2 依赖于很多时刻之前的变化量（特别是在金融领域，采用日数据或周数据的应用更是如此）。这就意味着必须估计很多参数，然而这却很难精确地做到。但是考虑到式（4－10）是 σ_t^2 的一个分布滞后模型，即就可以用一个或两个 σ_t^2 的滞后值代替许多 u_t^2 的滞后值，这就是广义自回归条件异方差（Generalized Autoregressive Conditional Heteroscedasticity，GARCH）模型的基本思想。在 GARCH 模型中，要考虑两个不同的设定，即条件均值和条件方差。

标准的 GARCH（1，1）模型为：

$$y_t = x_t \gamma + u_t \tag{4-14}$$

$$\sigma_t^2 = \omega + \alpha_1 u_{t-1}^2 + \beta \sigma_{t-1}^2 \tag{4-15}$$

式（4－14）中，x_t 是 $1 \times (k+1)$ 维外生变量向量，γ 是 $(k+1) \times 1$ 维系数向量。式（4－14）中给出的均值方程是一个带有扰动项的外生变量函数。由于 σ_t^2 是以前面信息为基础的一期向前预测方差，所以被称作条件方差，式（4－15）也被称作条件方差方程。式（4－15）中给出的条件方差有三个组成部分：

（1）常数项，即 ω。

（2）用均值方程的扰动项平方的滞后来度量从前期得到的波动性的信息，即 u_{t-1}^2（ARCH 项）。

（3）上一期的预测方差，即 σ_{t-1}^2（GARCH 项）。

（三）自回归分布滞后模型（ADL）

20 世纪 70 年代末期，计量经济学家认为模型的建立应该是从一个能够代表数据生成过程的自回归分布滞后（Autoregressive Distributed Lag，ADL）模型进行逐步简化，最后得到包含变量之间长期稳定关系的简单模型。基于以上的研究思想，乔根森（1966）提出了（p，q）阶自回归分布滞后模型的基本表达式：

$$y_t = \alpha + \phi_1 y_{t-1} + \cdots + \phi_p y_{t-p} + \sum_{i=0}^{q} \beta_i x_{t-1} + \varepsilon_t \qquad (4-16)$$

考虑到模型的长期稳定性，本书运用 ADL – ARCH 模型来拟合外汇干预及汇率的时序变动过程。

三、基于 ADL – ARCH/GARCH 模型的我国外汇干预条件的实证研究分析

考虑到模型的长期稳定性，本书结合运用了 ADL – ARCH/GRACH 模型来拟合外汇干预以及汇率的时序变动过程，对中国人民银行外汇干预的逆风向性、与市场波动性关系和市场对称性关系进行研究，旨在弄清中央银行在何种条件下对市场实施最优化的干预措施。

（一）变量的选取

在外汇干预的实证过程中，外汇干预数据的获取至关重要。由于目前世界上包括中国在内的大多数国家没有公布其官方外汇干预的数据，只有美国、德国、日本等少数几个国家予以公布，这使得在研究中国人民银行外汇干预行为特征时只能用替代变量作为外汇干预的数据。本书主要采用了外汇储备的月度余额变化绝对量作为外汇干预的替代变量，用 *drs* 表示外汇干预的绝对数量，为了获得良好的计量性质，我们将其进行对数变换，使用被解释变量 ln*drs*。解释变量中最关键的是人民币汇率的变动，用 *exr* 来表示人民币汇率的月度变动数值（间接标价法）。

根据圣路易斯联邦储备银行经济研究网站提供的数据，从我国实现经常项目完全可兑换开始，以此选择对中国 1996 年 1 月至 2017 年 1 月间外汇干预的目标进行检验。所使用的数据经整理如图 4 – 2 和图 4 – 3 所示。其中图 4 – 2 描述了 1996 年 1 月至 2017 年 1 月人民币汇率的月度变动值。图 4 – 3 描述了 1996 年 1 月至 2017 年 1 月我国外汇储备的月度余额变化。从图中可以看出，自 2005 年后美元/人民币汇率波动幅度及外汇储备变化较大。

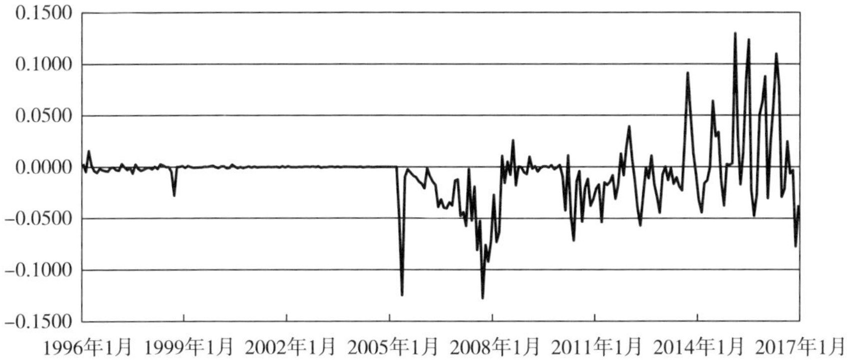

图 4－2　1996 年 1 月至 2017 年 1 月美元/人民币汇率的月度变动

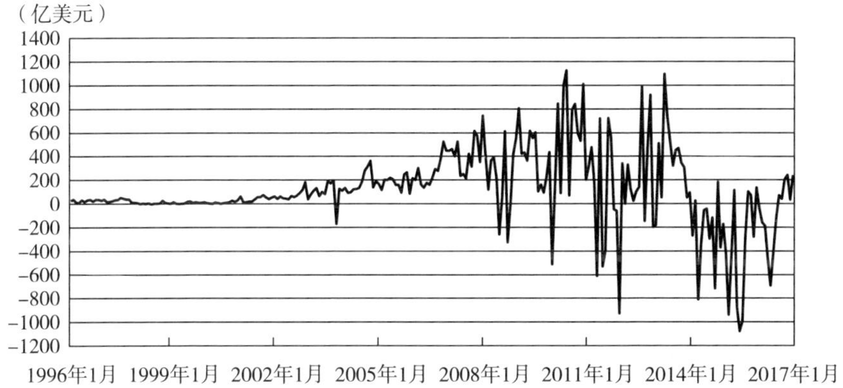

图 4－3　1996 年 1 月至 2017 年 1 月中国外汇储备月度余额变化

注：外汇储备月度余额以买入美元为正，卖出美元为负。

（二）央行外汇干预的逆风向性检验

为了研究我国央行外汇干预行为的特点，我们对央行的干预目标做出假设：在短时间内，本期汇率偏离上期汇率时，央行会采取措施减轻汇率波动或改变汇率走向，即为逆风向性干预。为了验证这一假设，我们依据逆风向性定义的思路建立计量模型，解释变量为汇率变动增量 *exr*，被解释变量是以绝对量的外汇储备对数变换值表示的外汇市场干预 ln*drs*，然后利用计量方法对预先设定的央行反应模型进行估计和分析，在统计显著性水平上，判断央行是否在进行逆风向性干预。在建模之前，先分析两增量序列的平稳性质，如表 4－1 所示。

表 4-1　变量的单位根检验结果

变量	ADF 检验值	1%临界值	5%临界值	10%临界值	P 值	检验结果
exr	-8.8402	-3.9940	-3.4273	-3.1370	0.0000	平稳
ln*drs*	-3.9745	-3.4557	-2.8725	-2.5727	0.0018	平稳

从表 4-1 我们可以看出，*exr* 和 ln*drs* 两变量都是在 1% 的临界值下是平稳的。我们进一步在两者之间建立有限分布的滞后模型来模拟真实的经济关系，其中自相关和偏自相关如表 4-2 所示。

表 4-2　自相关和偏自相关（部分截取）

	AC	PAC	Q-Stat	Prob
1	0.757	0.757	150.11	0.000
2	0.712	0.326	283.43	0.000
3	0.758	0.387	434.98	0.000

根据表 4-2 可以确定模型最佳滞后阶数为 2，即根据确定的最佳滞后阶数可以得出计量模型：

$$\ln drs = c(1) + c(2) \times exr + c(3) \times \ln drs(-1) + c(4) \times \ln drs(-2) + \varepsilon \quad (4-17)$$

从初步结果上来看，这个拟合模型的各项系数显著。但通过对残差的分析可知，被解释变量对于自身的影响具有长期记忆性，其回归去残差序列不能通过自相关和异方差检验，造成了主要系数的不显著。进而，本书对人民币外汇干预的变动建立如下 GARCH 模型：

$$\ln drs = 0.7500 - 3.3733 \times exr + 0.5103 \times \ln drs(-1) + 0.3168 \times \ln drs(-2)$$

$$(0.1909) \quad (1.1697) \quad (0.0812) \quad (0.0766) \quad (4-18)$$

其中有：

$$\sigma_t^2 = 0.0431 + 0.4338 e_{t-1}^2 + 0.6108 \sigma_{t-1}^2$$

$$(0.0154) \quad (0.0906) \quad (0.0702) \quad (4-19)$$

将回归方程系数及统计量汇成表 4-3：

表 4-3　回归方程系数检验统计量

变量	系数值	标准差	Z 统计量	P 值
c	0.7500	0.1909	3.9286	0.0001
exr	-3.3733	1.1697	-2.8838	0.0039
ln*drs*（-1）	0.5103	0.0812	6.2835	0.0000
ln*drs*（-2）	0.3168	0.0765	4.1375	0.0000

GARCH 模型与分布滞后模型相比较而言，表现出了更好的拟合优度。所有的系数均在显著性为5%的水平上通过了 Z 显著性检验，F 检验的 P 值统计量也均小于0.05。模型残差遵循白噪声过程，以上所有解释变量的系数都是显著的。

从计量模型可以看出，汇率变动对外汇干预的影响解释变量 *exr* 系数的 P 值是在0.05 的水平上显著为负的。解释变量估计系数为负，表明人民币相对美元的升值引发了中国央行买入美元抛售人民币的外汇干预活动，由此说明我国央行的确在进行逆风向外汇干预措施。滞后项系数说明了我国外汇干预具有长期性和稳定性的特点。在前面我们提到，长期的汇率变动是要靠长期稳定的货币政策来实现的，若在长期的外汇市场干预活动中没有货币政策的配合，会使得汇率干预并不能实现长期的目标。当然，这也和我国一方面长期的双顺差，另一方面又坚持缺乏弹性的汇率制度有着一定的关系。

（三）央行外汇干预与市场波动性检验

由于中国外汇市场的特殊管理制度，比如外汇管理执行强制结售汇制、央行对外汇指定银行实行结售汇周转、外汇限额管理等，我国外汇市场上的交易行为大都表现为央行托市，主要是央行买进其他参与主体的外汇头寸余额。因此，我们需要验证央行外汇干预是否进行熨平波动措施，或者说是央行被动的外汇干预、实行渐进式机制改革、阻止人民币过大过快升值的政策举措等，是否在客观上也起到了熨平外汇市场波动的作用，抑制了针对人民币汇率浮动的投机性行为。鉴于此，我们做了如下检验。

要检验中国人民银行进行外汇干预对超出升值预期的波动部分的反应，首先我们剔除掉了人民币汇率中按趋势进行渐进升值的部分，设定了反映汇率制度进行渐进升值的部分。这样一来，就获得了去除升值预期后未预期到的汇率波动序列 residuxp，将 residuxp 作为解释变量加入不包括汇率变动量的模型方程来进行显著性检验，如下式：

$$\ln drs = 0.7500 - 5.0618 \times residuxp + 0.4790 \times \ln drs(-1) + 0.3441 \times \ln drs(-2)$$
$$(0.2051)\quad (3.0248)\qquad (0.0615)\qquad (0.0610) \tag{4-20}$$

将回归方程系数及统计量汇成表 4－4：

表 4－4　回归方程系数检验统计量

变量	系数值	标准差	Z 统计量	P 值
c	0.75000	0.20154	3.72130	0.00020
residuxp	－5.06180	3.02470	－1.67340	0.09560

续表

变量	系数值	标准差	Z统计量	P值
lndrs（-1）	0.47900	0.06150	7.78590	0.00000
lndrs（-2）	0.34410	0.06100	5.63830	0.00000

最终，我们可以发现外汇干预对未预期到的汇率波动的反应只有在10%的水平上显著，并且影响系数的数值为-5.06180相对比较小。所以本章得出结论：央行针对外汇市场进行的波动性干预是在5%的统计水平上不显著的。因此，通过检验证明，在1996年后人民币外汇干预出清外汇市场、抑制市场波动的干预效应不强。

（四）央行外汇干预与市场对称性检验

为了验证央行对人民币不同变动所持干预态度的差别，本章引入汇率变动为正或为负的虚拟变量 *dummy*，为了避免多重共线性，本章采用交积项的形式，同时反映出虚拟变量和解释变量的影响，最终得到如下拟合方程：

$$\ln drs = 0.6897 - 5.4903 \times exr \times dummy - 5.3949 \times exr \times (1 - dummy) + 0.3035 \times \ln drs(-1) + 0.5186 \times \ln drs(-2)$$

(0.1068)　(1.9984)　(2.0572)　(0.0376)　(0.0302)

其中有：

$$\sigma^2 = 0.3139 + 1.2922 e_{t-1}^2$$

(0.0551)　(0.2235)　　(4-21)

我们可以进一步将回归方程系数的检验统计汇成表4-5：

表4-5　回归方程系数检验统计量

变量	系数值	标准差	Z统计量	P值
c	0.6897	0.1068	6.4565	0.0000
exr×*dummy*	-5.4903	1.9984	-2.7472	0.0060
exr×（1-*dummy*）	-5.3949	2.0572	-2.6224	0.0087
lndrs（-1）	0.3035	0.0376	8.0649	0.0000
lndrs（-2）	0.5186	0.0302	17.1671	0.0000

同理，我们将ARCH（1）的方差回归方程系数汇成表4-6：

表 4-6　方差方程系数检验统计量

变量	系数值	标准差	Z 统计量	P 值
c	0.3139	0.0551	5.6954	0.0000
e_{t-1}^2	1.2922	0.2235	5.7806	0.0000

其中，所有变量都在1%的置信水平下显著，方程的各个拟合指标表现良好。方程残差呈现出白噪声的过程。对方程进行1阶的残差自相关 LM-ARCH 检验，我们也发现结果以5%的显著性水平上拒绝不存在 ARCH 效应的零假设，即存在 ARCH 假设（见表4-7）。

表 4-7　残差序列相关 LM 检验

F 统计量	3.9774	伴随概率	0.0472
R^2	3.9469	伴随概率	0.0470

从图4-4也可以看出，含有 *dummy* 的 ARCH（1）过程非常好地解释了外汇干预行为的统计特征。

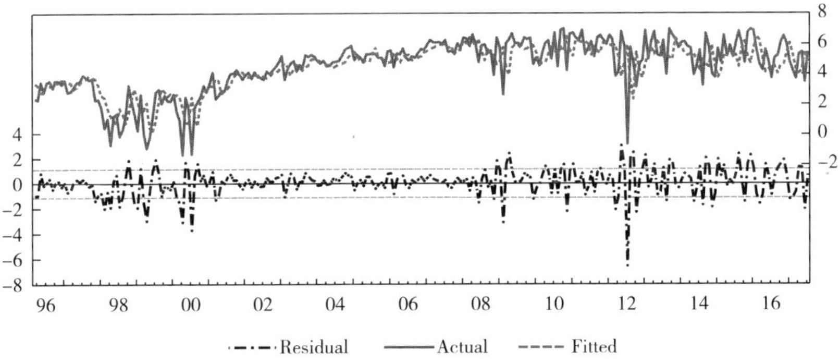

图 4-4　外汇干预波动的 ARCH 模型拟合

通过回归结果我们可以知道，解释变量 $exr\times(1-dummy)$ 的 Z 统计量为 -2.6224，表明它对被解释变量的影响是显著的，而解释变量 $exr\times dummy$ 的 Z 统计量为 -2.7472，这表明它对被解释变量的影响也是显著的。解释变量 $exr\times dummy$ 的系数值为 -5.4903，$exr\times(1-dummy)$ 的系数值为 -5.3949，比 $exr\times dummy$ 的系数值的绝对值略小。通过实证我们可以得出结论：我国央行进行的外汇干预具有非对称性的特点，也就是说，为了维护币值的稳定，央行在人民币升值或者贬值的情况下都会进行外汇干预，但相对于人民币升值而言，对于人民币贬值时干预的力度更大。这一结论我们通过实例也可以得到验证。在 2016 年 1 月 12 日至 1 月 13 日期间，中国资本市场面临人民币汇率和股市联袂暴跌的现象。在随后的 48 个小时，央行在香港主战场发起人民币保卫战，针对离岸市场的人民币国际沽空机构，通知所有的商业银行停止人民币拆借，倒吸人民币流动性，使香港人民币隔夜拆息利率提高到 167 厘，结果导致当天人民币汇率离岸市场暴涨 1000 点，第二天中国股市也反弹。相对于人民币汇率的下跌，央行对于近期人民币大涨的干预行为就没有那么强烈。2017 年 9 月以来人民币大幅上涨，为了抑制人民币升值过快，9 月 8 日央行调整远期售汇业务风险准备金，从原来的 20% 调整为 0。9 月 11 日 1 美元兑换人民币为 6. 4997 元，较 9 月 8 日而言还上涨了 35 个点，到 9 月 12 日人民币才贬值 280 个点。由此可见，对于人民币升值而言，央行对人民币升值会采取弱势干预。

四、关于央行外汇干预的对策建议

第一，多部门协同参与外汇干预，建立多层次干预模式配合货币政策。现阶段我国外汇干预主要是靠央行来进行操作，单部门实施容易产生对预期干预条件判断偏差、干预失效的后果。借鉴发达国家的干预机制，我国可采用多层次模式来实施外汇干预，即由财政部负责配合我国货币政策来进行外汇干预政策的制定，央行对财政部颁发的政策进行具体实施，商业银行对央行的措施进行积极的配合。这样一来，多部门的协同参与使得外汇干预政策能做到上传下达，一方面增加了外汇干预的连贯性和有效性；另一方面也可以依靠灵活的财政政策、货币政策的配合来维持富有弹性的均衡汇率。

第二，利用和引进外汇衍生产品，实现外汇干预的长期性和预见性。央行在进行外汇干预时，通常是直接进入即期市场实施干预，往往导致干预成本较大。若央行在外汇干预时根据对汇率波动的预测，利用外汇衍生产品，不仅可以使得这一问题得到改善，而且也与外汇干预行为的长期持续性相配合。现阶段，由于我国外汇市场上的衍生产品① 并没有得到充分发展，因而在调控外汇时存在一定的局限。引进和运用更多的外汇衍生工具，如无本金交割等手段，有助于加强央行外汇调控的灵活性和科学性，更进一步地对外汇市场条件做出敏感性反应，从

---

① 现阶段我国外汇市场衍生产品包括：外汇远期、货币互换、外汇期权等。

而增强外汇市场的稳定程度。

第三，设立外汇平准基金，以多渠道资金来源实现熨平汇率波动目标。外汇平准基金又称为干预基金，其具有政策性和非营利性的特点，是货币当局以法定方式建立的、多种来源形式的基金组合。因其是由外汇、黄金和本国货币共同构成，外汇平准基金可以与外汇储备共同作为干预手段，于人民币异常贬值或升值时通过在外汇市场上抛出或购入储备来熨平汇率波动，缓解在外汇市场上的投机行为。

第五章　人民币国际化背景下央行汇率管理策略

第一节　货币国际化概念及相关理论

一、货币国际化理论

（一）货币国际化的概念

对于货币国际化的概念存在不同的定义。Tavlas（1997）认为当一种货币在没有该货币发行国参与的国际交易中充当记账单位、交换媒介和价值贮藏手段时，该货币就国际化了。Hartmann 和 Ehrlich（1998）将货币国际化定义为，一国货币被该货币发行国之外国家的个人或机构接受并用作交换媒介、记账单位和价值储藏手段。由于商品和资本市场的一体化，多数工业化国家的货币目前在某种程度上都国际化了。然而，这些货币的国际化程度却有相当大的差异，只有少数几种货币执行着多重私人和官方的职能。蒙代尔（2003）认为当货币流通范围超出法定的流通区域，或该货币的分数或倍数被其他地区模仿时，该货币就国际化了。

（二）货币国际化的阶段

第一阶段：经常项目下的国际收支实施自由兑换，即政府不对私人部门因商品和服务贸易等的交易需要而对本外币兑换进行限制，仅对私人部门的交易真实性进行检验。

第二阶段：资本项目可兑换，即政府不对私人部门因投资和金融交易等的需要而对本外币兑换进行限制，迄今除比利时等屈指可数的小型开放经济体之外，绝大多数国家达成本币资本项目可兑换和政府对资本流动有少量限制并不矛盾。

第三阶段：政府推动本币的国际化，使其成为其他国家可接受的交易、投资、结算和储备货币，至今最主要的国际货币显然是美元和欧元。

第四阶段：政府对并不发生跨国交易的、境内居民的本外币自由兑换也不进行限制，即充分的可兑换阶段。

（三）货币国际化的条件

孙海霞（2011）基于国际货币三大职能（价值储藏职能、计价货币职能、交换媒介职能）的研究指出，货币国际化与一国经济规模、币值稳定性、金融市场的开放度广度和深度、发行国国外资产头寸、一国产品和市场特征密切相关。蒙代尔（2003）认为一国货币要成为国际货币取决于人们对该货币稳定的信心，而这又取决于以下因素：①该货币流通或交易区域的规模；②货币政策的稳定；③没有管制；④货币发行国的强大以及货币本身的还原价值。他认为货币作为公共物品，具有内在规模和范围经济。市场的广度、深度是衡量一种货币利用规模经济和范围经济的程度，流通区域越大，货币应对冲击的能力则越强。

二、汇率决定理论

（一）国际借贷说

国际借贷说是由英国学者葛逊（George Goschen）于 1861 年提出的。该理论认为汇率是由外汇的供给和需求决定的，而外汇的供给和需求是由国际借贷所产生的，因此国际借贷关系是影响汇率变化的主要因素。这里所讲的国际借贷关系不仅包括贸易往来，而且还包括资本的输出和输入。一国的经常项目和资本项目差额构成一国的国际借贷差额。如果在一定时期内，若一国国际收支中债权大于债务，即构成国际借贷出超，所超过的数额为该国对其他国家的净债权；如果一国国际收支中债务大于债权，则构成该国国际收支入超，超过的数额即为该国对其他国家的净债务。国际借贷的出超和入超是决定一国资金流入或流出的最根本原因，而资金的流入或流出则直接影响该国货币汇率的涨落。总之，汇率变动由外汇供求引起，而外汇供求的变动则源自国际借贷。一国的国际借贷与国际收支之间存在一定的因果关系，国际借贷的发生必定会引起国际收支的变化，而国际收支的变化在一定程度上会影响一国的国际借贷状况。在人民币不断走向国际化的背景下，我国的国际借贷状况也会发生一定的变化，人民币汇率会受到影响，央行会在我国国际借贷发生变化的条件下调整对人民币汇率的管理策略。

（二）国际收支说

1944～1973 年布雷顿森林体系实行期间，各国实行固定汇率制度。这一期间的汇率决定理论主要是从国际收支均衡的角度来阐述汇率的调节，即确定适当的汇率水平，这些理论统称为国际收支学说，它的早期形式就是国际借贷学说。这一期间，有影响的汇率理论主要有局部均衡分析的弹性论、一般均衡分析的吸收论、内外均衡分析的蒙代尔—弗莱明模型以及注重货币因素在汇率决定中重要作用的货币论。国际收支说指出了汇率与国际收支之间存在的密切关系，有利于全面分析短期内汇率的变动和决定。在人民币走向国际化这一趋势下，世界各国对人民币的需求将增加，同时我国国际收支的变化会引起人民币汇率的变化，央行会根据我国国际收支结构的变化而调整对人民币汇率的管理策略。

（三）利率平价理论

利率平价理论是由凯恩斯和爱因齐格提出的汇率决定理论。他们认为均衡汇率是通过国际抛补套利所引起的外汇交易形成的。在两国利率存在差异的情况下，资金将从低利率国家流向高利率国家以谋取利润。但套利者在比较金融资产的收益率时，不仅考虑两种资产利率所提供的收益率，还要考虑两种资产由于汇率变动所产生的收益变动情况，即外汇风险。套利者往往将套利与掉期业务相结合，以避免汇率风险，保证无亏损之虑。大量掉期外汇交易的结果是，低利率国家货币的现汇汇率下浮，期汇汇率上浮；高利率国家货币的现汇汇率上浮，期汇汇率下浮。远期差价为期汇汇率与现汇汇率的差额，由此低利率国家货币就会出现远期升水，高利率国家货币则会出现远期贴水。随着抛补套利的不断进行，远期差价就会不断加大，直到两种资产所提供的收益率完全相等，这时抛补套利活动就会停止，远期差价正好等于两国利差，即利率平价成立。因此利率平价说的基本观点为远期差价是由两国利率差异决定的，并且高利率国家货币在期汇市场上必定贴水，低利率国家货币在期汇市场上必定升水。

三、均衡汇率理论

（一）宏观经济均衡分析法的均衡汇率理论

该理论将均衡汇率定义为内外均衡同时实现时的实际汇率。这里的内部均衡是指充分就业，外部均衡是指国际收支平衡。该理论不但给出了均衡汇率实现的条件，还给出了判断内外失衡的性质和原因，并据此采取相应的对策。该理论通过一个二维空间平面图阐述了这种均衡汇率决定的理论方法，还分别以产出和经常账户代表内部、外部均衡，这两条曲线的交点决定了均衡汇率水平；同时划分了四个象限，每个象限都对应着一种失衡情况。在人民币国际化下，随着我国国际收支结构的变化（经常项目和资本金融账户发生变化），外部均衡状况也会出现变化，进而影响人民币汇率，央行采取相应措施进行管理。

（二）基本要素均衡汇率理论（FEER）

该理论为宏观经济均衡理论的发展奠定了基础，主要表现为将资本账户引入均衡汇率的决定因素之中，并且摆脱了短期周期性因素与暂时性因素，把注意力集中到基本因素上，而基本经济因素是指那些可能在中长期持续起作用的经济条件和经济变量。FEER 将均衡汇率定义为与宏观经济均衡相一致的实际有效汇率。宏观经济均衡是指内部均衡与外部均衡的同时实现，其中内部均衡指充分就业与低通货膨胀率，外部均衡指可持续性的经常账户余额，反映了潜在的净资本流动。这一理论下所得出的均衡汇率主要取决于那些决定中长期均衡的变量，而不是取决于那些决定短期均衡的变量。人民币国际化下资本账户的变化也会引起汇率的变动，该理论将资本账户引入到均衡汇率决定因素中，当人民币汇率发生波动时央行会进行管控。

（三）行为均衡要素汇率理论（BEER）

行为均衡要素汇率理论是在基本要素均衡汇率理论的基础上发展而来的一种简明的方程理论方法。该理论将均衡汇率定义为对实际有效汇率与其有关的基本经济变量，通过计量经济学方法建立起行为关系而最终得到的汇率估计值，即与市场预期相一致的实际有效汇率水平。其中实际有效汇率 Q 可以表示为：

$$Q_t = b_1 Z_{1t} + b_2 Z_{2t} + b_3 T_t + \varepsilon_t \qquad (5-1)$$

式(5-1)中，Q_t 表示实际有效汇率，Z_{1t}表示长期基本经济因素，Z_{2t}表示中期基本经济因素，b_1，b_2 分别表示这两个变量的系数，T_t 是短期临时性因素向量，b 是其系数，ε_t 是随机扰动项。BEER 不仅能够定义现实均衡汇率和实际中无法观测到的均衡汇率（长期均衡汇率），而且还能够用来衡量现实汇率失调与汇率总失调。其中，现实汇率失调是由短期的暂时性的因素和随机干扰因素决定的；汇率总失调可以分解为三个部分，分别由短期暂时性因素、随机干扰因素以及基本经济因素偏离其可持续水平的程度来决定。这有利于区分汇率失调的性质以及采取的政策，因而更具有可操作性。

（四）均衡实际汇率理论（ERER）

该理论将均衡汇率定义为给定其他变量的可持续或均衡值，使得内外部均衡，同时实现贸易品对非贸易品的相对价格。内部均衡是指非贸易品市场在当期出清，并且在未来期间处于均衡状态。因此，均衡实际汇率理论隐含着内部均衡是在失业率等于自然失业率的情况下发生的。该理论主要针对发展中国家现状提出来的均衡汇率决定理论，并根据发展中国家的现实情况，首次系统地考虑了诸如平行汇率、贸易限制、交易管制等因素。

第二节　人民币国际化的现状

人民币国际化自2009年正式启动以来，与之匹配的平台与制度得到了极大的发展和改善，金砖国家新开发银行、丝路基金、亚洲基础设施投资银行等平台陆续成立，人民币离岸中心、人民币清算行不断增加，汇率中间价报价机制逐渐完善，形成“收盘价＋一篮子货币汇率变化＋逆周期影响因子”的报价模型，同时人民币成功“跻身”SDR篮子一员，具有了更大的话语权。这些平台和制度的成立与发展对人民币国际化指数、跨境贸易人民币结算、人民币金融交易、国际外汇储备的人民币都产生了重要影响，但受国内国际经济环境及其他不确定因素的影响，现阶段人民币国际化发展具有不稳定性。

一、人民币国际化指数

根据人民币国际化指数可以跟踪全球范围内贸易计价、金融交易和外汇储备三个方面人民币份额的发展动态，也可以比较方便地与其他主要国际货币进行横向比较。如图5－1所示，人民币国际化指数从2010年第一季度的0.02不断攀升，在2014年有小幅的下降，到2015年第三季度达到3.91。2015年第四季度开始下跌，2017年第一季度开始回升，到2018年第一季度达到顶峰。根据2019年中国人民大学发布的《人民币国际化报告》，2017年第一季度人民币国际化指数跌至最低点1.49，然后触底反弹，在2018年第四季度增长至2.95。人民币国际化指数的这一变化一方面表现出人民币国际化有着巨大的潜力，我国已成为世界第二大经济体，2018年我国进出口总额达46224.15亿美元，居于世界之首，如此庞大的对外贸易规模是推进人民币国际化的重要基础；另一方面，由图5－1可以看出人民币国际化指数的波动性较大，说明国际市场对人民币的信心并不稳固，国际贸易结算中的人民币货币惯性较弱。

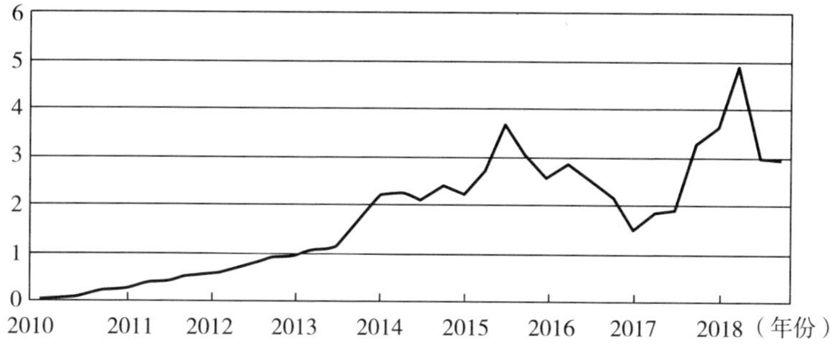

图 5－1　2010～2018 年人民币国际化指数

资料来源：根据《2019 人民币国际化报告》整理而得。

二、人民币跨境贸易结算

2009 年 9 月人民币跨境贸易结算开始试点，人民币跨境贸易结算规模只有 35.8 亿元，如图 5－2 所示，随着试点地区和范围的扩展，跨境贸易人民币结算业务迅猛增长，在 2015 年达到最高点，为 7.23 万亿元，较 2009 年增长了两千多倍，自 2016 年开始下跌。

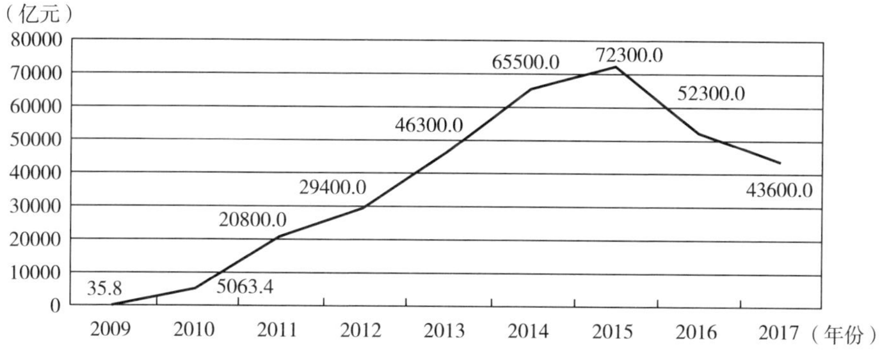

图 5－2　跨境贸易人民币结算规模

资料来源：根据中国人民银行金融数据统计报告和海关总署相关数据整理而得。

从跨境贸易结算中最基础的货物贸易和服务贸易来看，如图 5－3 所示，以人民币结算的跨境货物贸易和服务贸易规模变化情况与跨境贸易人民币结算的总体规模变化相同。同时从跨境货物贸易和服务贸易的对比来看，跨境货物贸易人民币结算规模远大于跨境服务贸易人民币结算规模，以跨境货物贸易人民币结算为主，且两者的差距有拉大的趋势。

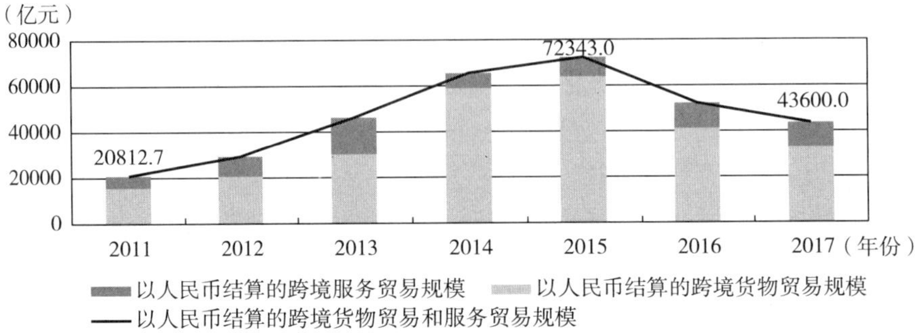

图5-3　以人民币进行结算的货物贸易规模和服务贸易规模

资料来源：根据中国人民银行金融数据统计报告和海关总署相关数据整理而得。

三、人民币金融交易

（一）人民币直接投资先上升再下降，内部具体变动具有不一致性

2011年中国人民银行先后发布《境外直接投资人民币结算试点管理办法》和《外商直接投资人民币结算业务管理办法》，人民币直接投资开始发展。如图5-4所示，以人民币结算的对外投资和外商投资均呈现先上升再下降的变化状态。人民币对外直接投资在2016年达到最高点，为1.0619万亿元，人民币外商直接投资在2015年达到最高点，为1.5871万亿元。

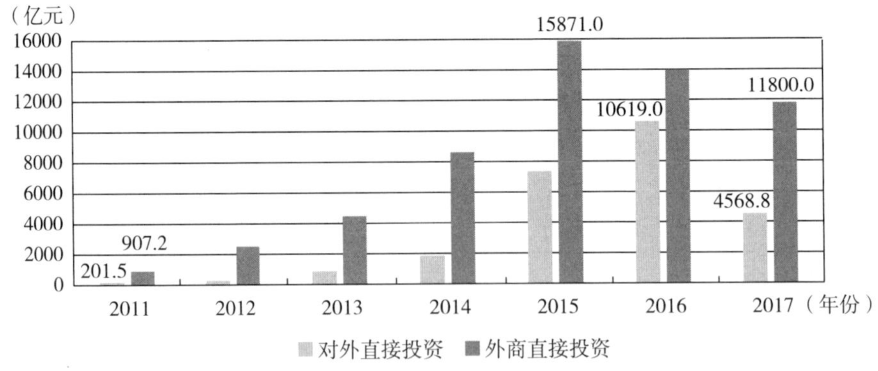

图5-4　人民币直接投资

资料来源：根据中国人民银行金融数据统计报告整理而得。

从人民币直接投资的增速来看，内部的具体变化情况具有不一致性。如图5－5所示，以人民币结算的对外直接投资增速波动性较大，2015年该增速最大，为294.53%，在2017年人民币对外直接投资增速首次出现负增长的情况。以人民币结算的外商直接投资增速整体呈现下降状态，2016年首次出现负增长，且在2017年人民币外商直接投资增速的负增长速度进一步加大。

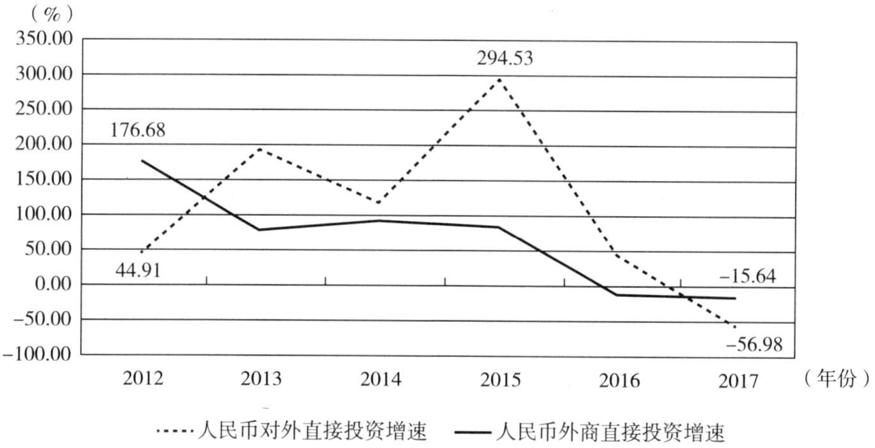

图5－5　人民币直接投资增长率

资料来源：根据中国人民银行金融数据统计报告相关数据整理而得。

（二）人民币国际债券及票据市场份额仍然处于低位

如图5－6所示，人民币国际债券及票据存量在2012年为580亿美元，在国际债券及票据市场中的占比为0.27%，在2015增至最高值，人民币国际债券及票据存量和占比分别为1247.92亿美元和0.59%。截至2017年末，人民币国际债券及票据存量为1033.47亿美元，其占比为0.43%，这与人民币在SDR中的份额还有很大的差距。

四、全球外汇储备中的人民币

2017年3月，国际货币基金组织（IMF）发布了扩展货币范围的“官方外汇储备货币构成”数据库，首次单独列出人民币外汇储备。截至2017年末，人民币全球外汇储备规模增至1228.0亿美元，较2016年末增加了320.2亿美元，在整体已分配外汇储备中占比1.23%，这与人民币在SDR中的份额相比差距较大。

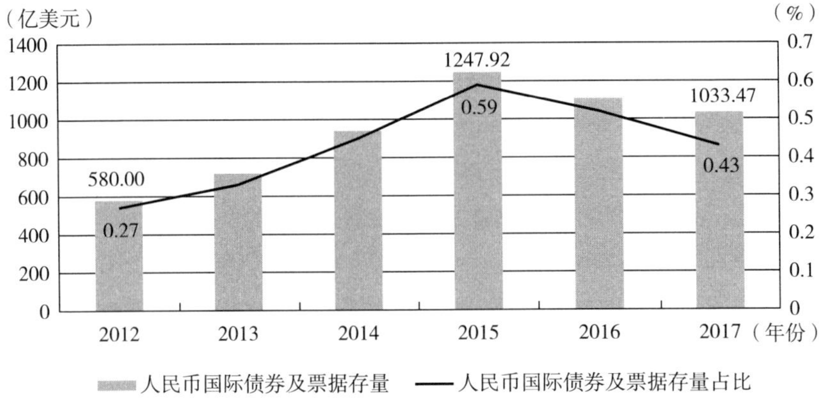

图 5－6 人民币国际债券及票据存量和占比

资料来源：根据《2019 人民币国际化报告》整理而得。

如图 5－7 所示，中国人民银行与其他货币当局的货币互换余额在 2009 年为 6500 亿元，在 2015 年达到最高点，为 3.5135 万亿元。截至 2017 年末，中国人民银行与其他货币当局的货币互换余额降至 2.209 万亿元。

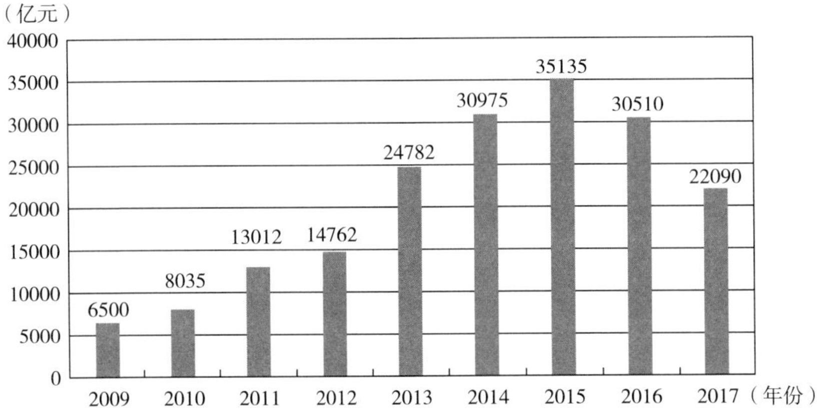

图 5－7 中国人民银行与其他货币当局的货币互换余额

资料来源：根据中国人民银行官网相关数据整理而得。

第三节 人民币国际化下的汇率走势

一、人民币汇率双边波动明显，市场化程度不断提高

如图 5 - 8 所示，在直接标价法下，从美元兑人民币中间价可以看出，人民币汇率走势大致可以分为三个阶段：第一阶段是 2006 年 1 月至 2015 年 7 月，人民币与美元汇率中间价从 8.0668 升值到 6.1161，升值幅度高达 24.18%；第二阶段是 2015 年 7 月至 2016 年 12 月，美元与人民币汇率中间价从 6.1167 贬值到 6.9182，贬值幅度为 13.1%，但也有个别月份是升值状态；第三阶段是 2017 年 1 月至 2018 年 7 月，虽然其中的某些月份人民币汇率中间价表现为连续的升值或连续的贬值，但整体已处于双向波动变化之中，这一点从图 5 - 8 中也可以得到很明显的反映。

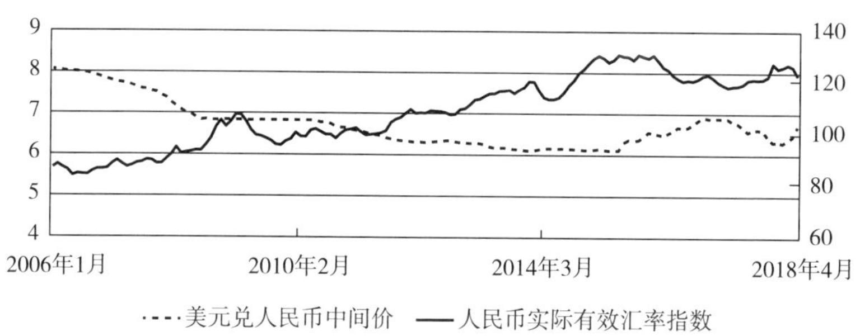

图 5 - 8 直接标价法下美元兑人民币中间价及人民币实际有效汇率指数

资料来源：根据中国外汇交易中心相关资料统计而得。

从美元兑人民币中间价与人民币实际有效汇率指数的对比来看，两者走势大致相同。同时可以看出，两者之间的剪刀差在逐渐减小，这说明我国的汇率形成机制市场化程度不断提高，对于市场的反映越来越准确。

二、在岸市场与离岸市场总体一致，差值双边波动幅度逐渐扩大

由于我国资本账户没有完全开放，离岸人民币与在岸人民币是两个不完全统

一的市场，两个市场在参与者、资产流动性、价格形成机制等方面的不同会造成人民币汇率的决定因素不一致，从而使两者存在差异。从图 5 –9 可以看到离岸人民币与在岸人民币汇率走势相同，价差较小但长期存在。

图 5 –9　美元兑人民币在岸市场与离岸市场的对比

资料来源：根据英为财情网站相关数据整理而得。

第四节　人民币国际化阶段性汇率管理策略

自人民币国际化启动以来，央行对于汇率的管理更加积极主动，人民币汇率管理的目标、制度、工具和措施都已经发生了较大变化；对国际国内时局和内外部金融市场之间的联动情况把握逐渐清晰，管理效果也越来越好。总体而言，中国央行人民币汇率的管理朝着更市场化、更灵活、更综合的方向不断完善。

一、央行汇率管理目标

2015 年汇率制度改革后中国人民银行汇率管理目标发生了转变，即由对美元稳定转为对一篮子货币稳定。美元指数、CFETS 人民币汇率指数和人民币兑美元中间价三个指标变动模式的组合可以验证汇率管理目标的变化。第一阶段，2015 年 8 月 14 日至 2015 年 11 月底，表现为“美元小幅升值 + 中间价稳定”；第二阶段，2016 年 1 月 7 日至 2016 年 6 月 22 日，表现为“美元贬值 + CFETS 贬值 +

中间价稳定”；第三阶段，2016 年 7 月至 2016 年 12 月，表现为“美元升值 + CFETS 稳定 + 中间价贬值”；第四阶段，2017 年初至今，表现为“美元贬值 + CFETS 稳定 + 中间价上涨”。可见，第一、第二阶段央行调控重点是保持人民币中间价基本稳定，而第三、第四阶段转变为保持 CFETS 人民币汇率指数基本稳定。而汇率管理目标包括对两个方面的管理，即汇率水平管理和汇率波动管理。

二、汇率管理制度

在亚洲金融危机发生的 1997 ~ 2005 年人民币汇率制度改革之前，人民币采取了紧盯美元的固定汇率制度，2005 年 7 月 21 日，中国人民银行宣布人民币转向“参考一篮子货币的、有管理的浮动汇率制度”。2015 年 8 月 11 日中国人民银行再次推行更加深入的汇率市场化改革，被外界称为“‘8·11’汇改”。“‘8·11’汇改”的主要目标是提高人民币汇率中间价的市场化程度，并完善其市场报价机制。它的核心机制是上一日的收盘汇率，并兼顾当时的市场供需状况用来决定本日的汇率中间价报价。

2015 年 12 月，中国外汇交易中心推出了 CFETS 人民币汇率指数，作为稳定人民币对一篮子货币汇率的参考标准，CFETS 人民币汇率指数公布了它的货币篮子组成中的 13 个货币的具体权重，这非常有助于提高人民币汇率机制的透明度。透明度的提高无疑也有利于增加人民币作为新的重要国际储备货币的可信度和声誉。2016 年 2 月，为了稳定人民币币值，中国人民银行进一步在“人民币中间价市场报价基准”和“一篮子货币汇率变动参考价”的基础上推出了新的人民币兑美元汇率的中间价形成机制，加入“一篮子货币汇率变动参考价”。2017 年 1 月，人民币的货币篮子从 13 种进一步扩大到了 24 种，有利于进一步稳定人民币币值和中国的对外贸易。2017 年 5 月，人民币当时的汇率变动（保持继续贬值的趋势）无法及时反映中国经济基本面的转变（经济整体状况已经转好），为了应对市场上可能存在的非理性“羊群效应”，中国人民银行在人民币汇率形成机制中加入逆周期调整因子，以“逆风而行”的调控力量来帮助市场恢复理性。

以上一系列汇率制度改革除了注重市场化，还越来越具有较好的透明性和规则性特征，人民币汇率形成机制的规则对外越来越明晰。

三、汇率管理工具

汇率管理工具包括中间价管理、离岸汇率管理、货币政策管理、口头干预、资本流动管理、外汇干预六大工具。

第一，中间价管理。这是最直接的汇率管理，也是自 2005 年汇率改革至今央行运用十分娴熟的汇率管理方式。如 2015 年新汇率制度改革对中间价报价机制进行了改革，形成了“收盘价 + 一篮子货币汇率变化”的中间价报价模型，中间价得以更好地发挥市场基准价格作用。2017 年 5 月底在此报价模型基础上加入了逆周期调节因子，这实际上又重新增加了央行的操作空间。加入逆周期调节因子后，人民币兑美元的贬值预期逆转，证明了中间价管理的必要性与有效性。

第二，离岸汇率管理。随着人民币国际化程度提高，离岸人民币市场规模扩大，离岸汇率对在岸汇率产生重要影响。央行可通过收紧离岸市场人民币流动性、调控短期利率的方法阻止汇率贬值；反之亦然，不过该方式仅适用于短期打击投机势力和遏制贬值预期。

第三，货币政策管理。这一管理工具在汇率市场化程度较高的阶段应用更为广泛。随着汇率形成机制市场化程度的提高，金融开放扩大，对中间价的管理会逐渐淡化，这时就迫切需要将汇率管理纳入广义货币政策框架中，构建市场化的汇率管理体系。在经济过冷时，可以采取宽松的货币政策导致本币贬值，汇率贬值会通过改善经常账户来提振经济，反之亦然。但是，在某些情况下，例如经济内部发生危机导致汇率贬值、资本外逃，运用货币政策管理汇率就面临冲突。一方面，经济需要宽松的货币政策来解困；另一方面，货币政策过于宽松会加剧汇率贬值和资本流出。

第四，口头干预。口头干预要想取得效果，前提是政府部门特别是央行建立起良好的政策信誉。口头干预之后要“言必信，行必果”，不能让政府部门宣誓落空。

第五，资本流动管理。资本流动管理是从源头上干预汇率，对于汇率水平的调控效果十分显著，但是效果越大，成本也就越高。突然声明加强资本管制可能会加剧恐慌，长期实施资本管制则会扭曲微观主体行为，对企业经营和实体经济的损害更大，因此动用资本流动管理手段要注意负面影响。

第六，外汇干预。当汇率水平发生严重失调或者过度波动时，央行直接干预外汇市场，购入或者出售外汇，干预汇率水平。外汇干预是立体的，既包括即期市场的干预，也包括远期市场的干预。外汇干预的效果立竿见影，但是需注意外汇干预的局限性。公开宣称的外汇干预会刺激市场情绪，加剧贬值预期，这也是央行一直对干预外汇市场“只做不说”的原因。外汇干预要注意时机选择，加强对形势的判断，防止搞“添油战术”。

四、汇率管理措施

自人民币国际化以来我国的汇率变化有了新的特征，相应的管理措施和策略也逐渐发生了变化，主要体现在以下四点：

第一，从保汇率到保储备。保持人民币兑美元汇率中间价稳定的一个重要手段是央行直接动用外汇储备入市干预，在市场上抛售外汇买入人民币，通过调节人民币与外汇供求关系影响收盘价来稳定汇率。这一手段即时效果显著，但是其本质是牺牲外汇储备来保证汇率稳定，代价是外汇储备数量急剧下滑。从2015年8月至2016年6月，央行外汇储备累计减少4461亿美元，在此期间人民币经历了两轮急跌，即期汇率累计贬值幅度高达6.5%。因此，以外汇储备打击空头势力效果有限，只能做到延后而无法从根本上消除贬值预期。如今央行转变汇率调控思路，从保持人民币兑美元中间价稳定转为人民币兑一篮子货币汇率稳定，在危机时主动上调中间价释放贬值预期。汇率管理策略相应地从保汇率变成保储备，直接入市干预减少，以利率调汇率等市场化手段和窗口指导增加。

第二，从离岸利率调汇率到在岸利率调汇率。在减少直接入市干预后，央行需要采用更多市场化手段以稳定汇率，其中一条重要措施是利用利率手段调汇率。在离岸市场采取该操作，通过抽紧离岸人民币流动性抬升香港银行同业拆借利率（HIBOR），提高境外做空成本。比如2016年初和2017年5月就曾在中国香港市场通过收紧人民币流动性抬升HIBOR以打击做空势力，进而稳定离岸汇率。但由于离岸市场上的操作不具有长期性，可能会对人民币国际化产生不利影响以及引起资本外流，央行逐步将调控领域从离岸市场进一步扩大到在岸市场，通过抬高在岸市场短期利率进行在岸管理。在不调整政策利率的情况下，通过正回购或其他公开市场操作净回笼货币，收紧流动性抬高短期市场利率，以达到稳定汇率的作用。

第三，从管外汇到人民币、外汇一并管理。此前我国在资本项目下对外汇跨境流出管理较严，以境外外汇放款为例，规定放款对象必须为境内企业在境外合法设立的全资附属企业或参股企业，境内企业在办理外汇境外放款前需至国家外汇管理局核定境外放款额度，最高不得超过其所有者权益的30%等。自2016年以来，涉外收付款项下人民币由净流入转为净流出。在此背景下，央行加大了对人民币跨境流出的管理。2016年12月1日，央行进一步明确人民币境外放款业务采取本外币一体化的宏观审慎管理，对企业境外放款的放款主体、放款对象、余额上限、提前还款等方面进行了明确规定。同时，对商业银行进行窗口指导，要求人民币跨境收支实现基本平衡。

第四，从管理证券投资和非法资本外流到管理对外直接投资项目下的非实需资本外流。在资本账户和金融账户中，证券投资一直是央行管理的重点，然而结合国际收支变动情况来看，直接投资重要性明显上升。2016 年前三季度直接投资项目下资本净流出 798 亿美元。在此背景下，央行意识到对外直接投资渠道下许多交易项目背后隐藏着非法的跨境资本流出，这些境外投资行为异常情况大致分为以下四类，即“快进快出”、“母小子大”、部分企业境外投资项目与境内母公司主营业务相去甚远、部分企业投资人民币来源异常。基于以上原因，央行调整了金融账户下各个投资方式之间的管理侧重点，从传统的管理证券投资和非法资本外流渠道，转向管理对外直接投资渠道下的非实需资本外流。

第五节　主要国家货币国际化历程及汇率管理策略启示

一、主要国家货币国际化历程

（一）英镑国际化历程

从 18 世纪 60 年代开始，随着英国工业革命的开展，英国生产优势明显，英国政府努力推动自由贸易，英国在对外贸易中获取了巨大的贸易利益。促使英国成为了不可比拟的经济大国、贸易大国、金融大国和投资大国。在这样的情况下，英镑成为了国际货币。

1694 年，英国中央银行——英格兰银行在阿姆斯特丹银行建立 85 年以后正式成立。英格兰银行很快就开始发行英镑，但是当时英镑只是黄金的符号，它的作用是代替黄金在市面上流通。1717 年，担任英国皇家铸币局局长的著名科学家牛顿将黄金价格确定为每盎司黄金等于 3 英镑 17 先令 10 又 1/2 便士，金本位制度的雏形开始形成。1816 年，英国通过了《金本位制度法案》，以法律的形式确立了金本位制度。1821 年，英国正式启动金本位制度，英镑成为英国的标准货币单位，每英镑含 7. 32238 克纯金。

19 世纪以后，世界各国经济联系更加密切，各国相继采用了金本位制度，根据各自的含金量建立起相互之间的汇兑比率即汇率。由于当时英国是世界上经济最强大的国家，基于对英国经济的信任以及英镑兑换黄金比率稳定，各国都愿意持有英镑并用英镑进行国际结算。据统计，在 20 世纪初期，在国际贸易中大多数商品都是以英镑计价的，在国际结算中 90% 的结算均使用英镑。

上述分析表明，英镑成为国际货币主要有两大因素：一是英国具有世界第一的经济实力；二是英国具有世界最完善的金融体系。前一个因素是根本性因素，后一个因素是技术性因素。虽然英镑是凭借着可兑换黄金而成为国际货币的，但是即使假设金本位制早 100 年解体，英镑仍然会成为国际货币。进入 20 世纪以后，虽然英国经济被美国经济超越，但是国际货币的惯性运行使英镑在此后的 40 年的时间里依然保持着国际货币的地位。

（二）美元国际化历程

美国也是凭借着强大的经济实力使美元成为国际货币的。但是，在美国经济总量已经居世界第一以后的很长时间里，美元并没有成为被人们普遍接受的国际货币。

美国经济在 19 世纪迅速崛起，到 1894 年前后，美国的总产值已经超过英国。到 1913 年，美国人均 GDP 已超过英国人均 GDP 5.5 个百分点，美国已经成为世界第一的经济大国。但是，英国的对外贸易、对外借贷和对外直接投资在世界上还占有较大比例，英国伦敦已经成为了国际金融中心，各国在国际经济活动中习惯用英镑来进行计价和结算。另外，英国于 1821 年正式实行金本位制，美国也于 1879 年正式实行金本位制，英镑和美元都以黄金作为保证，各国持有英镑和美元没有本质的区别。因此，进入 20 世纪以后，尽管美元的相对地位在上升，英镑的相对地位在下降，但直到 20 世纪 40 年代中期，仍有 40% 的国际贸易是用英镑结算的。

1944 年在美国布雷顿森林举行的国际金融会议是美元国际化的划时代事件。到了 20 世纪 40 年代中期，英国在第二次世界大战中遭受到了严重的创伤，而美国却在第二次世界大战中发展壮大。在这样的情况下，按照美国政府建议建立的布雷顿森林体系，以制度的形式确立了美元至高无上的地位，即美元盯住黄金，各国货币盯住美元。美元成为了等同于黄金的唯一的国际货币。在布雷顿森林体系的运行机制中，美元是一种信用货币，在美国价格水平不断上升的条件下它的实际购买力在不断下降，而黄金是一种贵金属，它的价值是很稳定的，这意味着黄金的美元价格将不断上升。因此，美国政府是不可能维持 1 盎司黄金等于 35 美元的汇兑平价，金汇兑本位注定是要解体的。

1971 年，美国政府终于违反了它对世界各国政府做出的用 35 美元兑换 1 盎司黄金的承诺，布雷顿森林体系的金汇兑本位崩溃。1973 年，随着各国货币对美元汇率的浮动，布雷顿森林体系的盯住汇率制度解体。但是，在布雷顿森林体系下，几乎所有的大宗商品都是用美元计价，几乎所有的国际经济活动都是用美元结算，这种格局在布雷顿森林体系解体以后仍然延续下来。另外，即使美国经济相对地位有所下降，但是美国仍然是世界上第一经济大国、贸易大国和金融大国，美元在 1976 年以后形成的“牙买加体系”中仍然是最重要的国际货币。

从上述分析可以看到，强大的经济实力只是货币国际化的必要条件而非充分条件。一个国家的货币要成为国际货币，除了要有雄厚的经济基础以外，还要深度参与国际经济活动，有相当比例的国际经济活动是用这个国家的货币计价和结算的。另外还要拥有比较完善的银行体系，使各国能够方便、快捷、安全地用这个国家货币进行结算。

（三）欧元国际化历程

欧元是典型的区域货币一体化产物，其诞生经过了数十年欧洲各国经济、政治各方面合作的铺垫，并继承了此前欧盟成员国德国、法国的货币马克和法郎的既得国际货币优势，以欧元区整体的经济贸易实力作为依托，从而迅速实现了区域化到国际化的发展。

20 世纪 60 年代末，以美元为中心的布雷顿森林体系出现了严重危机，为避免国际货币体系动荡带来的冲击，欧洲共同体于 1969 年在海牙会议中初步提出了建立欧洲货币联盟的构想，并在 1971 年通过了“维尔纳计划”，其最终目标是在欧洲共同体成员国内建立单一货币，但该计划因石油危机而被搁置。此后，20 世纪 80 年代，德国马克平稳推进国际化，1989 年，以马克计价的贸易量在世界贸易中所占份额达到近 13%，为日后欧元的国际化奠定了良好的基础。1989 年 6 月马德里首脑会议通过“德洛尔报告”，重提“维尔纳计划”构想，再次提出要分三步建立欧洲经济货币联盟。1991 年 12 月，欧洲共同体在马斯特里赫特召开首脑会议，更名为欧盟。会议通过了《马斯特里赫特条约》（以下简称《马约》）的草案，目标是统一货币并制定统一的货币兑换率，建立欧洲中央银行体系。《马约》规定最迟在 1998 年 7 月 1 日成立欧洲央行，并确定了欧盟成员国加入经济货币联盟的“趋同”标准，欧元诞生后，这一标准成为衡量成员国是否具备加入欧元区资格的准绳。1993 年 1 月 1 日《马约》正式生效。1997 年 6 月，欧盟又签署了《稳定和增长公约》《欧元的法律地位》和《新的货币汇率机制》三个协定。自 1997 年起，欧盟逐步建立了欧洲中央银行体系（ESCB），负责审核成员国资格、接管成员国外汇储备和维持欧元币值稳定。

1999 年 1 月 1 日欧元正式启动，并于 2002 年 1 月 1 日开始作为区域内唯一法定货币流通使用。自欧元诞生以来，在国际化道路上取得了举世瞩目的成就。2011 年国际货币基金组织将欧元在特别提款权（SDR）中的权重由 2006 年的 34% 调整为 37.4%，同时将美元的权重由 2006 年的 44% 下调为 41.9%。2001 年，欧元在全球外汇储备中所占比例仅为 19.2%，2008 年第一季度这个比例上升至 26.7%，体现了欧元作为国际贮备货币地位的提升。

欧元的诞生对整个世界的货币体系产生了巨大影响，对于美元在国际上的霸主地位构成了有力的挑战，使国际货币多元化成为可能，欧元区也因为货币的统一而获益颇多。

（四）日元国际化历程

第二次世界大战后，在美国的扶持下，日本的经济迅速恢复，在 1955 年已经超过战前水平，到 1968 年已经超越英国、法国、德国而跃居世界第二位。从 20 世纪 70 年代开始，以日元计价的日本出口贸易所占的比例不断增大。到 20 世纪 70 年代末和 20 世纪 80 年代初，日本经济的地位继续提高。

从 20 世纪 80 年代开始，日本政府开始推进日元的国际化。1980 年 12 月，日本修订了 1949 年的《外汇及外贸管理法》，颁布了新的《外汇及外国贸易管理法》，实现了日元资本项目的基本可自由兑换。日本《外汇及外贸管理法》的修订，是日元国际化的一个标志性事件。1984 年 5 月，日本大藏省提出了题为“金融自由化及日元国际化的现状与展望”的报告，提出将日元交易的重点从经常交易转变为资本交易，具体包括制定以日元计价的外债发行规则，实行欧洲日元借贷的自由化，放松对外国人发行债券的限制等。

1985 年 3 月，日本大藏省一个称为“外国外汇等审议会”的咨询机构发表了题为“关于日元国际化的答辩”的报告，提出了包括金融自由化、欧洲日元交易自由化、东京金融市场国际化的三大日元国际化方略。此后，日本政府在东京建立离岸金融市场，宣布开放境外金融市场，取消对外资流出的限制，提高对外资流入的限额，对外国人在日本发行日元债券和发放日元贷款、非居民之间欧洲日元交易实行自由化，有力地推动了日元的国际化。1990 年，在世界各国的外汇储备中，日元所占的比例为 8.0%，低于美国的 50.6%，也低于马克的 16.8%，但超过了英镑的 3.0%。

1998 年 4 月，日本再次修订《外汇及外国贸易管理法》，颁布了《外汇及外国贸易法》，实现了国内外资本可以没有限制地自由流动。1999 年 4 月，“外国外汇等审议会”咨询机构再次发表了题为“面向 21 世纪的日元国际化”的报告，提出要提高国际融资交易和海外交易中日元的使用比例以及提高外国投资者持有的以日元计价的资产的比例，也就是提高日元在国际通货制度中的作用以及日元在经常交易、资本交易、外汇储备中的地位。

尽管日元在市场驱动和政府推动下走向国际化，但日元远没有取得与日本经济相应的地位。到 20 世纪 90 年代末，以日元计价的日本出口贸易所占的比例约为 36%，以日元计价的日本进口贸易所占的比例为 25%，以日元计价的国际债券发行量所占的比例为 4.5%，日本银行以日元计价的贷款所占的比例不到 20%。以最具有代表性的世界各国外汇储备的构成来讲，自 20 世纪 70 年代以来，日元储备在世界各国外汇储备中所占的比例从相对数来说仅次于美元和马克位居世界第三，但从绝对数来看日元储备在世界各国外汇储备中的比例仅为 8% 左右。同时，日元的地位还趋向下降。到 2010 年，在世界各国的外汇储备中，美元占 61.5%，欧元占 26.2%，英镑占 4.0%，日元只占 3.8%。这就是说，日元所占的比例还不如国内生产总值只有日本 50% 的英国的英镑。从上面的分析可以看到，日元国际化的基础仍然是日本雄厚的经济实力。另外，随着牙买加体系取代布雷顿森林体系，除了美元以外的其他货币也有可能成为国际货币，从而给日元国际化提供了机会。但是，在国际货币体系惯性运行的条件下，世界大宗商品的贸易都以美元计价，世界主要的贸易、借贷和投资均使用美元，日元受到了挤压，日元的国际化是不充分的。

二、主要货币国际化下汇率管理启示

（一）当前国际货币体系总体特征

19 世纪以来国际货币体系大致经历了金本位制、布雷顿森林体系和牙买加体系三个阶段。《牙买加协定》确认了布雷顿森林体系崩溃后浮动汇率的合法性，继续维持全球多边自由支付原则，各国相继实施自由化的经济政策和浮动汇率，直接加速了资本的跨境流动，推动了金融全球化的进程。虽然美元的国际地位遭到削弱，但其在国际货币体系中的主导地位和作为国际储备货币的职能得以延续。当 20 世纪 90 年代金融市场全球化趋势进一步加强时，该体系所固有的矛盾日益凸显。这一时期，金融资本迅速增值和膨胀，并部分表现出“脱实就虚”。美国则凭借美元在国际货币体系中的中心地位，根据国内经济发展目标而无视汇率波动来推行国内政策，与美元为主导的国际货币体系相联系的国际收支不平衡也一直伴随着世界经济的发展。金融全球化、金融资本与现实脱节、汇率不稳定、国际收支失衡、区域货币合作是这一时期以美元为主导的国际货币体系的显著特征。

（二）主要货币国际化下的汇率管理启示

1. 发挥政府的主导作用，设定合理的阶段性目标

从历代国际货币的经验可以看出，各国政府在货币国际化的进程中均未过分干预，而是顺应发展势头，以引导为主。在货币国际化的进程中，政府应通过制定相关政策、建立相应平台和辅助设施来发挥引导的作用。针对不同时段的国际经济环境和本国经济发展情况，制定合理的阶段性目标，并结合本国经济社会发展目标来具体实施。

2. 大力发展金融市场，创造金融衍生品

从美元、英镑、欧元、日元等国际化的历程中可以看出，金融市场的发展和货币的国际化具有密不可分的关系，发达的金融市场能够吸引大量的外国投资者，增加一国货币在国际金融交易中的使用。成熟的国内金融市场更是抵御国际冲击的蓄水池。美国的纽约、英国的伦敦均是全世界最发达、最成熟的金融中心，对于承担美元、英镑国际化带来的国际风险和国际冲击发挥着重要的作用，也在很大程度上推进了两者的国际化进程，欧元和日元的国际化进程也与所在地区金融市场的发展息息相关。加快金融市场的改革和创新，逐渐放松金融管制、增强市场活力，创造更多种类的本国货币金融衍生品以满足国内外投资者不同的偏好和需求。

3. 优化货币国际化的次序，化解潜在的金融风险

推动金融体系改革，化解金融系统潜在的风险，如影子银行和地方政府融资平台的债务问题等。日本当年较早实现了资本项目可兑换，但后来日元升值导致出口部门受损，为刺激内需实施的宽松货币政策引发了股票市场和房地产市场的经济泡沫。因此要吸取日本等国相关经验教训，优化开放的次序，先化解国内金融风险，然后审时度势地推进货币国际化进程。

4. 加强与周边国家和地区的货币合作，走先区域化后国际化的道路

欧元成功的国际化历程为他国货币国际化提供了一条值得参考和借鉴的道路，即先实现区域化，再实现国际化。在当前的国际经济形势下，这条道路的成功有其必然性：第一，美元仍然是国际本位货币，在长期积累的优势和美国强大经济实力的保障下，其他货币要实现国际化，必然会受到来自美元的巨大压力，因而发展空间有限；第二，当前世界上各个地区都呈现出区域货币合作的趋势，最典型的代表是欧洲的欧元区、北美地区的北美自由贸易区、亚洲地区的亚太经济合作组织（APEC）和东南亚国家联盟（ASEAN），各国都在以区域化的形态

提高国际话语权和竞争力。因此，要推进货币国际化，首先要加强与周边国家和地区的货币合作，在一定时期内实现本国货币作为区域货币的使用。

第六节 人民币国际化下实际有效汇率与均衡汇率偏差分析

通过对人民币国际化及其汇率管理现状的定性分析后，下面将通过相关数据测算均衡汇率及人民币实际有效汇率的失调程度，以便更好地从定量的角度来分析中国人民银行如何在汇率失调的情况下制定汇率管理策略。

一、基于 BEER 模型人民币均衡汇率测算

（一）模型与变量的选择

1. BEER 模型

通过本章对均衡汇率理论的介绍可以知道，均衡汇率测算的方法主要有基本要素均衡汇率模型（FEER）、均衡实际汇率模型（ERER）和行为均衡要素汇率模型（BEER）等。相较而言，由于 BEER 模型的灵活性和可操作性，对于发展中国家存在的数据质量不高、经济结构不稳定等问题，估计出的协整方程也能够准确地测算均衡汇率，因此本章选择 BEER 模型进行均衡汇率的测算。

BEER 模型是通过建立实际有效汇率与影响其相关经济变量的回归方程，并通过计量经济学的方法估计和评价实际有效汇率的行为决定因素。以 Clark 总结的模型为基础，其简约回归方程表示如下：

$$Q_t = \beta_1 Z_t + \beta_2 T_t + \varepsilon_t \tag{5-2}$$

其中，Q_t 表示实际汇率，Z_t 表示影响实际汇率的中长期基本经济因素向量，T_t 表示影响实际汇率的短期性、暂时性因素，β_1，β_2 为系数向量，ε_t 为随机干扰项。通常情况下，β_1，β_2 为不变系数，表示样本期内自变量对因变量的平均影响，运用最小二乘法进行估计。

2. 变量的选择与数据来源

在选择影响人民币均衡汇率的基本经济变量时，主要考虑已有文献所选取的基本经济变量、数据的可获得性和我国的具体国情三个方面，因此选取了政府支出、贸易条件、贸易开放度、国外净资产以及反映人民币国际化下影响人民币均

衡汇率的新变量，即境内外利差和离岸人民币资产规模这六个基本经济变量[①] 。

进行实证分析的样本区间为2005 年第3 季度至2018 年第3 季度[②] ，模型中各变量的数据来源和获取方法如下：

（1）人民币实际有效汇率（Real Effective Exchange Rate of RMB，REER）。人民币实际有效汇率剔除了通货膨胀对各国货币购买力的影响，是我国与所有贸易伙伴国货币双边名义汇率的加权平均数，能够更加真实地反映人民币的对外价值。根据国际清算银行（Bank for International Settlements，BIS）公布的月度数据，将每个季度的三个月数据进行算数平均后得到季度的人民币实际有效汇率。

（2）政府支出（Government Expenditure，GE）。政府支出代表了政府的债务水平，对汇率的影响主要取决于政府支出结构。若政府债务水平在安全范围内，则意味着政府主要消费非贸易品，此时会引起实际汇率的升值；若政府支出的增加超过安全范围，则意味着政府债务风险水平上升，主要消费贸易品，此时会引起实际汇率的贬值。本章选取我国各季度政府财政支出的总额与GDP 之比作为政府支出的代表变量，数据来源于中华人民共和国财政部和国家统计局。

（3）贸易条件（Terms of Trade，TOT）。贸易条件是指出口商品的价格指数与进口商品价格指数之比，该比值的增加意味着单位出口商品可换回更多数量的进口商品，经常项目收支状况改善，此时实际汇率升值。中国经济网公布的是进出口商品价格指数的月度数据，经算数平均后得到季度数据。

（4）贸易开放度（Opening，OPEN）。贸易开放度的提高意味着贸易管制、关税壁垒的下降和贸易自由化程度的加深，此时会刺激大量进口，导致贸易产生逆差，使经常项目恶化，最终反映为实际汇率贬值。该变量根据我国季度的进出口总额与GDP 之比得到，由于进出口总额以美元计价，为了使数据具有可比性，将GDP 根据该季度的日均汇率折算为美元，数据来源于中国经济网。

（5）国外净资产（Net Foreign Assets，NFA）。国外净资产主要包括了外汇储备、黄金等，它从两个方面影响经常账户的收支情况。一方面，由于国外净资产水平较高时有足够的对外偿付能力，因此可以容忍更多的经常账户赤字；另一方面，拥有的国外净资产越多，从外部获得的投资收益也就越多，经常项目收支状况越好，则对汇率的主动权就越大。数据来源于中国人民银行网站。

① 在选择变量时，还考虑了劳动生产率、货币供给变化、央行干预指数等指标，但由于没有通过计量检验而剔除。

② 虽然我国是从2009 年7 月开始正式启动人民币国际化，但考虑到将人民币国际化启动前后进行对比分析，因此本章选取的是2005 年7 月汇率改革后的样本数据。

（6）境内外利差（Interest Rate Spread，IRS）。随着人民币国际化程度的加深，资本项目可兑换程度不断提高，境内外利差的变化使直接投资项目的跨境资金流动规模扩大，从而使银行间外汇供求发生较大变化，进而对人民币实际汇率产生较大影响。本章选取境内市场化程度较高的日均三个月上海银行间同业拆放利率（Shibor）与境外日均三个月美元Libor之差作为境内外利差的变量，数据来源于中国货币网。

（7）离岸人民币资产规模（Offshore RMB Assets Scale）。离岸人民币规模代表了境外对于人民币的需求，若离岸人民币资产规模增加，人民币升值预期增强，跨境人民币支付增多，则人民币即期汇率升值。考虑到数据的可获得性和离岸人民币资产规模所占比重，本书选取了香港人民币离岸市场的人民币存款作为离岸人民币资产规模的代表变量，数据来源于香港金融管理局。

（二）模型的检验与均衡汇率的测算

1. 平稳检验

为了降低变量的季节效应和波动性，在进行实证分析前，将各变量的数据做季节处理和对数处理（境内外利差除外），将处理后的变量分别记为 *LREER*，*LGE*，*LTOT*，*LOPEN*，*LNFA*，*IRS*，*LRMB*，由此建立人民币实际有效汇率的均衡模型：

$$LREER = C + \beta_1 LGE + \beta_2 LTOT + \beta_3 LOPEN + \beta_4 LNFA + \beta_5 IRS + \beta_6 LRMB + \varepsilon \quad (5-3)$$

为了避免出现伪回归，本书采用ADF检验法对各变量的样本数据进行平稳性检验，结果如表5－1所示。

表5－1　各变量的ADF检验结果

变量	ADF 统计量	1% 临界值	5% 临界值	10% 临界值	P 值
LREER	－1.0250	－3.5713	－2.9224	－2.5992	0.7372
D（*LREER*）	－5.3933	－3.5744	－2.9237	－2.5999	0.0000
LGE	－3.0168	－3.5713	－2.9224	－2.5992	0.0402
LTOT	－4.7219	－3.5713	－2.9224	－2.5992	0.0003
LOPEN	－1.2636	－3.5683	－2.9211	－2.5985	0.6393
D（*LOPEN*）	－6.1926	－3.5744	－2.9237	－2.5999	0.0000
LNFA	－3.0379	－3.5713	－2.9224	－2.5992	0.0383
IRS	－1.9728	－3.5683	－2.9211	－2.5985	0.2975

续表

变量	ADF 统计量	1%临界值	5%临界值	10%临界值	P 值
D（*IRS*）	-6.3680	-3.5713	-2.9224	-2.5992	0.0000
LRMB	-1.6965	-3.5713	-2.9224	-2.5992	0.4267
D（*LRMB*）	-3.9493	-3.5744	-2.9237	-2.5999	0.0035

根据上述检验结果可知，*LGE*，*LTOT*，*LNFA* 为 *I*（0）平稳时间序列，其余各变量均为 *I*（1），即一阶单整序列。

2. 协整分析

为了确定各变量间是否具有相同的变化趋势，本书采用 Engle - Granger 方法进行协整检验，当人民币实际有效汇率与各变量具有协整关系时，建立的状态空间模型才有意义。Engle - Granger 方法分为两个步骤：

首先，对样本区间内的数据进行 OLS 回归，估计结果如表 5 - 2 所示。

表 5 - 2　协整回归结果

变量	系数	标准差	T 统计量	P 值
C	2.8128	0.4703	5.9798	0.0000
LGE	-0.0438	0.0234	-1.8746	0.0675
LTOT	0.1630	0.0658	2.4767	0.0172
LOPEN	-0.3146	0.0436	-7.2132	0.0000
LNFA	0.0694	0.0379	1.8271	0.0745
IRS	-0.0129	0.0056	-2.2968	0.0264
LRMB	0.0519	0.0094	5.5109	0.0000

其次，对回归的残差序列进行 ADF 检验，确定被解释变量与解释变量是否存在协整关系，检验结果如表 5 - 3 所示。

表 5 - 3　协整回归残差序列 ADF 检验结果

1%临界值	5%临界值	10%临界值	T 统计量	P 值
-3.5713	-2.9224	-2.5992	-4.1371	0.0020

根据表 5 - 3 可以看出，残差序列的 ADF 统计量低于 1% 显著水平，说明残差序列是一个平稳序列，即人民币实际有效汇率、政府支出、贸易条件、贸易开放度、国外净资产、境内外利差和离岸人民币资产规模之间确实存在着长期均衡

关系，协整方程为：

$$LREER = 2.8128 - 0.0438LGE + 0.1630LTOT - 0.3146LOPEN + 0.0694LNFA - 0.0129IRS + 0.0519LRMB \quad (5-4)$$

在10%的显著性水平上，各基本经济变量的系数都是显著的。*LTOT* 的弹性系数最高，为0.1630，即贸易条件每提高1%将带动人民币实际有效汇率升值0.1630%。国外净资产次之，为0.0694%，即国外净资产每提高1%将使得人民币实际有效汇率升值0.0694%。*LGE*，*LOPEN* 与 *LREER* 呈反向关系，弹性系数为 -0.0438、-0.3146，即政府支出、贸易开放度每提高1%，将分别使人民币实际有效汇率贬值0.0438%、0.3146%。*LRMB* 弹性系数为0.0519，说明伴随着人民币国际化进程的加快，离岸人民币市场规模每扩大1%，将带动人民币实际有效汇率升值0.0519%。*IRS* 的弹性系数为 -0.0129，说明随着资产账户开放程度的提高，资本流动更加便利，境内外利差的扩大为实际有效汇率带来一定的贬值压力。

3. 均衡汇率的测算

根据行为均衡要素汇率理论，均衡汇率可分为当前均衡汇率和长期均衡汇率，将各基本经济变量的当前值和长期均衡值[①]带入协整方程，可得到人民币的当前均衡汇率和长期均衡汇率的对数形式，经换算后可得到人民币当前均衡汇率（Current Equilibrium Rate，CREER）和长期均衡汇率（Long - term Equilibrium Rate，LREER）。

二、人民币实际有效汇率失调程度分析

通过测算均衡汇率后，可将其与人民币实际有效汇率进行对比后得到汇率的失调程度，从而分析失调的原因及相应的管理策略。根据行为均衡要素汇率理论，均衡汇率可进一步分为当前均衡汇率和长期均衡汇率，相应的人民币实际有效汇率失调便可进一步区分为当前汇率失调与长期汇率失调。

（一）人民币当前汇率失调程度

通过将计算得到的当前均衡汇率 CREER 与实际有效汇率 REER 进行对比，可得到图5-10。

① 为避免周期因素的影响，本章运用HP滤波方法提取变量 *LGE*，*LTOT*，*LOPEN*，*LNFA*，*IRS*，*LRMB* 的长期趋势。

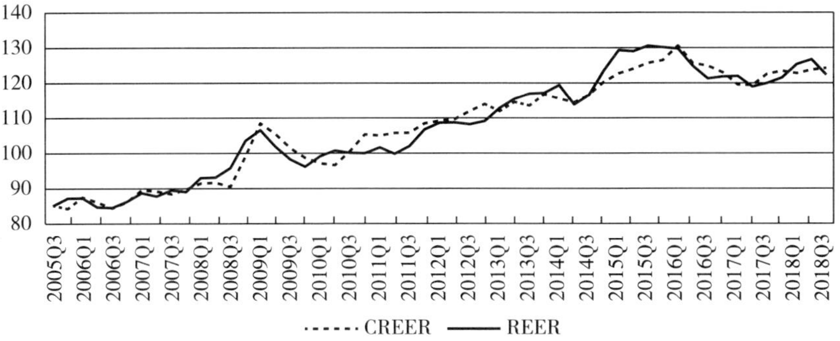

图5-10 人民币实际有效汇率与当前均衡汇率走势

根据人民币实际有效汇率和当前均衡汇率，可以计算人民币实际有效汇率的当前失调程度（Current Misalignment，CM），其计算公式为：

$$CM = \frac{REER - CREER}{CREER} \times 100\% \qquad (5-5)$$

人民币实际有效汇率的当前失调程度如图5-11所示。

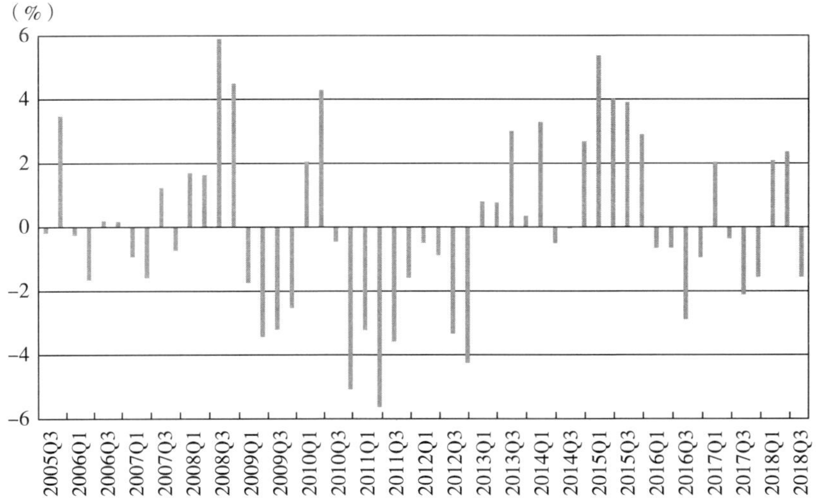

图5-11 人民币当前汇率失调走势

（二）人民币长期汇率失调程度

同样，可以通过将计算得到的长期均衡汇率 *LREER* 与实际有效汇率 *REER* 进行对比，可得到图5-12。

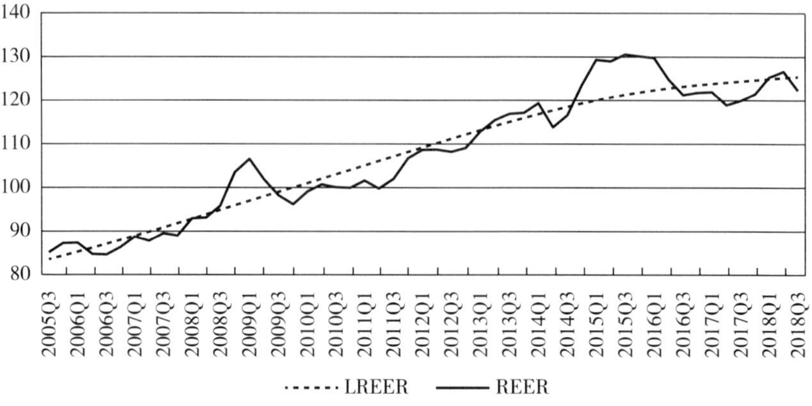

图 5－12　人民币实际有效汇率与长期均衡汇率走势

根据人民币实际有效汇率和长期均衡汇率，可以计算人民币实际有效汇率的长期失调程度（Long－term Misalignment，LM），其计算公式为：

$$LM = \frac{REER - LREER}{LREER} \times 100\% \qquad (5-6)$$

人民币实际有效汇率的长期失调程度如图 5－13 所示。

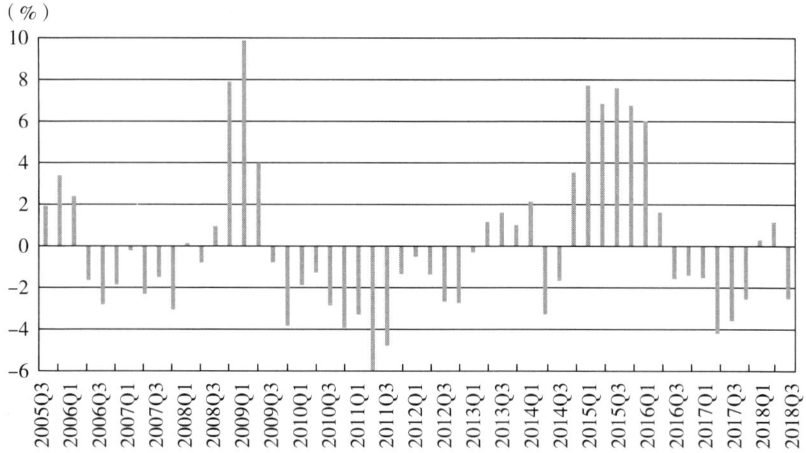

图 5－13　人民币长期汇率失调走势

（三）人民币实际汇率失调程度分析

根据图 5－10、图 5－12 可以看出，自 2005 年第三季度人民币汇率形成机制改革以来，人民币实际有效汇率总体上呈现围绕当前均衡汇率和长期均衡汇率波动，且保持稳步升值的趋势，这与我国不断改善的贸易条件、国外净资产的扩大以及离岸人民币资产规模的增长等基本经济变量的趋势一致。经过 HP 滤波处理得到的长期均衡汇率趋势较为平滑，但从短期来看，人民币实际有效汇率确实呈现出阶段性的失调，且偏离程度和方向有所不同。根据图 5－11、图 5－13 可以看出，人民币当前汇率失调的方向变化要快于长期汇率失调，说明人民币实际有效汇率容易受到短期因素的影响，且有显著的周期性特征。无论是短期失调还是长期失调，人民币实际有效汇率被高估和被低估的阶段性走势基本一致，又由于长期失调剔除了短期波动性影响，因此本章根据长期失调走势分析汇率失调的情况。在样本区间内，人民币实际有效汇率的长期失调经历了高估到低估循环往复六个阶段。

第一阶段为 2005 年第三季度至 2006 年第一季度，由于我国推行人民币汇率制度改革，加上美国的加息政策，使美国联邦基金利率高于人民币存款利率，所以造成人民币实际有效汇率被高估，平均高估 2.57%。

第二阶段为 2006 年第二季度至 2008 年第二季度，在此阶段中，我国经济保持高速增长，资本大量流入，人民币升值预期较强并推动长期均衡汇率上行，人民币实际有效汇率被低估，平均低估 1.57%。

第三阶段为 2008 年第三季度至 2009 年第二季度，由于金融危机的暴发，我国进出口贸易大幅下降，经济整体下行，但在这一时期人民币兑美元汇率保持相对稳定，导致人民币实际有效汇率被高估，平均高估 5.69%，在 2009 年第一季度人民币实际有效汇率被高估达到 9.88%。

第四阶段为 2009 年第三季度至 2013 年第一季度，在此阶段，我国经济在大规模政策刺激下快速回暖，中国启动跨境人民币结算业务从试点到全面放开，人民币国际化步伐明显加快，境外对人民币需求迅速增加，导致长期均衡汇率上行，人民币实际有效汇率被低估，平均低估 2.48%。

第五阶段为 2013 年第二季度至 2016 年第二季度，在此阶段中，全球货币政策开始转向，美国经济逐渐开始复苏，并在 2014 年 10 月完全退出量化宽松货币政策；同时我国经济进入转型阵痛期，经济增速进一步放缓，资本出现大量外流，人民币实际有效汇率被高估，平均高估 3.15%，在 2015 年第三季度人民币实际有效汇率被高估达到 7.57%。

第六阶段为 2016 年第三季度至 2018 年第三季度，在此阶段中，人民币加入 SDR 货币篮子，同时我国经济换挡升级，由高速度增长转为高质量增长目标，特别是在2017年第三季度，人民币持续大幅度升值，导致人民币实际有效汇率被低估，平均低估2.4%。

总体而言，从2005年第三季度至2018年第三季度，人民币实际有效汇率被高估0.07%，说明了自人民币汇率形成机制改革以来，汇率基本上保持在合理均衡区间内，2005年的汇率改革是适时且具有成效的。相较而言，从2005年第三季度汇率改革自2009年第三季度人民币国际化正式启动期间，人民币实际有效汇率被高估0.82%；从2009年第三季度人民币国际化启动至今，实际有效汇率被低估0.37%，说明了人民币国际化在一定程度上降低了实际有效汇率的失调程度。

（四）人民币均衡汇率的误差修正模型

在人民币均衡汇率方程（5－3）的基础上，可以进一步建立人民币实际有效汇率的误差修正模型来确定各基本经济变量在短期内是如何作用于人民币实际有效汇率，以及人民币实际有效汇率是否具有误差修正机制。设 e_{t-1} 为协整方程的误差项，则误差修正模型为：

$$\Delta LREER_t = C + \Delta LGE_t + \Delta ITOT_t + \Delta LOPEN_t + \Delta LNFA_t + \Delta IRS_t + \Delta LRMB_t + e_{t-1} \tag{5-7}$$

对上式进行OLS估计，依次去掉不显著变量后得到人民币实际有效汇率的误差修正模型为：

$$\Delta LREER_t = -0.035\Delta LGE_t + 0.190\Delta ITOT_t - 0.189\Delta LOPEN_t + 0.161\Delta LNFA_t - 0.263e_{t-1}$$

$$(-3.1877) \quad (2.5733) \quad (-3.3867) \quad (2.2914) \quad (-2.0383) \tag{5-8}$$

根据式（5－8）可以看出，误差修正项的系数显著为负，表明各变量间协整关系稳定，人民币汇率存在一定程度的自动收敛机制，能够以26.3%的速率趋于均衡汇率水平。短期而言，政府支出与贸易开放度对人民币实际有效汇率产生负向冲击，贸易条件与国外净资产对人民币实际有效汇率产生正向冲击。

第六章　我国企业汇率风险承受能力现状调查与分析

第一节　企业汇率风险承受能力调研概况

一、实地调研回顾

为科学并准确地认识、定位和评估我国企业对汇率风险的承受能力，本书针对当前我国外贸型企业发展实际，并结合国内外学者的研究成果，从企业类型、企业规模、企业业务类型、贸易方式、汇率风险认知与规避措施等方面设计调查问卷，尽可能全面掌握当前我国企业汇率风险的相关信息。《企业汇率风险承受能力调查问卷》见附录。在此基础上，深入企业进行调研，先后走访重庆、四川、山东、湖北等地多家外贸型企业，与企业相关负责人交流，了解企业有关外贸业务的基本情况以及企业应对汇率风险方面的具体举措。通过访谈式调查完成调查问卷填写和收集，为后期定量分析奠定了坚实的基础。

二、网上查询概况

在实地调研的基础上，为了保证研究的严谨性和科学性，还进行了网上相关数据的调查，扩大研究的样本容量。根据不同的行业，从沪深证券所官网上选取了60家外贸型上市公司进行了网上调查。通过对其主营业务、国内国外营业收入、汇率变动对现金流的影响等研究分析，明确了这些外贸企业的现金流受汇率风险影响所带来的变化。同时，对我国外贸企业汇率风险管理现状有了更全面的了解。

第二节 我国企业汇率风险承受能力调查现状分析

一、我国企业认知和规避汇率风险的总体情况

通过对问卷结果的整理与分析发现，企业在汇率风险认知与规避方面普遍存在以下共性问题：

第一，认知汇率风险的水平不高。调研企业中有64.6%的企业，特别是以出口贸易为主的中小型企业一般没有主动防御汇率风险的意识，认为企业只能被动接受由汇率波动所引起的利润变化。仅有个别企业已具有防范汇率风险的意识，并积极采取了系统性的规避措施，如主动研究汇率走势情况、定期向金融机构咨询并寻求合作等方式，在一定程度上有效地规避了汇率风险。

第二，规避汇率风险的方式单一。自2013年以来，虽然人民币兑美元中间价涨跌互现，但整体呈走高趋势，出于对汇率波动形式不确定以及国际贸易形势不太乐观的考虑，很多企业尤其是中小型企业均采取“减少外贸出口业务量”的方式来规避汇率风险，甚至有个别企业采取“出口转内销”的方式来简单回避汇率风险。

第三，规避汇率风险的理念陈旧。很多国有企业认为企业资金充足，同时建立健全审批制度，对出口业务加强审查，并且只要企业不依赖于业务的连续性，同样能维持企业资金链不断裂，那么人民币汇兑损失对企业来讲是较大的问题，所以不愿意使用金融衍生产品来规避汇率风险。而部分民营企业认为可以通过多笔业务的不断流动，从而保证企业经营业务所需的周转资金，只要出口业务通过财务审核就会去实施。但这往往会造成由于汇率变化使企业在资金回流时的资金量与预期或所需不符，这样就会使企业面临汇兑损失风险。

第四，企业过度依赖贸易保护，对如何提高和增强企业出口贸易竞争力的意识相对薄弱。在多年的贸易保护政策浸染下，很多企业养成尽力寻求贸易保护的习惯，对政府出口退税政策的需求比规避汇率风险的意识更为强烈，其出口产品的竞争力主要表现在价格低廉，甚至部分企业的出口产品价格比生产成本还低，其获得利润主要依赖于国家的出口退税，这样使企业表现出更多依赖出口退税政策，并没有提高企业产品竞争力的意识和举措。

二、各种行业的企业汇率风险承受能力现状

我国外贸型企业所涉及的行业领域非常广泛，不同行业的外贸型企业对汇率变化所带来的风险承受能力也有所不同。

调研发现，受人民币汇率波动影响较大的纺织、服装、鞋类、玩具等行业，由于其属于劳动密集型行业，在出口贸易中多以价格、数量、规模取胜，其产品同质性较高，科技含量较小，利润绝对值不大，故面临汇率波动时对现金流的影响较大（见表6－1）。这些行业中的企业，如果不能优化自身产业结构，增加产品附加值，打造自主品牌，提高应对汇率风险的承受能力，其出口将会受到极大的影响，甚至很有可能会在激烈的国际化市场竞争中被淘汰。

表6－1　2015年上半年上市公司汇率波动对不同企业现金流的影响

单位：万元

序号	企业名称	主营业务	营业收入	汇率变动对现金流的影响
1	鲁泰纺织股份有限公司	纺织品生产经营	国内：89915.44（31.46%） 国外：195860.68（68.54%）	295.36
2	安徽华茂纺织股份有限公司	棉、毛、麻、丝和人造纤维的纯、混纺纱线及其织物、针织品、服装、印染加工	国内：70401.81（81.39%） 国外：16099.06（18.61%）	137.06
3	宁夏中银绒业股份有限公司	羊绒、绒条、纺纱、针织生产及出口销售	国内：49844.50（38.09%） 国外：81019.71（61.91%）	355.66
4	华孚色纺股份有限公司	色纺纱及高新坯纱的研发、制造、销售；色纤染色研发与制造；棉网制造；捻线加工	国内：198106.59（52.62%） 国外：178411.39（47.38%）	1494.47
5	百隆东方股份有限公司	色纺纱的研发、生产和销售	国内：135487.18（56.92%） 国外：102548.69（43.08%）	－1708.54

而受人民币汇率波动影响相对较小的行业，如高新技术行业，其多数拥有自主品牌，技术优势明显，产品科技含量高、附加值高、替代性差，因此，该行业的企业在对外贸易中多以核心技术和产品创新取胜，掌握绝对的话语权，汇率波动对其利润的损失没有其他行业明显。由于行业优势和生产产品的特殊性，能够

确保企业在汇率波动中利用自身的优势获得或稳固其市场份额，所以这些高科技企业抵抗汇率风险的能力较强，但是也不能对汇率风险无动于衷，应在稳固和发展自身实力的同时，采取有效的措施来规避汇率风险，从而使其在国际化竞争中树立更加牢固的地位和优势。

三、不同规模的企业汇率风险承受能力现状

通常情况下，企业规模越大，其承受汇率风险的能力就越强；反之亦然（见表6-2）。究其原因，一般来讲企业规模大意味着其从业人员数、销售额、资产总额、净资产总额等都高于行业平均水平，由于企业庞大，其所涉及的经营范围、产品、销售目标等都不是单一的，汇率变化所带来利润的损失对企业而言并不会产生实质上的影响，企业可以从另外一项经营活动中谋利来填补此项损失，甚至还可以得到盈余。

表6-2　2015年上半年上市公司汇率波动对不同企业现金流的影响

单位：万元

序号	企业名称	主营业务	营业收入	汇率变动对现金流的影响
1	中国航发动力控制股份有限公司	航空、航天发动机控制系统产品的研制、生产、销售、修理；汽车零部件、摩托车零部件生产、销售	国内：109242.11（91.68%） 国外：9916.30（8.32%）	1.37
2	国光电器股份有限公司	扬声器及音箱的生产及销售	国内：12621.73（15.25%） 国外：70129.97（84.75%）	7.54
3	中航动力股份有限公司	航空发动机及衍生产品、外贸转包生产、非航空产品及贸易	国内：802383.58（87.27%） 国外：117070.70（12.73%）	-42.83
4	四川九洲电器股份有限公司	数字终端产品、宽带网络系统设备、光器件及LNB等产品的研发、生产和全球销售	国内：86712.14（69.52%） 国外：38022.13（30.48%）	101.83
5	中航飞机股份有限公司	飞机、飞行器零部件、航材和地随设备的设计、试验、生产、维修、改装、销售、服务及相关业务；飞行机务保证及服务	国内：690124.54（84.49%） 国外：126716.37（15.51%）	76.92

调研发现，国内大型企业和个别外资企业资金实力雄厚，拥有自己的财务团队，单独制定了针对汇率变化的执行方案，分析和评估汇率走势，同时还制定了产品和贸易方式多样化战略，能够在一定程度上对冲一部分汇率风险，其抵抗汇率风险的能力相对较强。

对于规模较小，尤其是民营中小型企业来说，由于自身人力和物力等方面的欠缺，加上汇率风险管理成本太高，在面对汇率波动的问题上，普遍都是被动接受，所以没有制定一系列完善的规避汇率风险的制度，因此在面对汇率变化时，贸易所带来的预计利润很有可能不能弥补实际中因汇率变化所导致的损失，其抵抗汇率风险的能力显然是比较差的。

四、不同生命周期的企业汇率风险承受能力现状

（一）创立期企业汇率风险承受能力

当市场存在没有满足的需求或消费者潜在的需求时，有创业人发现或者激发这种需求，并通过创办企业，整合各种人、财、物等方面的资源来满足这些需求，这样的企业就是初创期企业。在企业创办之初，企业的组织和管理体系都不完善，以创业者为主导，创业者本身兼任多职，有时既是技术负责人，又是市场营销人员；或者既是财务人员，又是人力资源主管。在人力资源方面，企业还未形成完善的人员招聘、培训、激励机制等。从市场方面来讲，企业产品品种少，产品知名度低，市场占有率低下，需要企业下大力气进行市场推广和营销。从企业文化来看，企业还未形成固定的企业文化，没有企业品牌，市场地位不稳定。从企业资金实力方面来讲，企业刚刚成立，产品还没有形成稳定的销售，资金回收少，但企业需要资金的地方很多，包括人员招聘、市场推广、技术开发等，这样的资金实力造成初创期企业规模小、资金缺乏、生存能力较弱，很容易受到同行业竞争者的排挤，这也是企业在整个发展过程中最困难最危险的阶段。

此时的企业缺乏管理汇率风险的专业人才，即使外聘相关人员，但由于对新产品、新市场和新公司的不熟悉，对企业产品汇率变动的敏感性不够，不能对汇率的变化做出准确的预测与判断，当汇率发生稍微变动时，可能对企业来说都是很大的影响，由于企业的资金链脆弱，很容易给企业带来灭顶之灾。另外，此时企业在某一市场领域刚刚起步，还未树立自己的企业形象，信用度不高，外部筹资能力也极其有限，这样企业就面临很高的汇率风险。此外，由于经验等的欠缺，企业对规避汇率风险的措施并不了解，而且缺乏实际操作，盲目的操作可能会导致更大的危机。当然，该时期企业盈利能力低下对汇率风险承受能力的影响

也是不可忽略的，此时企业利润微薄甚至出现亏损，净现金流量为负，几乎没有内部资金积累，总体来讲，创立期的企业汇率风险承受能力低下。

（二）成长期企业汇率风险承受能力

当企业的产品逐步走向社会，得到社会的认可，销售规模快速增长，企业可依赖其创新力在市场上立足时，企业就步入了成长期。成长期企业经过创立期的积淀，进入高速发展阶段，同时也面临各种新的问题，例如资金紧张、材料供应不足、招工不及时等问题。成长期企业因为创造性和凝聚力强，创业者们可以享受到初步的成果而信心大增，一般比较激进、偏好风险，并且企业此时也开始发挥规模经济的作用，享受由于规模扩大带来的效益。但此时也很容易陷入两个误区：一是创业者误区，即创业者因为在初创期的高效决策，一贯我行我素、独断专行，所以在企业规模扩大时面临的决策风险和管理风险都在增加；二是战略冲动，由于企业步入高速增长，决策者容易被眼前的胜利冲昏头脑，看不清企业的实力，容易陷入多元化扩张的误区，不合理地采用多元化发展会导致企业资源分散。成长期的企业还存在着老员工与新员工之间的冲突，创业者与专业管理人员之间的冲突等。

随着成长期阶段的企业规模逐渐扩大，销售能力也在逐渐增强，经营业绩快速增长，产品销售开始获得利润，现金流回笼增加，资金状况逐步得到改善，外部对企业的消极风险压力得到缓解。此时企业仍处于产品市场开拓期，扩大生产所需要的资金仍然大于销售经营收回的资金，资金缺口突出，易陷入财务危机。虽然盈利不多，但与创立期相比，企业已有一定的盈余，此时，面对汇率风险在企业经济实力上已有一定的汇率风险承受能力。同时，企业外部面对的竞争对手数量增加，面对不断扩张的市场需求与竞争，企业需要增加生产设备、人员、场地等。另外，由于新项目的开发，新生产线投入运营，营运资金的需求也会随之增加。为了在众多竞争者中立足，不仅要扩大产出，还要在面临汇率风险时，选择最适当的措施进行规避，使自己的损失降到最低。在这较量中，企业对汇率变动越来越敏感，对规避汇率风险的措施越来越熟悉，能选择对自己有利的方式进行操作，以减少或回避汇率风险。总体来讲，成长期的企业汇率风险承受能力增强。

（三）成熟期企业汇率风险承受能力

进入成熟期的企业在生产经营、管理方面走上了正规化的道路，此时的企业现金流充裕。一方面，企业经营销售收入仍在增长，只是增长速度相对于成长期来说比较缓慢，市场份额趋于稳定，市场趋于饱和，企业资金周转率较高；另一方面，这一阶段企业的固定资产投资不多，新增项目少，企业对现金流没有太大的需求，同时在企业初创期和成长期产生的应收账款在正常情况下可以大量收回，因此，企业有较多的现金流入，企业现金净流量为正。此时，对于大量的应收账款，企业按既定的程序进行收款和兑换，对汇率的变化，企业能应对自如。企业经营风险显著降低，出现了巨大的剩余生产能力，销售额高且利润空间稳定，产品市场相对稳定，企业汇率风险逐渐降低。这个时期的企业往往需要发现新的市场机会，促进多元化发展以使企业可以顺利过渡到下一个平稳发展的阶段，并且能从原来利润逐渐减少的行业中退出或保持，以进入新的利润丰厚的行业。从企业战略角度来讲，管理者会尽可能地延长企业的成熟期，以获得更多的经营利润，并发展进入多元化经营阶段，多元化经营能保持企业的生命力，并为降低企业汇率风险发挥一定作用。总体来讲，此时企业达到顶峰时期，承受汇率风险的能力达到最大。

此时企业市场份额高、知名度高、利润率不断提高、市场地位稳定。这一阶段企业内外部环境处于动态均衡状态。在成熟期后期，大多数企业会考虑进行多元化经营，这就要求企业在发展时寻找新的利润增长点。此时，从企业外部看，市场容量基本达到饱和状态，供需基本平衡，市场机会逐渐减少；从企业内部看，生产技术成熟，产品品质稳定，最大程度地实现了生产目标。此时企业内外部资源相互适应并且相互匹配。但是此时企业容易出现权力和利益冲突，完善的规章制度已经固化，不能适应新的形势，对企业员工不能形成约束力。在内外不利因素的共同制约下，企业会出现发展速度减慢、创新能力减退、思想趋于保守的问题。如果不及时解决，企业就会慢慢步入衰退期。

（四）衰退期企业汇率风险承受能力

企业在经过成熟期之后面临三种可能：一是继续发展壮大，成为一家更大的企业；二是暂时维持现有规模，保持稳定；三是进入衰退期。

衰退期企业，管理严重僵化。其主要特点是企业规模过大，管理层次增多，官僚化现象出现，人才开始外流，企业决策效率低下。同时，由于企业创新力枯竭，使得企业的核心竞争力下降，产品和技术过时，在市场中逐渐丧失新的机会和竞争力，因为企业不能适应行业环境的变化，不能适应科技进步、技术更新的变化，企业面临“躯体老化”，包括设备老化、厂房老化等硬件的老化和组织系统、思维观念、决策模式、技术等软件的老化，直到最后由于无法正常经营而倒闭。在这一阶段，均衡已经被打破，这也使企业面临更多破产倒闭的风险。

在衰退期阶段，企业与环境对抗和博弈，其最终结果表现为企业“抵抗力下降”，即随着企业对外部市场的变化把握不够准确和不够敏感，导致适应能力下降，企业开始最大化地转让、变卖生产设备以及厂房，或另外开发新产品、开拓新市场，这些导致企业盈利能力下降，甚至出现亏损，此时企业面临很多不能掌控的因素，抵御风险的能力减弱，其中对汇率风险的承受能力也有所下降。一些企业抱着“破罐子破摔”的心理，任由其发展而不采取规避汇率风险的措施，而另一些企业则由于资金不足，已没有实行某些规避汇率风险操作的能力，使得衰退期企业对抗汇率波动的风险能力大幅度下滑。总体来讲，衰退期的企业汇率风险承受能力下降。

五、不同对外依存度的企业汇率风险承受能力现状

一家企业产品的交易量中出口交易量所占比重，即出口额占总收入的比例大小反映了该企业的外贸依存度。本书认为企业的出口依存度也影响着企业汇率风险承受能力。外贸依存度高的企业，其利润大部分的来源是出口额，人民币汇率变化对其产生的影响是显著的；而那些外贸依存度较小的企业，人民币的汇率变化对其影响就较小。2008 年的国际金融危机，再加上人民币的不断升值使得外贸依存度高的企业倍感压力。为应对汇率风险问题，国内很多出口型企业开始在国内市场上寻求出路，该类企业其外贸依存度就会有所降低，进而增强了汇率风险承受能力。在所调研的数十家企业中，其外贸依存度在 55% ~70% 区间内不等。通过调研可以发现对外依存度越高的企业，在面临相同人民币汇率波动程度时，其汇率风险承受能力就越低。

六、不同经营能力的企业汇率风险承受能力现状

一家企业的经营能力其实质上也是一家企业的营运能力，是对企业利用有限资产进行经营活动并产生利润的能力。经营能力好的企业往往资金周转状况良好，企业的经营管理水平也越好。营运能力在财务上表现为应收账款周转率、存货周转率、流动资产周转率和总资产周转率等指标。本书认为，经营能力好的企业其汇率风险承受能力越强。

如果将企业比作一个系统，当外部环境给该系统带来压力，环境和系统两者不协调而发生冲突的时候，为了适应外部环境的变化，系统就必须跟外界交换能量或者是信息，并且经过自我的提升学习来适应新环境，从而将该系统进化。其中，系统为了适应外部环境变化而进行的自我进化就是其经营能力强的体现。汇率变化会导致企业面对的外部环境随之变化。当这种情况发生之后，企业在市场

上的竞争能力受到了威胁，甚至会出现地位下降的情况，面临着失去市场和消费人群的困境，企业要想维持自身市场地位，增强竞争能力，就一定要建立健全机制体系，从而减少汇率风险发生的概率。面对汇率变化情况，经营能力强的企业就可以经过自身的学习获取到对自身有利的信息，将汇率的波动对企业产生的影响进行明确化的分析研究，从而制定应对的方针对策。因此，外贸企业在遇到交易汇率风险和经济汇率风险时，根据自身承受能力的大小适时地调整自己的出口产品数量、目标国、结汇币种及汇率变动附加条款等来规避汇率风险，这往往是经营能力较强的体现。

第三节　企业汇率风险管理现状形成的环境因素分析

自我国实行改革开放以来，我国的企业逐渐走出国门，距今已有四十余年，但这与国际上很多大型跨国企业长达百余年的经营历史相比，确实很短暂，这形成了我国企业当前汇率风险管理较为落后的现状。此外，由于我国长期实行紧盯美元的汇率制度，涉外企业缺乏有效的汇率风险管理手段、措施，甚至是风险管理意识，造成当前我国企业汇率风险管理的现状不容乐观。

一、企业内部因素分析

（一）企业产品结构和经营规模的限制

加工贸易一直在我国对外贸易中占据着重要地位。但是，由于我国加工贸易以出口加工产品为主，尤其是来料加工产品。产品技术含量低下、产品附加值不高以及严重的产品同质化竞争，使我国出口企业在对外贸易中处于博弈弱势地位。另外，我国出口企业的规模普遍较小，中小型企业尤其是中小型制造企业占据了出口企业的绝大部分，这类企业往往产出规模较小，依靠资金滚动来发展企业，资金基本都投入到再生产当中，没有额外的资金和能力去进行类似于套期保值等汇率风险规避操作，这造成了企业只能被动接受风险损失。例如，企业本可以将远期收汇调整为即期收汇或延迟付汇来规避人民币升值带来的风险，但往往迫于资金周转压力而放弃这一成本较低的汇率风险规避手段。

（二）企业缺乏必要的风险管理意识

因为我国企业参与国际市场竞争的时间不长，企业对于汇率风险管理的必要性认识不足、缺乏经验，对汇率风险管理的意识普遍比较淡薄。一些企业根本没有认识到汇率风险可以进行管理，他们认为汇率波动是国家的事情，自己不能控制，所以与自己无关，只能被动地接受汇率波动带来的风险。有的企业在国际贸易中遭受了损失，意识到需要对汇率风险进行管理，但由于缺乏对相关避险工具的了解和掌握，高估了风险管理的难度，这些都造成企业进行汇率风险管理的意愿薄弱。

同时，由于我国长期实行固定汇率制度也是造成企业汇率风险管理意识淡薄的一个重要原因。由于固定汇率制度下的汇兑风险由国家承担，企业只需要做好自身的产品和经营，对汇率波动的关注度有限。自 2005 年以来，我国实行浮动汇率制度，这就对企业管理者提出了更高的要求，要求他们必须关注甚至采取有效措施，才能避免汇率波动带来的汇兑损失。因此，随着我国汇率改革制度不断推进，企业以往对待汇率变动的态度有所改善，汇率风险意识也在逐渐增强。

（三）企业在管理体制和专业人才上的缺失

在企业营运中，建立良好的制度是企业有效管理和健康运营的重要保证。但是目前我国大多数涉外企业并没有建立起汇率风险管理制度和专门的管理机构，也缺乏对专业人才的聘任和培养。

首先，很多企业并没有建立长期有效的汇率风险监控体系，对汇率变化缺乏敏感性，缺乏必要的监控手段，造成对风险无法识别或者反应迟钝，对风险进行有效的管理更是无从谈起。其次，企业缺乏专门的风险规避操作机构。在国际贸易中，本应由风险管理部门完成的操作，在很多企业中变成了由财务部门“兼职”代为完成，而财务人员往往只专注于真实反映发生的经济数据和活动，缺乏必要的风险规避措施和操作技巧，这就使企业不可避免地遭受汇兑损失。最后，汇率风险管理是一项专业性极强的活动，它往往以从业人员的专业知识和执业经验为支撑，并对当前经济形势和趋势有较好的把握和预知，才能做到防患于未然，规避外汇风险。我国从事这方面的相关金融人才异常匮乏，多数商业银行尚且存在缺口，一般的企业想聘请合适人才更是困难。

二、企业外部环境分析

（一）我国外汇管理体制的限制

虽然自 2005 年 7 月以来，我国实行了以市场供求为基础、参考一篮子货币进行有管理的浮动汇率制度，比以前实行盯住美元的单一汇率制度有所放松，但是对资本和金融项目仍然严格管制。2008 年 8 月，我国对《中华人民共和国外汇管理条例》进行修订，加强了对外汇流入的监管，推动了我国资本和金融项目的进一步开放，但是相对于完全市场经济的企业来说，目前我国企业在管理自身汇率风险时受到的限制仍然比较多，虽然这从另一个角度来看是对我国企业免受汇率风险直接冲击的一种保护，但这也造成了外汇供求在一定程度上发生了扭曲，不能完全按照交易双方的需求进行自由交易。另外，对于市场主体中的金融机构的监管不够完善，这使得外汇市场上的交易不能完全公平地进行。

（二）外汇市场发展滞后，避险工具和渠道的选择面较窄

我国的外汇市场还处在培育和发展阶段，为企业提供的避险工具和渠道也比较有限。第一，虽然近两年人民币的国际化进程在加快，有很多国家在逐渐采用人民币结算，但从全球贸易来看，人民币仍然属于非自由兑换货币，这造成了我国商业银行缺少外汇风险对冲手段，对于结构性外汇风险更是缺乏有效对冲渠道，这使商业银行无法给企业提供更多的有效避险工具。第二，当前我国商业银行提供的汇率避险服务品种较少，无法有效满足企业的需求。金融衍生工具已经成为国际上最为重要的风险规避和防范手段，当前国际金融市场上已经有超过 3000 种的金融衍生产品可供选择，而目前我国只有外汇期权、远期外汇买卖、外汇期货、货币互换、改变融资方式等几种方法可供选择，并且在实际操作中存在着额度小、效率低、成本高等问题。

（三）相关机构的配套服务较为滞后，与企业需求不匹配

2005 年实行汇率制度改革之前，中国人民银行曾经对企业是否希望国内金融机构提供金融衍生产品和服务进行问卷调查，其中有 77.29% 的企业表示需要金融机构提供更多更有效的信息咨询和财务顾问服务，而到目前为止，金融衍生产品和服务等问题还未得到根本解决。

当前外汇管理局和商业银行等机构提供的配套服务尚未满足企业的需求。首先，金融机构没有与企业形成一种紧密的合作关系。金融机构出于自身安全及保密等考虑，并没有及时将业务信息通报给企业，没能为企业进行汇率风险管理决策提供有效的信息基础。其次，对涉外企业的指导和培训力度不够。例如，有外汇交易权限的商业银行可以积极主动地将自己的外汇产品推送给相关企业，外汇管理局需要建立培训制度，培养企业的风险规避意识、传输风险管理知识，目前外汇管理局及商业银行所采取的措施很有限。最后，商业银行缺乏专业的金融人才和创新机制，不能根据实际情况提供创新的金融产品来帮助企业规避汇率风险。

从对我国涉外企业汇率风险管理现状的环境因素进行分析可以看出，我国涉外企业在汇率风险管理方面受企业内部和外部多重环境因素的影响。所以在企业汇率风险日渐严峻的今天，研究如何在认清汇率风险的各种影响因素的前提下，提高我国企业汇率风险管理水平、培养企业抵御汇率风险的能力是非常必要的。

三、汇率风险产生的原因

（一）国内因素

1. 一国的经济增长速度

一个国家的经济增长速度是引起汇率波动的最基本动因。依据宏观经济学中凯恩斯学派的理论，一个国家的国民收入、支出必然随国民总产值的增长而增长。在国际收支中，假如一国出口大于进口，货币资金流入较多，说明了在国际市场中对该国货币需求增加，进而该国货币升值。同理，假如进口大于出口，资金流出，则意味着在国际市场中对该国货币的需求下降，该国货币贬值。也就是说，伴随着我国收入的增长，我国对进口产品的需求也会增长，则我国对外汇的需求也会增长，因此导致人民币的贬值；我国支出的大量增长也说明了我国消费水平和社会投资增加，这样不仅有利于促进我国生产的发展，同时还可以增强本国产品在国际市场上的竞争优势，与此同时，本国产品出口会受到一定程度的刺激，最终导致外汇供给增加。总体而言，经济是否增长以及增长的程度所造成汇率的波动是极其复杂的。

2. 利率

利率是影响汇率最重要的因素。当利率上升时，会出现信用紧缩、贷款减少、投资减少、消费减少等情况，这会使外汇汇率下降，本币汇率上升。也就是说，当一个国家利率上升时，会刺激外国资本的流入，如果增加对这个国家货币的需求以及外汇供给量，那么就会导致该国货币汇率的上升、外汇汇率的下降。而当一国的利率下降时，则会出现信用扩张、货币供应量增加等情况，从而刺激投资与消费，使得物价上涨，这并不利于出口，但有利于进口，在这种情况下，本国会增加对外汇的需求，使得外汇汇率上升，本币汇率下降。

3. 人民币汇率形成机制的缺陷

从实际情况上看，从1994年外汇体制改革以来，我国一直实行的强制性结售汇制度，这对外向型企业的出口有所限制，不仅抑制了外汇需求，还导致了外汇储备的被动型增加，增加了人民币升值的压力。在强制结售汇的制度下，如果从货币政策操作的角度来看，中央银行需要做的是不断买入商业银行卖出的外汇，这不仅增加了外汇储备，在一定程度上也意味着基础货币的释放；或者是通过公开市场操作的方式来不间断地回收资金，缓解由于基础货币的释放带来通货膨胀的问题或者是由于流动性过剩造成的压力，不过，这必然会牵扯出一些有关中央银行货币政策独立性的问题。

（二）国际因素

1. 国际收支平衡的情况

国际收支平衡的情况也是影响汇率的一个重要因素。国际收支指的是商品的进出口、劳务的进出口、资本的输入和输出。在19世纪60年代，英国学者葛逊对于国际收支对汇率的作用问题已经进行了详细的研究和阐述。再后来，资产组合说也提及了相关的一些方面。国际收支情况对一国汇率变动会产生直接的影响，假如一国国际收支出现顺差，国际市场对该国的货币需求就会增加，流入该国的外汇也会增加，这样会使该国货币对外国货币升值；反之，则会使该国货币对外国货币贬值。也就是说，假如一国的物价水平低、通货膨胀低，说明该国货币的购买力会上升，这也就意味着该国货币将会升值；反之，该国货币将会贬值。

2. 美国的量化宽松货币政策

从国际的大环境来看，人民币汇率风险之所以形成的重要因素之一就是美元贬值政策。美元贬值政策存在着弊端，其最大的弊端在于美国政府没有从根本上解决美国贸易失衡的问题。由于美国国内消费量极大，而国民的储蓄极少，所以最终他们采取的措施是向外借债，中国则是美国的大债主。根据有关数据统计，现今美国人的储蓄只占他们可以支配收入的0.2%，是45年来的最低纪录。因此，美国缺少足够的储蓄进行资本投资，便把手伸向了国外的借贷机构，而政府为了缓解不断增长的预算赤字，也需要外国债权人的投资。从长远的角度考虑，假如美国只想靠廉价的美元来解决贸易失衡问题，将导致美元迅速并且长期贬值，如果所进行的资本投资没办法达到预期收益，也可能导致美元暴跌，甚至引发一场金融危机，从而导致全世界的经济衰退。

近几年来，美国不断向中国施加压力，甚至有时候还会联合欧洲一些国家试图把中国列为货币操纵国。现如今，美元兑人民币汇率变化一直处在“施压—谈判—人民币汇率适当升值或者贬值—继续施压”的模式中，人民币一直是单向升值。2008～2018年，美元兑人民币的汇率变化情况如表6－3所示。

表6-3　2008~2018年美元兑人民币的汇率变化情况

日期	CNY/USD	升值率（%）	累计升值率（%）
2008年12月31日	6.8346	6.43	15.32
2009年12月31日	6.8282	0.09	15.40
2010年12月31日	6.6227	3.01	17.94
2011年12月30日	6.3009	4.86	21.93
2012年12月31日	6.2855	0.24	22.12
2013年12月31日	6.0969	3.00	24.46
2014年12月31日	6.1190	-0.36	24.18
2015年12月31日	6.4936	-6.12	19.54
2016年12月30日	6.9370	-6.83	14.05
2017年12月29日	6.5342	5.81	19.04
2018年12月28日	6.8632	-5.04	14.96

资料来源：根据中国人民银行官方网站相关数据整理而得。

除了以上所述因素会影响汇率波动外，还包括政府的货币政策、汇率政策、突发事件、国际市场的投机等。由此可见，影响汇率波动的因素是多方面的，涉及了经济、政治甚至是文化等不同的领域。科学地判断汇率波动的趋势也是一项复杂的工作，由于受到各种因素的影响，例如收集到的信息、使用工具的差异，不同的研究机构、不同的组织对于汇率波动的趋势做出的研究和判断也会有所差异。

第四节　企业汇率风险防范存在的问题

一、当前中国特有的体制性约束

当前，在防范汇率风险时，外向型企业必然要受到中国现行汇率制度的体制性约束。第一，市场交易标的的约束。我国目前的市场交易体系还不是很完备，市场交易双方很难进行公平自由交易。第二，市场参与主体的约束。资本市场还没有完全开放，汇率形成机制不够完善，这样就造成了外汇市场参与人的资格问题。第三，对外汇交易的约束。就目前而言，实现完全按照交易双方意愿进行外汇交易的可能性还不大，这无疑会扭曲外汇资源配置的有效性。

二、可选择的金融衍生品种类有限且收费较高手续繁杂

目前这个阶段，在我国管理的范围内，外汇市场指定使用的银行金融衍生产品主要有远期结售汇以及一系列以此为基础的衍生产品组合，相对国外的外汇市场，我国所使用的金融衍生产品的种类较为单一，没办法完全满足企业外汇交易中的避险需求。除此之外，因为远期业务本身存在零和博弈的特点，实际就是把外汇风险转嫁给银行，所以银行在办理远期业务时都较为严格、审慎。因此，办理远期业务的企业在办理过程中手续会较为复杂，办理费用也相对较高。

三、企业实际应用避险工具情况差异较大

近几年来，有调查显示，虽然我国在汇率避险工具上有了较大的发展，但实际应用的种类却相对较少，从企业实际应用的情况上来看，仍然存在一定的差异。从外向型企业的情况来看，应用避险工具种类的多少和企业的规模大小呈正相关关系，所以，大企业应用避险工具的情况最为积极和乐观，小企业则因为风险承受能力较低、银行业务办理的要求限制、企业规模小等一系列原因，实际应用避险工具的情况相对较差。

四、企业对金融衍生工具的认知、分析和判断力存在偏差

在国内，部分企业对汇率风险认识不够，把金融衍生工具当成一种炒汇工具，这些企业盲目自信，在外汇市场上铤而走险，大肆炒作，结果却造成了企业的巨大亏损。除此之外，虽然部分企业也开始利用一些金融衍生工具来规避汇率风险，但是还有一部分企业由于对金融衍生工具缺少科学的认知，担心企业自身没办法承受风险，故选择不付出成本、不去使用避险工具，最终给企业带来了更大的损失。甚至有些发展不完善的企业要求会计人员在运用金融衍生工具时，只能盈利不能亏损，这个要求是完全不科学的，所以会计人员一般不使用金融衍生工具来规避风险。

第七章 企业汇率风险度量模型构建与实证研究

在分析汇率风险产生的原因、我国企业国际贸易现状及其汇率风险影响因素等的基础上，本章将对企业国际贸易汇率风险的度量及其规避策略展开定量研究。首先，基于 CVaR 模型，在置信水平、收益和风险约束的条件下，建立确定条件下企业国际贸易汇率风险度量模型。其次，通过算例计算分析了在收汇期和收汇额确定条件下企业国际贸易汇率风险的大小。

2005 年 7 月 21 日，我国对原有的固定汇率制度进行改革，开始实行浮动汇率制度。浮动汇率制度的实施使人民币汇率的弹性增强，导致我国企业国际贸易面临更多的汇率风险。因此，加强汇率风险管理对企业规避国际贸易汇率风险至关重要。然而，目前我国的外汇衍生金融市场发展比较落后，可供企业选择的避险工具和避险措施比较有限，企业的避险成本也比较高，而且避险比较被动。因此，尽快改变我国企业这种被动的规避汇率风险状况对我国企业保障收益、加快发展、提高国际竞争力尤为重要。

客观地讲，科学地选择避险方案是一个相当复杂的问题，不过在选择合理避险方案之前需要明确所面临汇率风险的大小，也就是说，有效规避汇率风险的前提是有效的度量，在对企业国际贸易汇率风险进行规避之前需要先对其进行度量。度量企业国际贸易汇率风险需要明确持有期的长短（即收汇期的长短）以及风险暴露的头寸大小（即收汇额的大小），收汇期和收汇额不同，风险度量的结果也就不同，企业的规避策略则不同。当然，收汇期和收汇额是否固定也对风险度量的结果和企业的规避策略产生重要影响。其实，汇率风险度量也是风险度量的一种，目前金融机构常用的风险度量方法是风险价值（Value at Risk，VaR）理论和条件风险值（Conditional Value at Risk，CVaR）模型，这两种方法都是静态风险度量方法，都能应用于收汇期和收汇额均确定时的企业国际贸易汇率风险度量。不过，VaR 方法和 CVaR 方法相比较，VaR 不是一致性的风险度量工具，缺乏次可加性和凸性，特别是无法反映损失超过 VaR 的情形或尾部信息。CVaR 是 VaR 的一种修正模型，它克服了 VaR 方法的缺陷，并具有更良好的特性，近年来，CVaR 理论已用于证券、房地产等领域进行组合投资的风险度量，在商业银行的信用风险度量和产品订货的风险决策等方面已有一些应用研究成果。

基于此，本章针对目前我国企业国际贸易汇率风险度量和控制现状，引入条件风险值 CVaR 方法建立模型，研究收汇期和收汇额确定条件下企业的国际贸易汇率风险度量问题，并选用 3 种外汇汇率样本数据进行算例计算分析确定条件下企业国际贸易汇率风险的大小。

第一节　VaR 原理

一、VaR 的概念

VaR 被视为在险价值，直译为“处于风险中的价值”，是指在市场波动风险作用下，某项金融资产或证券组合最大可能的损失，更确切地说就是：在一定的概率水平下（置信度 β），某一金融资产或证券组合 V 在未来特定时间 Δt 内的最大可能损失 ΔV，用数学表达式可表达为：

$$Prob(\Delta V > VaR) = 1 - \beta \tag{7-1}$$

式（7－1）给出的只是 VaR 的基本概念，它涉及两个参数选择，一是持有期，二是置信度，任何 VaR 的计算只有具备了这两个参数才有意义。在实际应用中，常常会用别的方法来定义 VaR。可以将 VaR 定义为相对于期望值的损失，即：

$$VaR = E(V) - V^* = V_0(u - R^*) \tag{7-2}$$

其中，V_0 为初始投资额，R 为其在持有期内的收益率，u 是 R 的均值，R^* 是 R 在给定置信度下的最低收益率，V^* 是资产在 R^* 下的最低价值，V 为期末价值。

从式（7－2）可以看出，VaR 实际上是要估计正常情况下资产或资产组合的预期价值与在一定置信区间下的最低价值之差，即相对于收益期望的最大可能损失。

有时，VaR 定义为绝对损失，不以组合价值的均值为基准，而是相对于当前头寸的最大可能损失，即：

$$VaR = V_0 - V^* = -V_0 R^* \tag{7-3}$$

根据以上定义，计算 VaR 就相当于计算最小价值 V^* 或最低的回报率 R^*。

计算 VaR 最普通的形式可从未来资产组合价值的概率分布中获得，假定其未来回报的概率密度函数为 $\rho(V)$，则在一定置信度水平 β 下，资产或资产组合的最低值 V^* 由式(7-4)求得：

$$\int_{V^*}^{+\infty} \rho(V)\,dV = \beta \tag{7-4}$$

或者表述为低于 V^* 的概率为：

$$P(V \leqslant V^*) = \int_{-\infty}^{V^*} \rho(V)\,dV = 1 - \beta \tag{7-5}$$

换言之，从 $-\infty \to V^*$ 区域的面积等于 $(1-\beta)$，如 5%，V^* 的数值被称为分布的抽样分位数。这种方法并没有采用标准差求 VaR，无论分布是离散的还是连续的，是厚尾的还是其他的任何分布都是有效的。

二、VaR 的应用及其局限性

自 20 世纪 90 年代以来，VaR 方法受到了大规模的应用与推广，尤其在风险管理、绩效评价、金融监管等领域，相关研究大量涌现。VaR 的计算方法主要有方差—协方差分析方法、历史模拟法和蒙特卡罗模拟法等。方差—协方差分析方法是计算 VaR 最标准的和最早使用的方法，该方法假设资产（或组合）头寸的价值变化服从正态分布，并估计单个资产的价值波动性（标准差）和组合中任意两项单个资产的价值变化相关系数，再通过相应的公式计算出 VaR 值。历史模拟法即对历史数据利用统计方法来估计市场因素的参数，再模拟市场因素未来的变化。蒙特卡罗模拟法假设资产价格的变化服从一个基本的随机过程，并用这个过程来模拟资产的未来价值。

VaR 提供一种描述风险的普通语言方法，可以将不同市场因子、不同市场的风险集中成一个数，较准确地测量由不同风险来源及其相互作用而产生的潜在损失，较好地适应了金融市场发展的动态性、复杂性和全球整合性的趋势。VaR 有助于金融机构加强内部风险管理、风险控制和风险评估，能为外部监管者提供一种评价金融机构总风险的方法，也可以为投资者提供一种可接受的风险评估工具，因此在风险度量、风险控制等领域获得广泛应用。然而，VaR 方法在实际应用中却存在许多问题。首先是求解问题，由于以 VaR 为目标函数的规划问题一般不是凸规划，其局部最优解不一定是全局最优解，因此在求解时将遇到很大困难；其次是对极端损失的估计问题，由于 VaR 只关注在一定置信度下的分位点上（即最大的预计损失），而该分位点下面的情况则完全被忽略了，也就是说小概率发生的巨额损失被忽略了，这就使风险管理出现漏洞。更重要的是 VaR 不一定满足次可加性，这使得投资组合的 VaR 值可能大于组合中各成分的 VaR 值之和，这样，金融机构不能通过计算各分支机构的 VaR 来推导整个金融机构的 VaR，从而使对多部门的金融监管存在漏洞。

因此，在实际应用中，还需要对 VaR 方法做进一步的改进。

第二节　CVaR 原理

一、CVaR 的概念

由于 VaR 存在一定的缺陷，其仅考虑的是持有期限内金融资产或证券组合在一定置信度下预期的最大可能损失值，未能关注超过最大可能损失值的情况，为此，需要 CVaR 方法计算超过最大可能损失值的情况。

CVaR 直译为条件风险价值，其定义为在一定的置信水平下，损失超过 VaR 的潜在价值，或者是损失超过 VaR 的条件均值，代表了超额损失的平均水平，是一种有利于防范小概率极端金融风险的风险度量和优化工具。

根据 CVaR 的定义，那么在置信度水平 β 下 CVaR 可用以下数学公式表述：

$$\begin{aligned} CVaR_\beta &= E[f(x, y) \mid f(x, y) \geqslant VaR_\beta] \\ &= VaR_\beta + E[f(x, y) - VaR_\beta \mid f(x, y) \geqslant VaR_\beta] \end{aligned} \tag{7-6}$$

其中，$x=(x_1, x_2, \cdots, x_n)^T$ 为投资组合中各资产的准确头寸或权重向量；$y=(y_1, y_2, \cdots, y_m)^T$ 为影响损失的随机向量，如市场价格或投资收益率；$f(x, y)$ 表示投资组合的预期损失函数。

显然，$CVaR \geqslant VaR$。

二、CVaR 的性质分析

CVaR 方法与 VaR 方法最重要的区别之一就是 CVaR 是一个一致性的风险度量方法，它具备一致性风险度量的性质，即正齐性、平移不变性、单调性和次可加性及凸性，而这些性质 VaR 却不一定具备。

由 CVaR 的定义可知，是单调递增的，而且由其定义还很容易证明出：

$CVaR(\lambda x)=\lambda CVaR(x)$

$CVaR(x+c)=CVaR(x)+c$

这说明，CVaR 不仅满足单调性，还满足正齐性和平移不变性。下面再证明 CVaR 还满足次可加性。

考虑投资组合损失 X、Y 和它们的和 $Z=X+Y$，显然，各组合的损失期望有：

$E(X)<+\infty$，$E(Y)<+\infty$，$E(Z)<+\infty$

在证明 $CVaR_{\beta}(Z)\leqslant CVaR_{\beta}(X)+CVaR_{\beta}(Y)$ 前，先给出如下示性函数 $1_{\{\cdot\}}$（$\{\cdot\}$条件满足，取值为 1，否则取值为 0）：

$$1^{(\beta)}_{\{X\leqslant\alpha(X)\}}=\begin{cases}1_{\{X\leqslant\alpha(X)\}}, & \text{当 } P\{X=\alpha(X)\}=0\\ 1_{\{X\leqslant\alpha(X)\}}+\dfrac{\beta-P\{X<\alpha(X)\}}{P\{X=\alpha(X)\}}1_{\{X=\alpha(X)\}}, & \text{当 } P\{X=\alpha(X)\}>0\end{cases}$$

显然有，$E[1^{(\beta)}_{\{X\leqslant\alpha(X)\}}]=\beta$，并且有：

$$\begin{cases}1^{(\beta)}_{\{Z\leqslant\alpha(X)\}}-1^{(\beta)}_{\{X\leqslant\alpha(X)\}}>0, & \text{如果 } X>\alpha(X)\\ 1^{(\beta)}_{\{Z\leqslant\alpha(X)\}}-1^{(\beta)}_{\{X\leqslant\alpha(X)\}}\leqslant 0, & \text{如果 } X\leqslant\alpha(X)\end{cases}$$

由此，根据 CVaR 的定义有：

$$CVaR_{\beta}(X)=\frac{1}{\beta}E[X\cdot 1_{X\leqslant\alpha(\beta)}]+\left[1-\frac{\varphi(X)}{\beta}\right]\cdot\alpha(\beta)=\frac{1}{\beta}E[X\cdot 1^{(\beta)}_{X\leqslant\alpha(\beta)}]$$

因此有：

$$\begin{aligned}&CVaR_{\beta}(Z)-CVaR_{\beta}(X)-CVaR_{\beta}(Y)\\ &=\frac{1}{\beta}E[Z\cdot 1^{(\beta)}_{Z\leqslant\alpha(Z)}-X\cdot 1^{(\beta)}_{X\leqslant\alpha(X)}-Y\cdot 1^{(\beta)}_{Y\leqslant\alpha(Y)}]\\ &=\frac{1}{\beta}E[X\cdot(1^{(\beta)}_{Z\leqslant\alpha(Z)}-1^{(\beta)}_{X\leqslant\alpha(X)})+Y\cdot(1^{(\beta)}_{Z\leqslant\alpha(Z)}-1^{(\beta)}_{Y\leqslant\alpha(Y)})]\\ &\leqslant\frac{1}{\beta}\alpha(X)E[1^{(\beta)}_{Z\leqslant\alpha(Z)}-1^{(\beta)}_{X\leqslant\alpha(X)}]+\frac{1}{\beta}\alpha(Y)E[1^{(\beta)}_{Z\leqslant\alpha(Z)}-1^{(\beta)}_{Y\leqslant\alpha(Y)}]\\ &=\frac{1}{\beta}\alpha(X)(\beta-\beta)+\frac{1}{\beta}\alpha(Y)(\beta-\beta)=0\end{aligned}$$

所以，$CVaR_{\beta}(Z)\leqslant CVaR_{\beta}(X)+CVaR_{\beta}(Y)$，故 CVaR 也具有次可加性。

由正齐性和次可加性很容易证明：

$CVaR_{\beta}(\lambda X+(1-\lambda)Y)\leqslant\lambda CVaR_{\beta}(X)+(1-\lambda)CVaR_{\beta}(Y)$

因此，CVaR 也具有凸性。综上所述，CVaR 是一个一致性的风险度量方法。

三、CVaR 的计算方法

对 CVaR 的计算方法，Rockafellar 和 Uryasev 给出了详细的阐述。

决策变量 $x \in X$（金融资产或证券组合满足一定条件下的可行集），随机向量 y 的概率密度函数为 $\rho(y)$，对任意 $\alpha \in R$，损失函数 $f(x, y)$ 的概率分布函数 $\varphi(x, \alpha)$ 为：

$$\varphi(x,\alpha) = \int_{f(x,y) \geqslant \alpha} \rho(y)dy \tag{7-7}$$

在 $\rho(y)$ 连续的前提下，显然 $\varphi(x, \alpha)$ 也是连续的。以 $\varphi(x)$ 表示资产损益不小于 VaR 时的期望损益值 CVaR，则在给定置信水平 $\beta(0<\beta<1)$ 下，金融资产或证券组合风险的 VaR 和 CVaR 值又可以表示为：

$$VaR_\beta(x): \alpha_\beta(x) = \min\{\alpha \in R; \varphi(x, \alpha) \geqslant \beta\} \tag{7-8}$$

$$CVaR_\beta(x): \varphi_\beta(x) = E[f(x,y) \mid f(x,y) \geqslant \alpha_\beta(x)] = (1-\beta)^{-1} \int_{f(x,y) \geqslant \alpha_\beta(x)} f(x,y)\rho(y)dy \tag{7-9}$$

然而，对式（7－9）的求解十分困难，这是因为式（7－9）中 CVaR 的计算包含了 VaR，而 VaR 是内生的，因此，除非有 VaR 函数的解析表达式，否则就难以直接计算和优化 VaR 和 CVaR。为此，有文献给出了一个更简单的函数来处理这一难题：

$$F_\beta(x,\alpha) = \alpha + (1-\beta)^{-1} \int_{y \in R^m} [f(x,y) - \alpha]^+ p(y)dy \tag{7-10}$$

其中，$[f(x, y) - \alpha_\beta(x)]^+ = \max[f(x, y) - \alpha_\beta(x), 0]$。

对于函数 $F_\beta(x, \alpha)$，有定理 7.1 和定理 7.2。

定理 7.1　$F_\beta(x, \alpha)$ 是 α 的凸函数且连续可微，并且有 $\phi_\beta(x) = \min F_\beta(x, \alpha)$。若令 $A_\beta(x) = \underset{\alpha \in R^N}{arg} \min F_\beta(x, a)$，则 $A_\beta(x)$ 是一个非空有界闭区间，它的下界就是置信水平为 β 时的 VaR 值 $\alpha_\beta(x)$。

证明：令 $\varphi(x, \alpha)$ 关于 α 连续，那么，对于 $\forall x$ 有：$\int_{f(x,y)=\alpha} \rho(y)dy = 0$。

对于给定的 x，若 $g(\alpha, y) = [f(x, y) - \alpha]^+$，则 $G(\alpha) = \int_{y \in R^m} g(\alpha, y)\rho(y) dy$ 是关于 α 的凸函数且连续可微，且其偏导数为 $\partial G(\alpha)/\partial\alpha = \varphi(x, a) - 1$。类似地，$F_\beta(x, \alpha)$ 也是关于 α 的凸函数且连续可微，此时 $F_\beta(x, \alpha)$ 的偏导数为：

$$\frac{\partial F_\beta(x, \alpha)}{\partial\alpha} = 1 + (1-\beta)^{-1}[\varphi(x, \alpha) - 1] = (1-\beta)^{-1}[\varphi(x, \alpha) - \beta]$$

所以使 $F_\beta(x, \alpha)$取得最小值的 $\alpha \in A_\beta(x)$，或 $\varphi(x, \alpha)-\beta=0$。

又由于 $\varphi(x, \alpha)$关于 α 连续、非减，且当 $\alpha \to +\infty$ 时，$\varphi(x, \alpha)=1$，当 $\alpha \to -\infty$ 时，$\varphi(x, \alpha)=0$，所以 $A_\beta(x)$是一个非空有界闭区间，$\alpha_\beta(x)$就是置信水平为 β 时 $A_\beta(x)$的左端点或下界。则最小化 $F_\beta(x, \alpha)$有：

$$\min F_\beta(x,\alpha) = F_\beta(x,\alpha_\beta(x)) = \alpha_\beta(x) + (1-\beta)^{-1} \int_{y \in R^m} [f(x,y) - \alpha_\beta(x)]^+ p(y)dy$$

其中，积分部分等于：

$$\begin{aligned}\int_{f(x,y) \geqslant \alpha_\beta(x)} [f(x,y) - \alpha_\beta(x)]p(y)dy &= \int_{f(x,y) \geqslant \alpha_\beta(x)} f(x,y)p(y)dy - \alpha_\beta(x) \int_{f(x,y) \geqslant \alpha_\beta(x)} p(y)dy \\ &= (1-\beta)\phi_\beta(x) - \alpha_\beta(x)(1-\beta) \\ &= (1-\beta)[\phi_\beta(x) - \alpha_\beta(x)]\end{aligned}$$

因此：

$$\min F_\beta(x, \alpha) = \alpha_\beta(x) + (1-\beta)^{-1}(1-\beta)[\phi_\beta(x) - \alpha_\beta(x)] = \phi_\beta(x)$$

证毕。

定理 7.2　最小化 $\phi_\beta(x)$等同于最小化 $F_\beta(x, \alpha)$，也就是说，最小化 $F_\beta(x, \alpha)$的结果(x^*, α^*)，其中的 x^* 同时也使 $\phi_\beta(x)$为最小；而且，当 $A_\beta(x)$退化为一个点 α^* 时，α^* 就是相应的 VaR 值 $\alpha_\beta(x)$，此时再最小化 $F_\beta(x, \alpha^*)$的解 x^* 就能直接计算出 CVaR 值 $\phi_\beta(x^*)$。

定理 7.1 和定理 7.2 对于求解 CVaR 具有很重要的意义，因为当 y 为连续型随机变量时，$F_\beta(x, \alpha)$是关于 x，α 的凸的连续可微函数，$\phi_\beta(x)$就可以很简单通过求解 $F_\beta(x, \alpha)$关于 α 的一阶导数获得，这样在计算 CVaR 的过程中就不必先求解 VaR 了，而且在求解 CVaR 的同时也能同时得到 VaR 值，此时 $A_\beta(x)$仅含一个点，该点就是 VaR 的值 $\alpha_\beta(x)$。

如果 $\rho(y)$的解析式不可得，或者 $\rho(y)$离散时，此时就需要通过情景分析等方法来求解。假设通过情景分析等方法得到随机变量 y 的 m 情景，每种情景出现的概率就是 $1/m$，相应的有 m 个数值，即 $y=(y_1, y_2, \cdots, y_m)$。则函数 $F_\beta(x, \alpha)$可以近似表示为：

$$\widetilde{F}_\beta(x,\alpha) = \alpha + [(1-\beta)m]^{-1} \sum_{j=1}^{m} [f(x,y_j) - \alpha]^+ \qquad (7-11)$$

令 $Z_j=f(x, y_j)-\alpha$，$Z=(Z_1, Z_2, \cdots, Z_m)$，则 CVaR 函数式（7－9）可以转化为下列模型：

$$\min: \widetilde{F}_\beta(x, \alpha) = \alpha + [(1-\beta)m]^{-1} e_m Z^T$$

s. t.　$x \in X$，$Z \geqslant f(x, y) - \alpha$，$Z \geqslant 0$　　(7-12)

其中，$e_m = (1, 1, \cdots, 1)$。

如果 $f(x, y_j)$ 是线性的，则式（7-12）是一个 LP 问题，可用 LP 技术求解；如果 $f(x, y_j)$ 是非线性的，则式（7-12）是一个 NLP 问题，可用 NLP 技术求解。

四、CVaR 的应用

CVaR 是一致性的风险度量方法，它具有次可加性和凸性，在数学上也容易处理。由于 CVaR 具有比 VaR 方法更优良的性质和更合理的经济解释，因此被认为是一种比 VaR 技术更为科学、精确、合理、有效的现代风险管理技术。目前对 CVaR 的应用主体主要是商业银行、投资银行、经纪公司、对冲基金、证券机构、金融监管部门及其他任何需要测量市场风险的企业。其应用范围，总体来讲主要有以下四类：

第一，投资组合的优化。投资者从事证券投资的目的就是实现自身收益的最大化，即承受特定风险条件下的预期收益最大化或一定收益前提下的风险最小化，这是经典投资组合模型的基本前提假设。经典投资组合模型是以最小方差为基准目标的，并据此构建了马柯维茨的有效边界，在这条有效边界与投资者效用函数或投资者的无差异曲线的相切点即为最佳的投资组合，此点的风险由组合收益的标准差来表示，但标准差并不能确定投资者投资组合的潜在损失数量。为此，需要在此加入 CVaR 对投资组合进行约束，即在传统的均值—方差模型的约束条件中，再引进一个 CVaR 约束，CVaR 约束在均值—方差空间上表现为一条与马柯维茨边界相交的斜线，通过头寸的调整来预先限定组合的潜在风险，这样就通过对组合的优化实现规避风险的目的。

第二，确定内部风险资本需求和设定风险限额。利用 CVaR 可以确定金融机构在整体上为抵御市场风险所需要的内部风险资本，并据此为交易员或业务部门设置风险限额，防止相关人员的过度投机行为。

第三，资本配置。在经典的投资组合模型中以最小方差为规划目标，引入 CVaR，用 CVaR 来代替方差，以最小 CVaR 为规划目标，即构成最优均值—CVaR 模型，这一模型的优点在于它与机构的 CVaR 风险测量及 CVaR 风险限额保持了一致性。由此可以起到优化投资头寸、降低投资风险的作用。在收益一定时，通过调整头寸使 CVaR 最小；在 CVaR 一定时，通过调整头寸使收益最大化。

第四，信息披露与金融监管。CVaR 可以在一定程度上修正金融机构或上市公司财务报表或公开披露信息中存在的各种缺陷，在财务报表或公开披露信息的基础上再加入 CVaR 这一指标，则可以便于公众了解金融机构或上市公司的真实情况。例如假设基金 A 在2014 年3 月 31 日置信水平为98%的日 CVaR 为0.1%，这就告诉投资者，投资基金 A 有 98%的概率可以肯定这一天其最坏的平均损失会超过0.1%。

此外，CVaR 还可应用于信用风险的测量，套期保值功能等。

第三节　企业汇率风险测算

一、数据选取

根据前期调研资料整理的结果显示，调研样本企业主要采用美元、日元、欧元和人民币作为主要结算货币。为此，选取 2008 年 1 月 2 日至 2014 年 12 月 31 日期间中国银行公布的美元兑人民币、日元兑人民币、欧元兑人民币的汇率测算中国外贸企业所面临的汇率风险（见图 7 -1）。

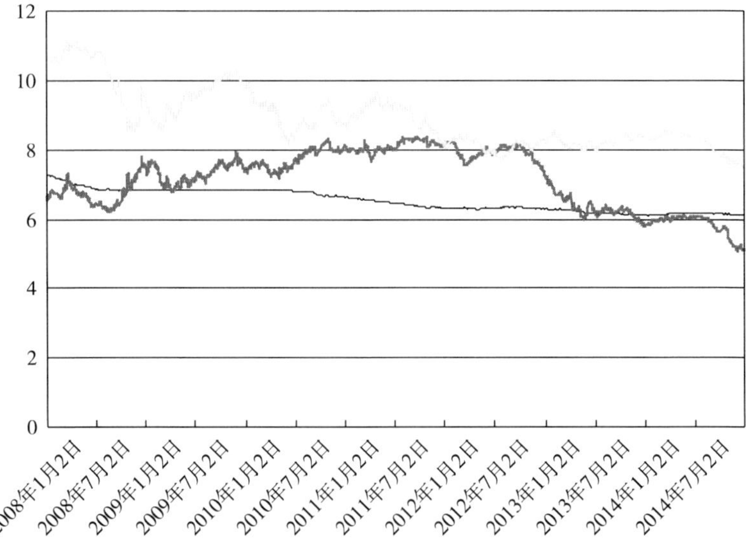

图 7 -1　样本企业主要结算币种汇率

为了较为全面地显示中国企业面临的汇率风险，本书选取的汇率数据时间跨度长、数量较多。在汇率单位方面，美元和欧元的单位都是1，日元的单位为100。就总体汇率走势而言，在样本企业的主要结算外币中，美元兑人民币的汇率最为稳定，日元兑人民币和欧元兑人民币汇率变动较大。之所以出现这种情况，是由于中国进出口贸易结算币种构成造成的。由于人民币汇率在2005年改革后逐步市场化，市场中的主要结算货币为美元，这样势必造成人民币与美元关系更为密切的局面。

就汇率变动而言，2008～2014年期间，人民币汇率整体上维持了升值的趋势，2008年1月2日美元兑人民币、日元兑人民币和欧元兑人民币的汇率分别为7.2996、6.5306和10.6611，2014年12月31日，美元兑人民币、日元兑人民币和欧元兑人民币的汇率分别为6.1190、5.1371和7.4556，分别升值19.29%、27.13%和42.99%。

三种汇率的波动性表现出不同的特征（见图7－2）。在波动幅度方面，美元兑人民币汇率的波动幅度最小，单日涨跌幅一直在1%以内；日元兑人民币和欧元兑人民币汇率与美元兑人民币相比波动幅度较大。这主要是因为在有关方面对美元兑人民币涨跌幅进行了限制的缘故。

从汇率波动率的发展趋势来看，美元兑人民币汇率波动率经历了汇率较大幅度波动—微弱波动—较大幅度波动—波动平稳化的过程，这是全球经济共同作用的结果。自2008年全球金融危机爆发后，美元兑人民币汇率波动加剧，世界经济下滑趋势明显，中国外贸受此所累出现了罕见的负增长。在此状况下，人民币

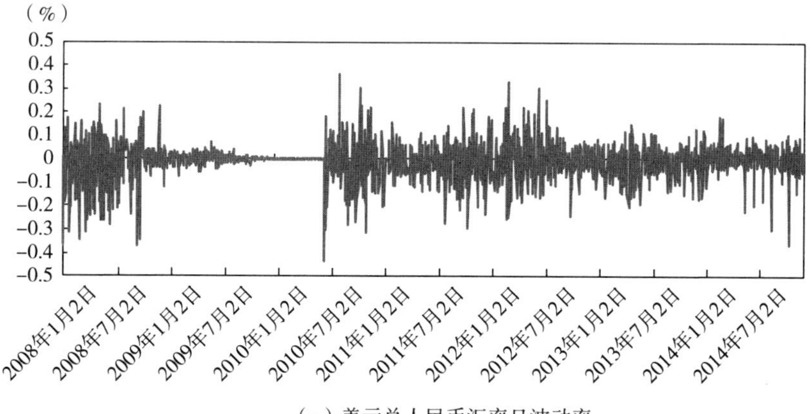

（a）美元兑人民币汇率日波动率

图7－2 主要结算外币汇率日波动率

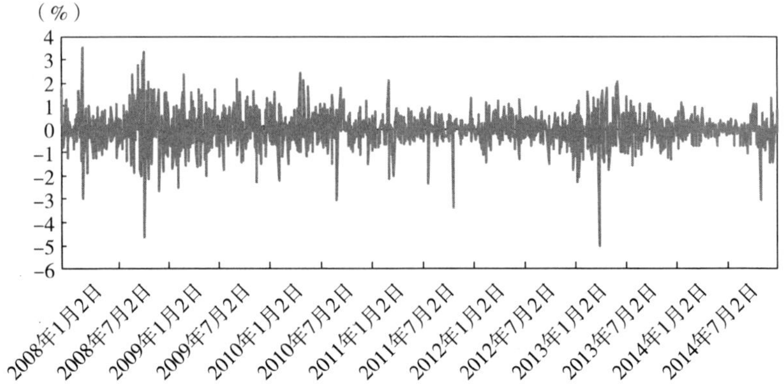

（b）日元兑人民币汇率日波动率

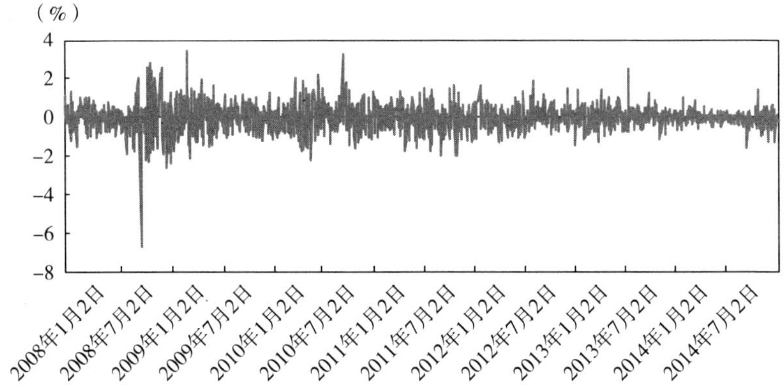

（c）欧元兑人民币汇率日波动率

图 7－2　主要结算外币汇率日波动率（续）

再次盯住美元，汇率波动幅度减小。金融危机结束后，人民币国际化进程加快，人民币汇率再次与美元脱钩，市场买卖交易活跃。与此同时，人民币汇率决定因素侧重市场供求变化，市场交易管制逐步放开，汇率波动逐渐稳定。

日元兑人民币、欧元兑人民币汇率波动的情况大致相同，都是由剧烈波动变为逐步平稳。这主要是人民币国际化进程和人民币汇率形成机制变化共同作用的结果。由于日本、欧洲国家经济发展在未来仍有大量的不确定性因素，因此日元兑人民币、欧元兑人民币的波动幅度非常有可能再度急剧扩大。

二、测算方法与各币种汇率 CVaR 计算

由于采用 CVaR 方法测算企业汇率风险的目的在于明确企业已发生的汇率风

险，因此，将不采用类似于金融资产最优组合计算的前沿面测算法，而是直接测算各主要结算外币汇率在一定置信条件下的 CVaR 值，然后根据企业结汇币种的权重确定企业结算中的汇率风险。这样做避免了一般 CVaR 前沿面测算中计算结果与现实脱节的弊端，而且可以直观地观察企业汇率风险的差异。

$$CVaR_i = \sum_{j=1}^{n} \alpha_{ij} CVaR_{ij} \tag{7-13}$$

其中，$CVaR_i$为 i 企业的汇率风险，$CVaR_{ij}$为 i 企业结算中采用的第 j 币种的汇率风险，α_{ij}是 i 企业结算中采用的第 j 币种的权重，$(\alpha_{i1} + \alpha_{i2} + \cdots + \alpha_{in}) = 1$，$0 \leqslant \alpha_{ij} \leqslant 1$。

将所选汇率数据代入 MATLAB 软件中，采用 Cornish - Fisher 法计算可得 2008 年 1 月 2 日至 2014 年 12 月 31 日期间的 CVaR 值，如表 7 - 1 所示。

表 7 - 1　样本企业主要结算币种的 VaR 值和 CVaR 值　　单位：%

汇率风险	美元	日元	欧元	置信度
VaR	0.10	0.68	0.54	90.000
CVaR	0.19	1.60	1.65	90.000
VaR	0.15	1.16	1.10	95.000
CVaR	0.27	2.42	2.64	95.000
VaR	0.28	2.65	3.03	99.000
CVaR	0.49	4.88	5.69	99.000

注：采用人民币结算汇率风险为 0。

计算结果显示，美元的汇率风险在主要结算货币中较小，日元和欧元的汇率风险都比较大，欧元的汇率风险最大，计算结果与现实状况是非常吻合的。在计算各币种汇率风险后，将测算各企业的汇率风险。

三、调研样本企业所面临的汇率风险

为了较好地了解企业具体的结汇状况，本书对企业结汇币种构成进行了问卷调查。调查的结果显示，参与调研的 42 家企业中，25 家企业主要采用美元结算、5 家企业采用美元和人民币结算、3 家企业采用美元和日元结算、9 家企业采用美元和欧元结算。由于受访企业一般不愿意过多地透露结汇币种的权重，因此，本书将对具有相同主要结算币种类型的企业统一进行币种构成权重赋值。完全用美元结算的企业美元权重为 1，其他货币权重为 0；主要以美元和人民币结算的企业美元权重为0.8，人民币权重为0.2；主要以美元和日元结算的企业美元权重为0.7，日元权重为0.3；主要以美元和欧元结算的企业美元权重为0.7，欧元权重为0.3。通过对部分企业的面谈和电话访问，受访者大多表示比较认同这样的结算币种权重分配。在已知各类型企业币种权重分配的情况下，可以计算出各类企业面临的汇率风险，如表7－2所示。

表7－2　各类型企业汇率风险情况　单位：%

汇率风险	美元结算类企业	美元和人民币结算类企业	美元和日元结算类企业	美元和欧元结算类企业	置信度
VaR	0.10	0.08	0.27	0.23	90.0000
CVaR	0.19	0.15	0.61	0.63	90.0000
VaR	0.15	0.12	0.45	0.44	95.0000
CVaR	0.27	0.22	0.92	0.98	95.0000
VaR	0.28	0.22	0.99	1.11	99.0000
CVaR	0.49	0.39	1.81	2.05	99.0000
企业数量（个）	25	5	3	9	—

计算结果表明，样本企业中采用美元和人民币结算的汇率风险最小，采用美元结算的次之，采用美元和日元或者美元和欧元结算的企业都将面临一定的汇率风险。企业面临汇率风险并不意味着企业必将因结汇损失而造成利润亏损，这只是企业汇率风险承受能力的一部分，为此，必须构建完备的企业汇率风险承受能力体系，这样才能较为全面地评价企业汇率风险承受能力。

第八章　企业汇率风险承受能力等级评估

第一节　企业汇率风险承受能力评价模型构建

一、评价模型理论基础

在先前的研究中，通过构建在置信水平、风险约束和收益确定条件下基于企业的 CVaR 动态汇率风险度量模型，动态拟合了基于风险管理的企业各种资产之间的关系，通过计算验证了我国出口型企业 CVaR 值波动较大，企业面临着比较大的汇率风险。因此，如何度量企业汇率风险，确定其风险承受能力等级，以便根据企业汇率风险值及企业自身条件从调整外汇资产组合层面来规避或降低汇率风险损失，这也是本书研究的核心。本书通过采用多级模糊综合评价模型，从企业经营管理角度，较为客观地、全方位地对企业所面临的汇率风险进行了定量评价，旨在尽可能地接近企业汇率风险实际。

二、评价模型构建

企业汇率风险承受能力是一个动态变化的指标，其自身受到多种因素的影响，目前也没有提出一个统一的、规范的评价体系、评价模型和评价标准来评判其等级，具有较大的模糊性。因此，本书通过对现有评价方法的研究，构建多级模糊综合评价模型对企业汇率风险承受能力进行定量评价。多级模糊综合评价模型是层次分析法与模糊综合评价法的综合，能较好地解决多因素综合评价时由单个因素权重分配不合理而产生评价结果不科学等问题。该模型基本参数设置：

m 为待评企业序号（$m=1, 2, \cdots, x$），$G^{(m)}$ 为 m 企业汇率风险值。A_i 为一级指标，其值域为 $A_i=[A_1, A_2, \cdots, A_n]$；$A_j$ 为二级指标，其值域为 $A_j=[a_{i1}, a_{i2}, \cdots, a_{ij}]$，其中 a_{ij} 表示 A_i 的第 j 个二级指标，其中 $j=1, 2, \cdots, k$。

第二节　企业汇率风险承受能力指标及权重

一、构建指标值评价矩阵

依据层次分析法按指标层次分两个评价等级，目标层次的评价指标是第一等级，记为 $A_i=[A_1, A_2, A_3, A_4, A_5, A_6, A_7]$；准则层次的子指标集是第二等级，记为 $A_{ij}=[a_{i1}, a_{i2}, \cdots, a_{ij}]$，其中 $i=1, 2, 3, 4, 5, 6, 7$，a_{ij} 表示 A_i 的第 j 个二级指标，其中 $j=1, 2, \cdots, k_i$，其中 $k_i \leqslant 7$。

将通过调查、统计的数据代入评价体系构建指标值矩阵，并对各级指标进行无量纲标准化处理后，形成指标值效用系数矩阵 $X=(x_{ij})$，其中 x_{ij} 为 a_{ij} 的标准值，$i=1, 2, 3, 4, 5, 6, 7$，$j=1, 2, \cdots, k_i$，其中 $k_i \leqslant 7$。

二、确定指标权重

德尔菲法又称专家会议预测法，由于该方法准确性高且具有广泛的代表性，因此其应用频率非常普遍。本书采用德尔菲法对指标进行赋权。

设第一等级指标 A_i 的权数为 b_i（$i=1, 2, \cdots, 7$），则有 $B=[b_1, b_2, b_3, b_4, b_5, b_6, b_7]$，$b_i \in [0, 1]$ 且 $\sum_{i=1}^{7} b_i=1$；设二级指标 A_{ij} 的权数为 b_{ij}，则二级权重为 $B_i=[b_{i1}, b_{i2}, \cdots, b_{ij}]$，且 $b_{ij} \in [0, 1]$ 且 $\sum_{i=1}^{k_i} b_{ij}=1$。

第三节　企业汇率风险承受能力综合评价

一、确定评语集

以出口主导型企业为例，参照其他行业风险等级划分方法，对出口主导型企业汇率风险承受能力进行等级评定，确定了等级评语集，即“汇率风险承受能力很强”“汇率风险承受能力较强”“汇率风险承受能力一般”“汇率风险承受能力较弱”“汇率风险承受能力很弱”，分别记为 v_1，v_2，v_3，v_4，v_5，即 $v=[v_1, v_2, v_3, v_4, v_5]$。

二、分层次综合评价

首先计算第一等级指标 A_i 的模糊综合评价值。第一等级指标 A_i 是由其隶属度所组成的单层次评价矩阵 R_i，其基本形式为：

$$R_i=\begin{bmatrix} r_{i_1 1} & r_{i_1 2} & \cdots & r_{i_1 n} \\ r_{i_2 1} & r_{i_2 2} & \cdots & r_{i_2 n} \\ \vdots & \vdots & \vdots & \vdots \\ r_{i_k 1} & r_{i_k 2} & \cdots & r_{i_k n} \end{bmatrix} \tag{8-1}$$

式（8-1）中，第 j 行表示的是 a_{ij} 评价集中指标的隶属度，第 k 列表示的是 A_i 中各因素占评价集中第 k 等级的程度。

A_i 一级等级指标模糊综合评价矩阵根据公式 $D_i=B_iR_i=[d_{i1}, d_{i2}, d_{i3}, d_{i4}]$ 来计算。其中 B_iR_i 表示为 B_i 与 R_i 的内积。

根据一级评价结果，得出 A 中的评价矩阵为 $H=[D_1, D_2, D_3, D_4, D_5]^T$，再根据权重向量 $B=[b_1, b_2, b_3, b_4, b_5]$ 即可得出二级综合评价的结果。

$$D=BE=[b_1b_2b_3b_4b_5][D_1D_2D_3D_4D_5]^T=[b_1b_2b_3b_4b_5]\begin{bmatrix} B_1R_1 \\ B_2R_2 \\ B_3R_3 \\ B_4R_4 \\ B_5R_5 \end{bmatrix}=[d_1d_2d_3d_4d_5]$$

D 就是依最大隶属原则确定的最终评价结果，在实际计算中须进行数据归一化处理。

第四节　企业汇率风险承受能力评价应用实例

企业汇率风险承受能力评价应用实例以甲、乙两家出口型企业为例，采用多级模糊综合评价模型对其汇率风险承受能力等级状况进行综合评价。

一、建立评价对象指标集

评价对象主要选取出口型企业，其汇率风险承受能力评价主要考虑七个一级指标集，即 $A = [A_1, A_2, A_3, A_4, A_5, A_6, A_7]$ = [企业特征，经营能力，管理能力，偿债能力，担保能力，管理者素质，汇率风险]。七个一级指标数值分别以多个二级指标综合衡量，即：

A_1（企业特征）=[企业所处行业，企业规模，企业外贸依存度]；

A_2（经营能力）=[企业信用等级状况，企业产品购销比率，企业自有资金比率，企业销售利润率，企业市场占有率]；

A_3（管理能力）=[企业资产负债率，企业资产收益率，企业资金周转率]；

A_4（偿债能力）=[企业到期贷款偿还率，企业应付利息偿还率，企业盈利水平]；

A_5（担保能力）=[企业风险准备金比率，企业资产担保抵押状况]；

A_6（管理者素质）=[企业管理者信用意识，企业管理者综合素质]；

A_7（汇率风险）=[企业主要结汇币种汇率的 CVaR 值]。

二、建立权重集

由于各级指标在模糊综合评价时所反映的重要程度不同，因此有必要对每个指标赋予一定的权重。本书采用德尔菲法和特征向量法计算权重，并根据企业实际情况进行适度调整后，确定一级指标权重集为：(0.25，0.2，0.15，0.1，0.1，0.1，0.1)；二级指标权重集分别为：

（1）B_1 =[企业所处行业，企业规模，企业外贸依存度]=(0.25，0.35，0.4)。

（2）B_2 =[企业信用等级状况，企业产品购销比例，企业自有资金比率，企业销售利润率，企业市场占有率]=(0.25，0.15，0.2，0.25，0.15)。

（3）B_3 =[企业资产负债率，企业资产收益率，企业资金周转率]=(0.3，0.35，0.35)。

（4）B_4 =[企业到期贷款偿还率，企业应付利息偿还率，企业盈利水平]=(0.4，0.35，0.25)。

（5）B_5 =[企业风险准备金比率，企业资产担保抵押状况]=(0.6，0.4)。

（6）B_6 =[企业管理者信用意识，企业管理者综合素质]=(0.4，0.6)。

（7）B_7 =［企业主要结汇币种汇率的 CVaR 值］=（1）。

从一级指标权重可以看出，企业特征、经营能力和管理能力对于企业汇率风险承受能力的影响相对大一些。

三、建立评语集

参照国内外行业风险等级评价划分方法，对出口主导型企业汇率风险承受能力进行等级评定，确定了等级评语集，即“汇率风险承受能力很强（v_1）”“汇率风险承受能力较强（v_2）”“汇率风险承受能力一般（v_3）”“汇率风险承受能力较弱（v_4）”“汇率风险承受能力很弱（v_5）”。因此评语集为：

v =［v_1，v_2，v_3，v_4，v_5］=［很强，较强，一般，较弱，很弱］。

四、建立评价标准

通过对出口主导型企业进行了实地调查以及咨询多名风险管理领域专家后，本书针对甲、乙两家企业确定了企业汇率风险承受能力评价标准。即将评价分为优、良、中、及格、不及格 5 个等级，相对应分别赋值为 5 分、4 分、3 分、2 分、1 分，各级指标的评定标准如表 8－1 至表 8－7 所示。

表 8－1　企业特征的评价标准

企业特征	等级	等级评价标准	得分
企业所处行业	优	行业内企业属于高度技术密集型	5
	良	行业内企业属于较高度技术密集型	4
	中	行业内企业属于一般技术密集型	3
	及格	行业内企业属于较高度劳动密集型	2
	不及格	行业内企业属于高度劳动密集型	1
企业规模	优	大型企业	5
	良	大中型企业	4
	中	中型企业	3
	及格	中小型企业	2
	不及格	小型企业	1
企业外贸依存度	优	企业外贸依存度在 0%～30% 之间	5
	良	企业外贸依存度在 30%～50% 之间	4
	中	企业外贸依存度在 50%～65% 之间	3
	及格	企业外贸依存度在 65%～80% 之间	2
	不及格	企业外贸依存度在 80%～100% 之间	1

表 8－2　企业经营能力的评价标准

经营能力	等级	等级评价标准	得分
企业信用等级状况	优	客户信用很好，整体业务稳固发展，经营状况和财务状况良好，资金负债结构合理，经营过程中现金流量充足	5
	良	客户信用较好，整体业务能较稳固发展，经营状况和财务状况较好，资金负债结构较为合理，经营过程中现金流量较充足	4
	中	客户信用一般，整体业务发展正常，经营状况和财务状况一般，经营过程中现金流量正常	3
	及格	客户信用较差，整体业务不太稳固，经营状况和财务状况不太好，经营过程中现金流量偶尔断裂	2
	不及格	客户信用很差，整体业务不稳固，经营状况和财务状况不好，经营过程中现金流量时常断裂	1
企业产品购销比率	优	该企业产品购销比率远高于行业平均水平	5
	良	该企业产品购销比率略高于行业平均水平	4
	中	该企业产品购销比率与行业平均水平持平	3
	及格	该企业产品购销比率略低于行业平均水平	2
	不及格	该企业产品购销比率远低于行业平均水平	1
企业自有资金比率	优	该企业自有资金比率远高于行业平均水平	5
	良	该企业自有资金比率略高于行业平均水平	4
	中	该企业自有资金比率与行业平均水平持平	3
	及格	该企业自有资金比率略低于行业平均水平	2
	不及格	该企业自有资金比率远低于行业平均水平	1
企业销售利润率	优	该企业销售利润率远高于行业平均水平	5
	良	该企业销售利润率略高于行业平均水平	4
	中	该企业销售利润率与行业平均水平持平	3
	及格	该企业销售利润率略低于行业平均水平	2
	不及格	该企业销售利润率远低于行业平均水平	1
企业市场占有率	优	该企业市场占有率远高于行业平均水平	5
	良	该企业市场占有率略高于行业平均水平	4
	中	该企业市场占有率与行业平均水平持平	3
	及格	该企业市场占有率略低于行业平均水平	2
	不及格	该企业市场占有率远低于行业平均水平	1

表 8－3 企业管理能力的评价标准

管理能力	等级	等级评价标准	得分
企业资产负债率	优	企业的资产负债率达到45% ~55%之间	5
	良	企业的资产负债率达到40% ~45%或55% ~60%之间	4
	中	企业的资产负债率达到35% ~40%或60% ~65%之间	3
	及格	企业的资产负债率达到30% ~35%或65% ~70%之间	2
	不及格	企业的资产负债率达到30%以下或70%以上	1
企业资产收益率	优	该企业资产收益率远高于行业平均水平	5
	良	该企业资产收益率略高于行业平均水平	4
	中	该企业资产收益率与行业平均水平持平	3
	及格	该企业资产收益率略低于行业平均水平	2
	不及格	该企业资产收益率远低于行业平均水平	1
企业资金周转率	优	该企业资金周转率远高于行业平均水平	5
	良	该企业资金周转率略高于行业平均水平	4
	中	该企业资金周转率与行业平均水平持平	3
	及格	该企业资金周转率略低于行业平均水平	2
	不及格	该企业资金周转率远低于行业平均水平	1

表 8－4 企业偿债能力的评价标准

偿债能力	等级	等级评价标准	得分
企业到期贷款偿还率	优	该企业到期贷款偿还率远高于行业平均水平	5
	良	该企业到期贷款偿还率略高于行业平均水平	4
	中	该企业到期贷款偿还率与行业平均水平持平	3
	及格	该企业到期贷款偿还率略低于行业平均水平	2
	不及格	该企业到期贷款偿还率远低于行业平均水平	1
企业应付利息偿还率	优	该企业应付利息偿还率远高于行业平均水平	5
	良	该企业应付利息偿还率略高于行业平均水平	4
	中	该企业应付利息偿还率与行业平均水平持平	3
	及格	该企业应付利息偿还率略低于行业平均水平	2
	不及格	该企业应付利息偿还率远低于行业平均水平	1
企业盈利水平	优	该企业营业利润率远高于行业平均水平	5
	良	该企业营业利润率略高于行业平均水平	4
	中	该企业营业利润率与行业平均水平持平	3
	及格	该企业营业利润率略低于行业平均水平	2
	不及格	该企业营业利润率远低于行业平均水平	1

表 8－5　企业担保能力的评价标准

担保能力	等级	等级评价标准	得分
企业风险准备金比率	优	该企业风险准备金比率远高于行业平均水平	5
	良	该企业风险准备金比率略高于行业平均水平	4
	中	该企业风险准备金比率与行业平均水平持平	3
	及格	该企业风险准备金比率略低于行业平均水平	2
	不及格	该企业风险准备金比率远低于行业平均水平	1
企业资产担保抵押状况	优	该企业资产抵押状况很好	5
	良	该企业资产抵押状况比较好	4
	中	该企业资产抵押状况一般	3
	及格	该企业资产抵押状况不太好	2
	不及格	该企业资产抵押状况很差	1

表 8－6　企业管理者素质的评价标准

管理者素质	等级	等级评价标准	得分
企业管理者信用意识	优	该企业管理者信用意识很强	5
	良	该企业管理者信用意识较强	4
	中	该企业管理者信用意识一般	3
	及格	该企业管理者信用意识较弱	2
	不及格	该企业管理者信用意识很弱	1
企业管理者综合素质	优	该企业管理者综合素质很好	5
	良	该企业管理者综合素质较好	4
	中	该企业管理者综合素质一般	3
	及格	该企业管理者综合素质较差	2
	不及格	该企业管理者综合素质很差	1

表 8－7　企业面临的汇率风险

汇率风险	等级	等级评价标准	得分
企业面临的汇率风险	优	该企业面临的汇率风险很弱	5
	良	该企业面临的汇率风险较弱	4
	中	该企业面临的汇率风险一般	3
	及格	该企业面临的汇率风险较强	2
	不及格	该企业面临的汇率风险很强	1

邀请10位汇率风险管理专家对两家企业分别进行打分（见表8－8和表8－9）。可以看出，由于各位专家对研究主题的主观因素差异，其所评分有整体偏高或整体偏低的情况，存在一定程度的偏差。

表8－8　甲企业的专家评分情况　　单位：分

序号	企业特征			经营能力					管理能力			偿债能力			担保能力		管理者素质		汇率风险
	a_{11}	a_{12}	a_{13}	a_{21}	a_{22}	a_{23}	a_{24}	a_{25}	a_{31}	a_{32}	a_{33}	a_{41}	a_{42}	a_{43}	a_{51}	a_{52}	a_{61}	a_{62}	a_{71}
1	4.0	4.5	3.0	4.0	5.0	3.0	4.5	3.5	2.0	3.5	3.5	4.0	3.5	4.0	4.0	3.5	3.5	4.0	3.0
2	4.0	4.5	3.5	4.5	4.5	3.5	4.0	3.0	3.0	2.5	3.0	3.5	3.0	3.5	4.0	4.0	4.0	3.5	3.5
3	4.5	4.0	3.5	4.0	4.5	4.0	3.5	4.0	3.5	3.0	3.0	3.5	3.0	3.0	4.5	4.0	4.0	3.5	3.5
4	4.0	4.0	3.0	3.5	4.0	3.5	4.0	3.5	2.5	3.0	3.5	4.0	4.0	3.0	4.0	3.5	4.5	4.5	4.0
5	4.5	4.5	3.5	4.0	4.0	3.5	3.5	4.0	3.0	3.5	2.5	4.0	3.5	3.5	4.0	3.0	3.5	4.0	3.0
6	3.5	3.5	4.0	4.5	4.5	4.0	4.0	4.0	2.5	3.0	2.5	3.5	4.0	4.0	3.5	4.5	4.5	3.5	4.0
7	3.5	4.0	4.0	3.5	4.0	4.0	4.0	3.5	3.5	3.5	3.5	3.5	4.0	3.5	3.5	4.0	4.5	4.0	3.5
8	4.0	4.0	3.0	3.5	4.5	3.0	3.5	4.0	3.0	3.0	3.5	4.0	3.5	3.0	4.0	4.0	3.5	4.0	4.0
9	4.0	4.5	3.5	4.0	4.0	3.5	4.0	3.0	2.5	3.0	3.0	3.0	3.0	4.0	4.5	3.5	4.0	3.5	3.0
10	4.5	4.0	3.5	4.5	4.0	3.0	4.0	3.0	3.0	3.5	3.0	3.5	3.5	3.5	3.5	3.0	4.0	4.0	4.0

表8－9　乙企业的专家评分情况　　单位：分

序号	企业特征			经营能力					管理能力			偿债能力			担保能力		管理者素质		汇率风险
	a_{11}	a_{12}	a_{13}	a_{21}	a_{22}	a_{23}	a_{24}	a_{25}	a_{31}	a_{32}	a_{33}	a_{41}	a_{42}	a_{43}	a_{51}	a_{52}	a_{61}	a_{62}	a_{71}
1	3.0	3.0	2.5	3.0	3.5	2.5	3.5	3.0	3.0	2.5	3.0	3.5	2.5	3.0	3.5	2.5	3.5	3.0	3.0
2	3.5	3.0	2.0	3.5	2.5	3.5	3.0	3.5	4.0	3.0	3.5	3.0	3.0	2.5	3.0	3.0	2.5	3.5	2.5
3	3.0	3.5	2.0	2.5	3.0	3.0	3.0	2.5	3.5	2.5	2.5	3.0	2.5	2.5	3.0	3.5	3.0	2.5	2.5
4	3.0	3.5	2.5	3.0	3.5	2.5	3.5	3.0	3.0	2.0	3.0	4.0	2.5	3.5	3.5	3.0	2.5	3.0	3.0
5	3.5	3.5	2.0	3.0	3.0	3.0	2.5	3.5	3.5	3.0	3.0	3.5	3.5	2.0	2.5	2.5	3.0	2.5	3.0
6	3.5	3.0	2.0	2.0	3.5	2.0	2.5	2.5	3.0	2.5	3.0	4.0	2.5	2.0	3.5	2.0	2.5	2.5	3.0
7	3.0	3.0	2.0	2.0	3.0	3.5	3.5	3.0	3.0	2.5	3.5	3.5	3.0	2.5	3.0	2.5	3.5	3.0	2.5
8	3.0	3.5	3.0	2.5	3.0	3.0	3.0	3.0	3.5	3.0	3.0	3.0	3.0	2.5	3.0	3.0	2.0	3.0	3.0
9	4.0	3.0	2.5	2.5	3.5	3.0	3.0	3.5	3.0	3.0	2.5	3.0	2.5	3.0	3.5	3.5	2.5	2.5	3.0
10	3.0	3.5	3.0	3.0	2.5	2.5	2.5	3.0	4.0	2.0	3.0	3.5	2.5	2.0	3.0	2.0	2.5	2.5	3.0

五、一级指标模糊综合评价

依据专家对各级指标的打分与评语集构建等级评价矩阵，其中数字若为“5”则“优”评语列加0.2；若为“4”则“良”评语列加0.1；若为“4.5”，则在“优”“良”两列各加0.05。依次类推，最后将各列得分相加即得到评价矩阵。

甲企业的单层次评价矩阵为：

$$R_1=\begin{pmatrix}0.15 & 0.75 & 0.1 & 0 & 0\\ 0.2 & 0.75 & 0.05 & 0 & 0\\ 0 & 0.45 & 0.55 & 0 & 0\end{pmatrix},\ R_2=\begin{pmatrix}0.15 & 0.7 & 0.15 & 0 & 0\\ 0.4 & 0.7 & 0 & 0 & 0\\ 0 & 0.5 & 0.5 & 0 & 0\\ 0.05 & 0.8 & 0.15 & 0 & 0\\ 0 & 0.55 & 0.45 & 0 & 0\end{pmatrix},$$

$$R_3=\begin{pmatrix}0 & 0.1 & 0.65 & 0.25 & 0\\ 0 & 0.2 & 0.75 & 0.05 & 0\\ 0 & 0.2 & 0.7 & 0.1 & 0\end{pmatrix},\ R_4=\begin{pmatrix}0 & 0.65 & 0.35 & 0 & 0\\ 0 & 0.5 & 0.5 & 0 & 0\\ 0 & 0.5 & 0.5 & 0 & 0\end{pmatrix},$$

$$R_5=\begin{pmatrix}0.1 & 0.75 & 0.15 & 0 & 0\\ 0.05 & 0.6 & 0.35 & 0 & 0\end{pmatrix},\ R_6=\begin{pmatrix}0.15 & 0.7 & 0.15 & 0 & 0\\ 0.05 & 0.75 & 0.2 & 0 & 0\end{pmatrix},$$

$R_7=(0\quad 0.55\quad 0.45\quad 0\quad 0)$。

乙企业的单层次评价矩阵为：

$$R_1=\begin{pmatrix}0 & 0.25 & 0.75 & 0 & 0\\ 0 & 0.25 & 0.75 & 0 & 0\\ 0 & 0 & 0.35 & 0.65 & 0\end{pmatrix},\ R_2=\begin{pmatrix}0 & 0.05 & 0.6 & 0.35 & 0\\ 0 & 0.2 & 0.7 & 0.1 & 0\\ 0 & 0.1 & 0.65 & 0.25 & 0\\ 0 & 0.15 & 0.7 & 0.15 & 0\\ 0 & 0.15 & 0.75 & 0.1 & 0\end{pmatrix},$$

$$R_3=\begin{pmatrix}0 & 0.35 & 0.65 & 0 & 0\\ 0 & 0 & 0.6 & 0.4 & 0\\ 0 & 0.1 & 0.8 & 0.1 & 0\end{pmatrix},\ R_4=\begin{pmatrix}0 & 0.4 & 0.6 & 0 & 0\\ 0 & 0.05 & 0.65 & 0.3 & 0\\ 0 & 0.05 & 0.45 & 0.5 & 0\end{pmatrix},$$

$$R_5=\begin{pmatrix}0 & 0.2 & 0.75 & 0.05 & 0\\ 0 & 0.1 & 0.55 & 0.35 & 0\end{pmatrix},\ R_6=\begin{pmatrix}0 & 0.1 & 0.55 & 0.35 & 0\\ 0 & 0.05 & 0.7 & 0.25 & 0\end{pmatrix},$$

$R_7=(0\quad 0\quad 0.85\quad 0.15\quad 0)$。

甲企业综合评价矩阵为：

$D_1=B_1R_1=(0.1075,\ 0.6300,\ 0.2625,\ 0.0000,\ 0.0000)$

$D_2 = B_2R_2 =$ (0.1100, 0.6625, 0.2425, 0.0000, 0.0000)

$D_3 = B_3R_3 =$ (0.0000, 0.1700, 0.7025, 0.1275, 0.0000)

$D_4 = B_4R_4 =$ (0.0000, 0.5600, 0.4400, 0.0000, 0.0000)

$D_5 = B_5R_5 =$ (0.0800, 0.6900, 0.2300, 0.0000, 0.0000)

$D_6 = B_6R_6 =$ (0.0900, 0.7300, 0.1800, 0.0000, 0.0000)

$D_7 = B_7R_7 =$ (0.0000, 0.5500, 0.4500, 0.0000, 0.0000)

乙企业综合评价矩阵为:

$D_1 = B_1R_1 =$ (0.0000, 0.1500, 0.5900, 0.2600, 0.0000)

$D_2 = B_2R_2 =$ (0.0000, 0.1225, 0.6725, 0.2050, 0.0000)

$D_3 = B_3R_3 =$ (0.0000, 0.1400, 0.6850, 0.1750, 0.0000)

$D_4 = B_4R_4 =$ (0.0000, 0.1900, 0.5800, 0.2300, 0.0000)

$D_5 = B_5R_5 =$ (0.0000, 0.1600, 0.6700, 0.1700, 0.0000)

$D_6 = B_6R_6 =$ (0.0000, 0.0700, 0.6400, 0.2900, 0.0000)

$D_7 = B_7R_7 =$ (0.0000, 0.0000, 0.8500, 0.1500, 0.0000)

六、二级模糊综合评价

二级模糊综合评价矩阵是由一级模糊综合评价结果按行依次排列组成。

甲企业二级模糊综合评价矩阵为:

$$H = \begin{pmatrix} D_1 \\ D_2 \\ D_3 \\ D_4 \\ D_5 \\ D_6 \\ D_7 \end{pmatrix} = \begin{pmatrix} 0.1075 & 0.6300 & 0.2625 & 0.0000 & 0.0000 \\ 0.1100 & 0.6625 & 0.2425 & 0.0000 & 0.0000 \\ 0.0000 & 0.1700 & 0.7025 & 0.1275 & 0.0000 \\ 0.0000 & 0.5600 & 0.4400 & 0.0000 & 0.0000 \\ 0.0800 & 0.6900 & 0.2300 & 0.0000 & 0.0000 \\ 0.0900 & 0.7300 & 0.1800 & 0.0000 & 0.0000 \\ 0.0000 & 0.5500 & 0.4500 & 0.0000 & 0.0000 \end{pmatrix}$$

乙企业二级模糊综合评价矩阵为:

$$H = \begin{pmatrix} D_1 \\ D_2 \\ D_3 \\ D_4 \\ D_5 \\ D_6 \\ D_7 \end{pmatrix} = \begin{pmatrix} 0.0000 & 0.1500 & 0.5900 & 0.2600 & 0.0000 \\ 0.0000 & 0.1225 & 0.6725 & 0.2050 & 0.0000 \\ 0.0000 & 0.1400 & 0.6850 & 0.1750 & 0.0000 \\ 0.0000 & 0.1900 & 0.5800 & 0.2300 & 0.0000 \\ 0.0000 & 0.1600 & 0.6700 & 0.1700 & 0.0000 \\ 0.0000 & 0.0700 & 0.6400 & 0.2900 & 0.0000 \\ 0.0000 & 0.0000 & 0.8500 & 0.1500 & 0.0000 \end{pmatrix}$$

甲企业二级模糊综合评判集为：

$$D=BH=(0.25\quad 0.2\quad 0.15\quad 0.1\quad 0.1\quad 0.1\quad 0.1)\begin{pmatrix}0.1075 & 0.6300 & 0.2625 & 0.0000 & 0.0000\\ 0.1100 & 0.6625 & 0.2425 & 0.0000 & 0.0000\\ 0.0000 & 0.1700 & 0.7025 & 0.1275 & 0.0000\\ 0.0000 & 0.5600 & 0.4400 & 0.0000 & 0.0000\\ 0.0800 & 0.6900 & 0.2300 & 0.0000 & 0.0000\\ 0.0900 & 0.7300 & 0.1800 & 0.0000 & 0.0000\\ 0.0000 & 0.5500 & 0.4500 & 0.0000 & 0.0000\end{pmatrix}$$

$$=(0.065875\quad 0.5685\quad 0.3495\quad 0.019125\quad 0)$$

乙企业二级模糊综合评判集为：

$$D=BH=(0.25\quad 0.2\quad 0.15\quad 0.1\quad 0.1\quad 0.1\quad 0.1)\begin{pmatrix}0.0000 & 0.1500 & 0.5900 & 0.2600 & 0.0000\\ 0.0000 & 0.1225 & 0.6725 & 0.2050 & 0.0000\\ 0.0000 & 0.1400 & 0.6850 & 0.1750 & 0.0000\\ 0.0000 & 0.1900 & 0.5800 & 0.2300 & 0.0000\\ 0.0000 & 0.1600 & 0.6700 & 0.1700 & 0.0000\\ 0.0000 & 0.0700 & 0.6400 & 0.2900 & 0.0000\\ 0.0000 & 0.0000 & 0.8500 & 0.1500 & 0.0000\end{pmatrix}$$

$$=(0\quad 0.125\quad 0.65875\quad 0.21625\quad 0)$$

七、确定评判结果

按照模糊综合评价中最大隶属度原则，将最大隶属度对应的评判指标 $\max(D_i)$ 作为评判结果，即 $v=\{v_i\,|\max(D_i)\}$。从以上计算可以得出，甲企业最大隶属度值为 $D_2=0.5685$，乙企业最大隶属度值为 $D_3=0.65875$，甲企业汇率风险承受能力为“较强”，乙企业汇率风险承受能力为“一般”。

根据上述算法，对所有样本企业汇率风险进行计算，计算结果显示在 42 家企业中，评价为很强的企业共 2 家，占样本总数的 4.76%，评价为较强的企业共 8 家，占样本总数的 19.05%，评价为一般的企业共 32 家，占样本总数的 76.19%。汇率承受能力很强和较强的企业中，大中型企业所占比重高达 100%，这说明企业的综合实力是决定企业汇率承受能力的关键。这些大中型企业的结汇方式非常多样化，但是并未影响其对外贸易的业务水平，这表明对于有较强实力的企业，汇率变动对企业利润的侵蚀有限。在问卷调查中，我们深入了许多受访企业，与受访单位负责人或外贸部门负责人进行了深入的探讨，许多企业负责人表示只要自身技术先进、产品设计优秀，企业就容易获得外贸定价权，完全可以不考虑汇率的变动。同时，大多数企业汇率风险承受能力评价为一般，这也是中国众多外贸企业在激烈的国际市场竞争中的真实写照，在很多领域，中国企业并不具备完全的优势，汇率变动会严重影响这些企业的生存和发展。正确的认识、科学的评价、合理地提升企业汇率风险承受能力是保证企业生存与可持续发展的重要举措。

以出口型企业为例，通过对企业汇率风险承受能力影响因素的分析，从企业特征、经营能力、管理能力、偿债能力、担保能力、管理者素质和汇率风险方面选取指标构建企业汇率风险承受能力评价指标体系，并采用多级模糊综合评价模型进行了企业汇率风险承受能力的实证评价，同时也对影响企业汇率风险承受能力因素的影响程度排序并进行了初步的定量化探索，验证了该模型在风险管理定量评估中的可操作性。

第九章　企业汇率风险管理应急机制构建

第一节　企业汇率风险管理应急机制指标体系构建

一、指标选取原则

涉外企业汇率风险管理应急机制的构建，要求企业管理者应全面了解和掌握企业汇率风险的现状，了解企业汇率风险应急管理机制中存在的不足，选择合理的指标体系，采用科学的评价方法来构建企业汇率风险应急管理指标体系。因此，其原则如下：

第一，目标性。构建指标体系的目标就是为了通过对涉外企业人民币汇率风险应急管理机制的评价，掌握企业人民币汇率风险应急管理的现状和效果，弄清尚存缺陷和不足的方面，提供管理目标和方案供决策参考。同时，构建的每一个指标应清楚反映评价对象的不同方面，清晰地划分指标的界线和指标体系的层次，构建的同一层级的不同指标要求不能相容或重复。

第二，科学性。构建逻辑清晰、结构合理的指标体系应以科学的理论为基础。同时对选用模型、数据等进行分析研究，选取可行、易操作的指标，删除过多、过于复杂的指标，否则会增加评价工作的难度，影响管理者的战略决策，使评价工作失去意义。

第三，系统性。构建的指标体系由多个指标构成，它们应具有完整的系统性。一个完整的指标体系既包括评价对象的每一个方面，又客观地反映评价对象的本质，从而保证其评价的系统性和完整性。因此，多选取反映评价对象本质的指标，多合并相关性较高的指标，减少指标个数，有利于提高评价工作的效率。

二、指标体系构建

评价指标体系的构建是决定评价结果科学性的基础和前提。全面把握评价体系各个方面的因素，才能保证评价指标的科学性、合理性与准确性。因此，按照相关原则和理论来构建评价指标体系就显得十分必要。根据研究构建我国涉外企业人民币汇率风险应急管理机制评价指标体系的流程如下：第一，涉外企业汇率风险应急管理机制评价指标的选取是基于人民币汇率波动理论、企业应急管理理论等，并且结合人民币汇率波动趋势的特征，通过文献资料和涉外企业实地调研数据，分析指标来源，构建人民币汇率风险整体评估的框架结构。第二，聘请相关专家，咨询相关专家意见，采用专家评价法，初步确定人民币汇率风险指标。第三，根据人民币汇率风险指标选取原则对初选的指标再筛选，对于那些重要程度低或不具有代表性的指标应予删除。第四，结合查阅的相关文献资料、实地调研结果和专家咨询意见，理清各指标之间的内在关系，确立人民币汇率风险应急机制评价指标体系的结构层级模型。第五，由解释结构模型（ISM）和层次分析法（AHP）确定指标体系的综合权重，构建评价模型，流程如图 9－1 所示。

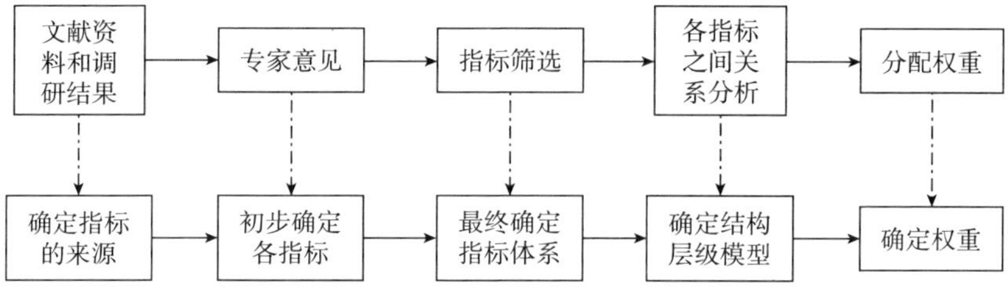

图 9－1　指标体系构建流程

根据以上分析，将涉外企业人民币汇率风险应急管理机制划分为预防、预警、反应、控制、恢复五个阶段。因此，我们可以确定预防子机制指标、预警子机制指标、反应子机制指标、控制子机制指标以及恢复子机制指标为一级指标，将这五个阶段中涉外企业人民币汇率风险管理的直接影响因素作为二级指标。涉外企业人民币汇率风险管理应急机制评价指标具体内容和说明如表 9－1 所示。

表9－1　涉外企业人民币汇率风险管理应急机制评价指标

目标层	一级指标	二级指标	备注说明
汇率风险应急管理机制	预防子机制（I_1）	预案编制及管理（I_{11}）	制定应对的规范和流程等基础性文件
		应急宣传教育及培训（I_{12}）	对金融、应急管理等学科知识进行宣传教育、培训
		管理机构（I_{13}）	设立汇率风险应急管理部门或机构
	预警子机制（I_2）	专业队伍（I_{21}）	专业人员人数以及素质、能力
		汇率风险监测及评估（I_{22}）	随时对企业汇率风险进行监控，在此基础上评估汇率风险的大小
		预警决策系统（I_{23}）	确定汇率风险的预警等级，发出不同等级的警报
	反应子机制（I_3）	应急信息沟通、反馈（I_{31}）	上下级管理层之间和管理人员之间的信息传递以及实时反馈信息
		指标与协调（I_{32}）	应急工作的组织管理、指挥及协调
		决策支持（I_{33}）	制定执行应急处置方案
	控制子机制（I_4）	会商机制（I_{41}）	是否与互助单位签订协议，在对应急资源急需的必要时候进行会商
		资源整合（I_{42}）	对资源进行分配和整合
		止损机制（I_{43}）	设置合理止损点、建立完善的止损限额管理制度，及时进行止损
		紧急处理机制（I_{44}）	采取紧急的处理措施
	恢复子机制（I_5）	善后处理机制（I_{51}）	对企业所造成的影响进行善后处理
		恢复计划（I_{52}）	制定科学、合理的弥补计划和方案
		应急绩效评价及经验总结（I_{53}）	对应急管理中的有效举措和存在的问题进行效果评价和经验总结

（一）预防子机制

预防子机制是人民币汇率风险管理应急机制的重要组成部分，预防子机制的二级指标由人民币汇率风险应急预案编制及管理、应急宣传教育及培训、管理机构要素构成。

1. 预案编制及管理

人民币汇率风险应急管理的基础是编制预案，主要职责是制定人民币汇率风险应急管理的规范和流程等基础性文件。完善的预案管理能确保应急管理有序地进行。因此，须按照企业的实际情况来制定具有可操作性的人民币汇率风险应急预案。人民币汇率风险应急管理预案编制得越科学合理，应急预案越完善，指标信度就越高。

2. 应急宣传教育及培训

企业人民币汇率风险应急管理的宣传教育及培训不仅有利于提高员工风险管理等学科的知识，还有利于人民币汇率风险应急管理每一个环节的完成，是强化人民币汇率风险应急管理效果的重要手段。企业组织人民币汇率风险宣传教育和应急培训的次数以及方式、员工参与程度是该部分指标值确立的依据。

3. 管理机构

机构设立是指涉外企业设立人民币汇率风险应急管理机构。管理机构负责人民币汇率风险应急预案的管理、风险管理知识的培训、人民币汇率风险管理应急活动的协调等工作，是应急管理响应的主要实施部门。

（二）预警子机制

人民币汇率风险管理预警子机制是指对由专业人员及时分析评估人民币汇率风险的大小，当人民币汇率风险值到达一定等级时能及时发出风险预警信号，为管理者提供决策的机制。人民币汇率风险管理预警子机制的二级指标包括专业队伍、汇率风险监测及评估、预警决策系统。

1. 专业队伍

人民币汇率风险管理者需要有扎实的经济学、金融学、管理学等相关知识与技能。参与人民币汇率风险应急管理活动的管理者其专业水平的高低直接影响人民币汇率风险应急管理的总体效果。因此，专业管理人员对于人民币汇率风险应急管理的意义重大。专业管理人员人数多、素质高、能力强，则二级指标值就越高。

2. 汇率风险监测及评估

涉外企业人民币汇率风险监测及评估是指管理者适时对人民币汇率波动、企业汇率风险暴露头寸、暴露时间进行监测，在分析的基础上评估人民币汇率风险的大小。检测与评估是对涉外企业人民币汇率风险管理起保障性作用。人民币汇率风险监测是对影响人民币汇率风险的各因素进行监测，为人民币汇率风险应急管理提供决策依据。人民币汇率风险监测和评价结果越准确，其指标值相应就越高。

3. 预警决策系统

通过对汇率风险要素的监测，评估其大小，判断汇率风险对涉外企业的影响程度，来确定汇率风险的预警等级，一旦发现预警等级超过警戒线，管理部门要及时发出等级警报。建立的预警决策系统越科学有效，其指标值就越高。

（三）反应子机制

人民币汇率风险管理反应子机制是指决策者在收到人民币汇率风险应急管理

预警信号后进行的决策，管理者在较短的时间内将应急管理状态切换到人民币汇率风险管理中搜索预案，并从中选取最优预案，对人、财、物进行指挥与协调的过程。人民币汇率风险应急管理反应的全过程须具有规范性，否则可能给相关部门的工作造成障碍，导致决策失误。人民币汇率风险管理反应子机制的二级指标由应急信息沟通、反馈，指挥与协调，决策支持组成。

1. 应急信息沟通、反馈

人民币汇率风险预警信号一旦出现，汇率风险管理人员应把信息及时传递给企业相关管理机构。同时，还要对人民币汇率风险应急管理措施实施情况进行实时反馈。人民币汇率风险管理信息反馈的质量越高、沟通越畅通，则指标值也就越高。

2. 指挥与协调

指挥与协调是涉外企业人民币汇率风险应急管理指挥中心的主要职责。涉外企业人民币汇率风险应急管理指挥中心根据人民币汇率风险预警信息，选择科学的方案，明确每个部门和每个人员的工作职责，保障人民币汇率风险应急管理工作的顺利开展。涉外企业人民币汇率风险应急管理指挥中心指挥与协调工作越合理有效，则指标值就越高。

3. 决策支持

涉及企业人民币汇率风险应急管理决策是通过对人民币汇率风险预警信息的分析，快速准确地选择一个最佳的人民币汇率风险应急管理方案的过程。决策者应准确把握时间、空间等决策环境下的人民币汇率风险管理待选方案数量以及各方案实施后的效果。涉外企业人民币汇率风险发生时，企业越能高效制定并执行人民币汇率风险应急处置方案，则该指标值就越高。

（四）控制子机制

人民币汇率风险控制管理子机制是指人民币汇率风险造成涉外企业将要发生或已发生损失期间，涉外企业人民币汇率风险应急管理部门采取控制和弥补损失的一系列措施。控制子机制的二级指标有会商机制、资源整合、止损机制、紧急处理机制。

1. 会商机制

应急管理是一种非常态管理。因此，人民币汇率风险应急管理部门事先应与相关单位签订人民币汇率风险应急管理协议，建立人民币汇率风险应急管理资源急需的会商机制，从而提高人民币汇率风险应急管理能力。会商机制越完善，则该指标值越高。

2. 资源整合

涉外企业人民币汇率风险应急管理部门根据人民币汇率风险应急管理预案和汇率的实际情况，对应急资源进行有效地分配和整合，以保证人民币汇率风险应急管理预案的有效执行，为人民币汇率风险应急管理工作提供有效的保障，使得人民币汇率风险应急管理预案得到最佳结果。人民币汇率风险应急管理资源使用越合理，则指标值就越高。

3. 止损机制

涉外企业人民币汇率风险止损机制是指涉外企业根据实际情况，设置适合企业的可承受的人民币汇率风险合理止损点，从而建立完善的人民币汇率风险止损限额管理制度，并且对涉外企业财务活动进行有效监控。人民币汇率风险止损机制能够在决策失误时第一时间发现问题、及时止损，确保涉外企业人民币汇率风险损失降到最低。涉外企业人民币汇率风险止损机制越有效，则该指标值就越高。

4. 紧急处理机制

涉外企业人民币汇率风险紧急处理机制是指当人民币汇率风险严重影响企业经营时，企业已无法继续承担人民币汇率损失，管理人员采取紧急处置，使人民币汇率风险损失得到及时处理。涉外企业人民币汇率风险紧急处理机制越完善，指标值就越高。

（五）恢复子机制

涉外企业人民币汇率风险管理恢复子机制的二级指标包括善后处理、恢复计划、应急绩效评价及经验总结。

1. 善后处理机制

当人民币汇率损失发生后，涉外企业人民币汇率风险应急管理部门应对人民币汇率风险对企业所造成的影响进行善后处置，以便提高涉外企业人民币汇率风险应急管理效果。涉外企业越快启动善后处理机制，则该指标值越高。

2. 恢复计划

涉外企业人民币汇率风险应急管理恢复计划主要是针对汇率风险损失发生后，应急管理人员采取相关的应急管理措施，基于人民币汇率风险损失的大小，制定科学的弥补计划和方案，使企业尽快恢复到正常状态。涉外企业人民币汇率风险应急管理恢复计划越合理，则指标值越高。

3. 应急绩效评价及经验总结

当涉外企业人民币汇率风险应急管理部门对汇率风险应急事件的一系列处置

活动结束后，须对人民币汇率风险管理行动中的有效举措和存在的问题进行效果评价和经验总结，为涉外企业完善人民币汇率风险应急管理预案和日后管理奠定基础。涉外企业人民币汇率风险管理绩效评估越合理、总结越及时，则该指标值就越高。

第二节 企业汇率风险管理应急机制评价模型

一、确定各指标权重

涉外企业人民币汇率风险管理应急机制评价模型确定指标权重的方法有两种：一种是客观赋权法，如熵权法、主成分分析法、离差最大化法等；另一种是主观赋权法，如层次分析法、主观判断法、专家咨询法等。综合考虑客观赋权法和主观赋权法的优劣，为使各指标权重更加客观准确。综合赋权法是客观权重与主观权重加权求和而得到相关因素的最终权重。故本书采用综合赋权法来确定相关指标的权重。

$$\omega_j = \psi_1 \omega_{j1} + \psi_2 \omega_{j2} \qquad (9-1)$$

式（9-1）中，ω_j是第j个涉外企业人民币汇率风险指标的综合权重，ω_{j1}是基于ISM得到第j个涉外企业人民币汇率风险指标的客观权重，ω_{j2}则为基于层次分析法得到的第j个涉外企业人民币汇率风险指标的主观权重。ψ_1，ψ_2则是根据信心指数法确定的客观权重与主观权重的分配权值。由于涉外企业人民币汇率风险应急管理中的各个因素之间的关系具有客观性，因此，基于解释结构模型（ISM）确定涉外企业人民币汇率风险各指标的客观权重，而采用层次分析法（AHP）确定涉外企业人民币汇率风险各指标的主观权重。

（一）解释结构模型（ISM）

解释结构模型（Interpretative Structural Modeling Method，ISM），又称为ISM分析法。该模型是美国华菲尔特教授在研究规模大、结构复杂的社会经济的系统性问题时开发的研究方法，现广泛应用于系统工程领域。ISM模型能有效地把系统中各元素之间复杂的关系转化为直接的、明确的结构关系，从而理清模糊的、混乱的复杂要素之间的相互关系。ISM模型主要是在分析系统各因素之间内在关系的基础上，通过定性表示系统中各因素之间存在的关系模型，把复杂要素进行结构化和层次化，最终使系统要素之间的所有关系（直接关系和间接关系）都可以用有向图表示，并在这基础之上进行研究，从而得到影响系统的关键性要素，即根本要素。ISM 方法包括以下四个部分。

1. 邻接矩阵建立

首先，确定系统的各个组成要素，对各个要素编号，如 S_i（$i=1, 2, \cdots, n$）。其次，依据系统中任意两个组成要素 S_i，S_j之间的内在联系，确定两要素的关系，可用 S_iRS_j表示。此时，要素 S_i对 S_j存在“先决条件”“给予影响”“重要”等关系。最后，整理系统中任意两元素之间关系的有无，建立起邻接矩阵 $A=[a_{ij}]$，其中 $a_{ij}=\begin{cases}1，当 S_i 对 S_j 有关系时\\0，当 S_i 对 S_j 没有关系时\end{cases}$。

2. 可达矩阵建立

建立了邻接矩阵 A 后，再进行邻接矩阵 A 与单位矩阵 I 的和运算，求出 $A+I$。同时，对矩阵 $A+I$ 进行幂运算，不过矩阵 $A+I$ 幂运算必须以布尔代数运算为基础进行。当矩阵 $A+I$ 进行幂运算满足式（9-2）的条件时停止，计算得出一个正整数 n。

$$M=(A+I)^{n+1}=(A+I)^n\neq\cdots\neq(A+I)^2\neq(A+I) \quad (9-2)$$

上述矩阵 $M=(A+I)^n$称为可达矩阵，它表明了要素之间直接和间接的关系。矩阵中 M 的元素 m_{ij}如果等于 0，则表示要素 S_i对要素 S_j不存在直接或间接的影响；当 m_{ij}等于 1，则表明要素 S_i与要素 S_j之间存在着可到达的路径，即要素 S_i对要素 S_j存在直接或间接影响关系。

3. 分配要素的级别

对可达矩阵 M 中的全部要素 S_i分别求出可达集合 $P(S_i)$和先行集合 $Q(S_i)$：

$$P(S_i)=\{S_j \mid m_{ij}=1\} \quad (9-3)$$

$$Q(S_i)=\{S_j \mid m_{ji}=1\} \quad (9-4)$$

$P(S_i)$ 可以通过查找可达矩阵 M 的第 i 行上值为 1 的列对应的要素得到，而 $Q(S_i)$ 则是查找可达矩阵 M 的第 i 列上值为 1 的行对应的要素。再求出各要素集合 L_1，此时 L_1必须满足式（9-5）。

$$L_1=\{S_k \mid P(S_k)\cap Q(S_k)=P(S_k), k=1, 2, \cdots, n\} \quad (9-5)$$

L_1中的要素位于层次结构图中的最上面，同时满足以下条件：从其他要素可以到达 L_1 中的要素，反之则不行。其后，删除可达矩阵 M 中 L_1中全部要素对应的行与列。同理，依次确定 L_2，L_3，…。然后，根据级位划分的结果对可达矩阵 M 进行重新排列，得出层次化的可达矩阵。

4. 建立层次结构图

在级别分配后，第一层次在整个层次结构图的最上面，即把 L_1 中的全部要素置于层次结构图的最上面。对于层次结构图的第二层次，即放置 L_2 中的各要素。由此类推，按照从上至下的级别顺序，把 L_3，L_4，… 各级别中的要素依次归类排列，最后用有向图表示系统的层次结构，得出完整的层次结构图。层次结构图简单明确地展示了系统中各因素的层级关系及其相互关系。位于整个层次结构图第一层次的要素是系统中最直接的要素，而处于层次结构图最低端的要素是系统的基础性要素。第一层的要素都属于影响系统的直接要素，而其他各层的要素则间接影响着系统，间接要素主要通过影响其他要素达到影响系统的作用。

（二）层次分析法（AHP）

层次分析法是美国托马斯·萨蒂于 20 世纪 70 年代提出的一种多指标、多方案的综合比较决策分析方法。层次分析法首先把复杂问题按支配关系分层，然后把每层的所有因素的相对重要性进行一一对比，最后确定各个因素相对重要性并排顺序，在此基础上做出决策。

1. 建立层次分析结构

首先深入分析对待研究的实际问题，将全部因素按目标层、准则层和方案层的标准划分，如图 9－2 所示。

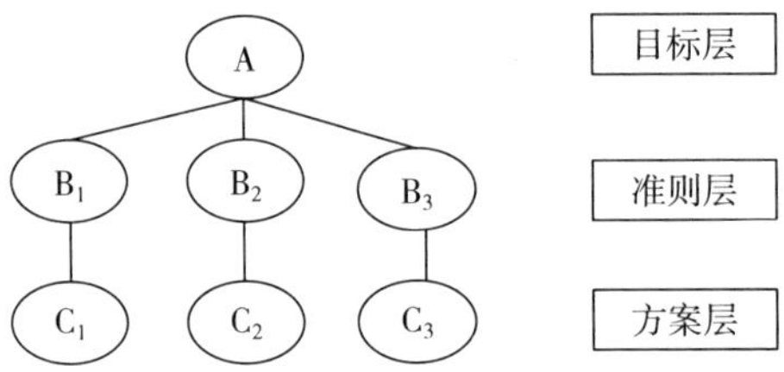

图 9－2 层次分析结构

2. 构造判断矩阵

采用 1－9 比例标度（见表 9－2），把同一层级的因素进行对比，建立比较判断矩阵 A：

$$a_{ij}=\frac{1}{a_{ji}} \tag{9-6}$$

3. 检验判断矩阵一致性

（1）计算一致性指标 CI。

$$CI=\frac{\lambda-n}{n-1} \tag{9-7}$$

表 9-2　各标度数值的含义

a_{ij}的值	含义
1	因素 i 与因素 j 同样重要
3	因素 i 比因素 j 略重要
5	因素 i 比因素 j 明显重要
7	因素 i 比因素 j 强烈重要
9	因素 i 比因素 j 极端重要
2，4，6，8 表示上述相邻判断的中间值	

因此，一致性程度可用判断矩阵特征根的变化来检验。

当判断矩阵是否具备完全一致性时，$\lambda max = n$，$CI = 0$；当 CI 愈大，矩阵的一致性愈差。一般情况，当 $CI \leq 0.1$，判断矩阵的一致性可接受。

（2）当判断矩阵的维数 n 越大，判断的一致性就越差。因此，应对高维判断矩阵的一致性要求可放宽，此时，引入特征值 RI，通过查找对应的平均随机一致性指标 RI，在 $n=1$，…，9 的情形下，Saaty 可得出 RI 的值，如表 9-3 所示。

表 9-3　随机一致性指标 *RI* 的数值

阶数 n	1	2	3	4	5	6	7	8	9
RI	0.00	0.00	0.58	0.90	1.12	1.24	1.32	1.41	1.45

（3）为了检验判断矩阵的一致性，需将 CI 与随机一致性指标 RI 进行比较，可得更为合理的 CR。

$$CR = \frac{CI}{RI} \tag{9-8}$$

通常，当 $CR < 0.1$，则可以认为比较矩阵 A 有一致性，或其不一致程度可接受，相反就需要调整矩阵 A，直到形成满意的一致性。

（4）根据层次总排序做出决策。由同一组元素获得对上一层中某元素的权重向量之后，应自上而下地将单准则下的权重进行合并，最后才能得到总的排序权重。

二、属性综合评价系统

综合评价的对象通常是复杂的多重指标，目前常用的评价方法有专家评估法、层次分析法、模糊综合评价法、云模型等。但是专家评估法只能以均值反映权重，层次分析法中权重要受到评判标准分级的影响，而模糊综合评价法应用虽广，但是运用模糊综合评判法会出现分类不清、结果不合理的问题（程乾生，1997）。

1994 年北京大学程乾生教授提出属性数学理论。最小代价准则和置信水平准则（程乾生，1997）是属性测度模式识别的准则。2012 年韩杰、张淑华认为属性综合评价方法是在属性数学中属性空间、有序分割类等基础上建立起来的一种综合评价方法。因此，属性综合评价系统由 3 个子系统组成。这 3 个子系统分别是单指标属性测度系统、多指标综合属性测度系统和属性识别分析。目前，属性数学的理论逐渐被国内外学者作为一门科学来认识和采用。

评价对象的层次结构最顶层是目标层，本层通常只有一个目标元素，而依次往下的第二层为准则层，紧接着的第三层是方案层。

属性综合评价的步骤总共分为五步：

（1）确定评价对象作为目标层，相关指标作为准则层和子准则层。采用科学的方法对准则层的指标进行界定和划分综合评价结果的属性集 C_k。假设研究对象即目标层是 X，作为样品 x_i（$i=1, 2, \cdots, n$）共有 m 个评价指标 I_j（$j=1, 2, \cdots, m$）。另外，评价空间为 F，对评价空间进行有序划分为 K 个等级，$F=\{C_1, C_2, \cdots, C_K\}$。

（2）构建单指标属性测度分析子系统。样品 x_i 的第 j 个指标的测量值用 t_j 表示，$t_j \in C_k$ 表示 t_j 属于第 k 个评价等级 C_k 类，则它的属性测度可以用 $\mu_{xjk}=\mu$ 表示。按照属性测度的性质，μ_{xjk}要满足：

$$\sum_{k=1}^{K} \mu_{xjk} = 1, 1 \leqslant i \leqslant n, 1 \leqslant j \leqslant m \tag{9-9}$$

假设 X 的第 j 个评价指标值为 t，则各指标的量化值可以表示为 $X=(t_1, t_2, \cdots, t_m)$。同时，由表 9-4 单指标等级划分来确定单指标属性测度函数 $\mu_{ijk}(t)$。

表 9-4 单指标等级划分

评价指标	评价等级			
	C_1	C_2	…	C_k
I_1	$a_{10}-a_{11}$	$a_{11}-a_{12}$	…	$a_{1k-1}-a_{1k}$
I_2	$a_{20}-a_{21}$	$a_{21}-a_{22}$	…	$a_{2k-1}-a_{2k}$
⋮	⋮	⋮	⋮	⋮
I_m	$a_{m0}-a_{m1}$	$a_{m1}-a_{m2}$	…	$a_{mk-1}-a_{mk}$

假设在表 9－4 中 a_{jk}满足 $a_{j0}<a_{j1}<\cdots<a_{jk}$，$a_{j0}>a_{j1}>\cdots>a_{jk}$。令：

$$b_{jk}=\frac{a_{j(k-1)}+a_{jk}}{2},\ k=1,\ 2,\ \cdots,\ k \tag{9-10}$$

$$d_{jk}=\min\{|b_{jk}-a_{jk}|,\ |b_{j(k+1)}-a_{jk}|\},\ k=1,\ 2,\ \cdots,\ k-1 \tag{9-11}$$

当 $a_{j0}<a_{j1}<\cdots<a_{jK}$时，单指标的属性测度函数可以由以下式子确定：

当 $k=1$ 时，有：

$$\mu_{xj1}(t)=\begin{cases}1 & t<a_{j1}-d_{j1}\\ \dfrac{|t-a_{j1}-d_{j1}|}{2d_{j1}} & a_{j1}-d_{j1}\leqslant t\leqslant a_{j1}+d_{j1}\\ 0 & a_{j1}+d_{j1}<t\end{cases} \tag{9-12}$$

当 $k=2,\ 3,\ \cdots,\ k-1$ 时，有：

$$\mu_{xjk}(t)=\begin{cases}0 & t<a_{j(k-1)}-d_{j(k-1)}\\ \dfrac{|t-a_{j(k-1)}+d_{j(k-1)}|}{2d_{j(k-1)}} & a_{j(k-1)}-d_{j(k-1)}\leqslant t\leqslant a_{j(k-1)}+d_{j(k-1)}\\ 1 & a_{j(k-1)}+d_{j(k-1)}<t<a_{jk}-d_{jk}\\ \dfrac{|t-a_{jk}-d_{jk}|}{2d_{jk}} & a_{jk}-d_{jk}\leqslant t\leqslant a_{jk}+d_{jk}\\ 0 & a_{jk}+d_{jk}<t\end{cases} \tag{9-13}$$

当 $k=K$ 时，有：

$$\mu_{xjk(t)}=\begin{cases}0 & t<a_{j(k-1)}-d_{j(k-1)}\\ \dfrac{|t-a_{j(k-1)}+d_{j(k-1)}|}{2d_{j(k-1)}} & a_{j(k-1)}-d_{j(k-1)}\leqslant t\leqslant a_{j(k-1)}+d_{j(k-1)}\\ 1 & a_{j(k-1)}+d_{j(k-1)}<t\end{cases} \tag{9-14}$$

其中，$j=1,\ 2,\ \cdots,\ m$。

（3）构建多指标属性测度分析子系统，其中常用的是加权运算。假设 μ_{xk}表示被评价对象 x 具有 C_k级别，则有：

$$\mu_{xk}\geqslant 0,\ \sum_{k=1}^{K}\mu_{xk}=1 \tag{9-15}$$

对于每一个指标根据其作用的大小赋予相应的权重 W_j，同时满足：

$$W_j\geqslant 0,\ \sum_{j=1}^{m}W_j=1 \tag{9-16}$$

根据 W_j和 μ_{xjk}得到多指标综合属性测度：

$$\mu_{xk} = \sum_{j=1}^{m} W_j \mu_{xjk} \tag{9-17}$$

（4）构建属性识别子系统。由于属性空间 F 是有序集，根据置信度准则：设 $C_1 > C_2 > \cdots > C_p$，λ 为置信度，$0.5 < \lambda \leqslant 1$。如果有：

$$P_0 = \min\left\{p: \sum_{l=1}^{p} \mu_{il} \geqslant \lambda, 1 \leqslant p \leqslant P\right\} \tag{9-18}$$

则认为 x_i 属于 C_{p0} 类。上述原则是要求"强"的类占相当大的比例。置信度 λ 一般位于 0.6 到 0.7 之间。

（5）输出综合属性值和准则层的风险属性值。

三、基于 ISM－ASAS 理论的企业汇率风险管理应急机制评价模型

涉外企业人民币汇率风险管理应急机制评价模型，主要是对人民币汇率风险应急管理工作进行定性分析和定量分析。涉外企业人民币汇率风险管理是通过对企业人民币汇率风险管理过程中汇率风险的调研与分析，经过与企业中高层管理者沟通、讨论，通过相关文献研究，结合人民币汇率风险波动的趋势及特点，基于涉外企业人民币汇率风险应急管理的五大阶段，按照 ISM 技术的要求，归纳并确定涉外企业人民币汇率风险管理应急机制的潜在影响因素。为了更方便地建立涉外企业人民币汇率风险应急管理系统的 ISM 模型，本书把 16 个因素按照顺序分别命名，确定涉外企业人民币汇率风险各影响因素之间的关系，如表 9－5 所示。

表 9－5　涉外企业人民币汇率风险管理应急机制影响因素

阶段	影响因素指标	编号	直接影响指标
预防	预案编制及管理	I_{11}	I_{12}、I_{13}、I_{21}、I_{22}、I_{23}、I_{31}、I_{32}、I_{33}、I_{41}、I_{42}、I_{43}、I_{44}、I_{51}、I_{52}、I_{53}
	应急宣传教育及培训	I_{12}	I_{11}、I_{13}、I_{21}、I_{31}、I_{32}、I_{41}、I_{42}、I_{43}、I_{44}、I_{51}、I_{52}、I_{53}
	管理机构	I_{13}	I_{11}、I_{12}、I_{21}、I_{31}、I_{32}、I_{33}、I_{41}、I_{42}、I_{43}、I_{44}、I_{51}、I_{52}
预警	专业队伍	I_{21}	I_{11}、I_{12}、I_{13}、I_{22}、I_{23}、I_{31}、I_{32}、I_{33}
	汇率风险监测及评估	I_{22}	I_{23}
	预警决策系统	I_{23}	I_{22}、I_{32}、I_{33}
反应	应急信息沟通、反馈	I_{31}	I_{32}、I_{33}、I_{41}、I_{42}、I_{43}、I_{44}
	指挥与协调	I_{32}	I_{31}、I_{33}、I_{41}、I_{42}、I_{43}、I_{44}
	决策支持	I_{33}	I_{31}、I_{32}、I_{41}、I_{42}、I_{43}、I_{44}

续表

阶段	影响因素指标	编号	直接影响指标
控制	会商机制	I_{41}	I_{42}、I_{51}、I_{52}
	资源整合	I_{42}	I_{43}、I_{44}、I_{51}、I_{52}
	止损机制	I_{43}	I_{42}、I_{51}、I_{52}
	紧急处理机制	I_{44}	I_{41}、I_{42}、I_{43}、I_{51}、I_{52}
恢复	善后处理机制	I_{51}	I_{52}
	恢复计划	I_{52}	I_{51}
	应急绩效评价及经验总结	I_{53}	I_{11}、I_{12}、I_{13}、I_{21}、I_{22}、I_{23}、I_{31}、I_{32}、I_{33}、I_{41}、I_{42}、I_{43}、I_{44}、I_{51}、I_{52}

（一）建立邻接矩阵

涉外企业人民币汇率风险因素之间存在“影响”和“被影响”的关系。经相关文献归纳，对表 9－5 中的涉外企业人民币汇率风险应急机制中各个影响因素的关系进行判定，建立两项的邻接矩阵 A。

$$
A=\begin{array}{c}
I_{11}\\ I_{12}\\ I_{13}\\ I_{21}\\ I_{22}\\ I_{23}\\ I_{31}\\ I_{32}\\ I_{33}\\ I_{41}\\ I_{42}\\ I_{43}\\ I_{44}\\ I_{51}\\ I_{52}\\ I_{53}
\end{array}
\begin{bmatrix}
0&1&1&1&1&1&1&1&1&1&1&1&1&1&1&1\\
1&0&1&1&0&0&1&1&0&1&1&1&1&1&1&1\\
1&1&0&1&0&0&1&1&1&1&1&1&1&1&1&0\\
1&1&1&0&1&1&1&1&1&0&0&0&0&0&0&0\\
0&0&0&0&0&1&0&0&0&0&0&0&0&0&0&0\\
0&0&0&0&1&0&0&1&1&0&0&0&0&0&0&0\\
0&0&0&0&0&0&0&1&1&1&1&1&1&0&0&0\\
0&0&0&0&0&0&1&0&1&1&1&1&1&0&0&0\\
0&0&0&0&0&0&1&1&0&1&1&1&1&0&0&0\\
0&0&0&0&0&0&0&0&0&0&1&0&0&1&1&0\\
0&0&0&0&0&0&0&0&0&0&0&1&1&1&1&0\\
0&0&0&0&0&0&0&0&0&0&1&0&0&1&1&0\\
0&0&0&0&0&0&0&0&0&1&1&1&0&1&1&0\\
0&0&0&0&0&0&0&0&0&0&0&0&0&0&1&0\\
0&0&0&0&0&0&0&0&0&0&0&0&0&1&0&0\\
1&1&1&1&1&1&1&1&1&1&1&1&1&1&1&0
\end{bmatrix}
$$

（二）生成可达矩阵

得到邻接矩阵 A 后，进行布尔代数[①]运算处理后，得出可达矩阵 $M=(A+I)^4\neq(A+I)^2\neq(A+I)$，$n=4$。

$$M=\begin{array}{c}I_{11}\\I_{12}\\I_{13}\\I_{21}\\I_{22}\\I_{23}\\I_{31}\\I_{32}\\I_{33}\\I_{41}\\I_{42}\\I_{43}\\I_{44}\\I_{51}\\I_{52}\\I_{53}\end{array}\begin{bmatrix}1&1&1&1&1&1&1&1&1&1&1&1&1&1&1&1\\1&1&1&1&1&1&1&1&1&1&1&1&1&1&1&1\\1&1&1&1&1&1&1&1&1&1&1&1&1&1&1&1\\1&1&1&1&1&1&1&1&1&1&1&1&1&1&1&1\\0&0&0&0&1&1&1&1&1&1&1&1&1&1&1&0\\0&0&0&0&1&1&1&1&1&1&1&1&1&1&1&0\\0&0&0&0&0&0&1&1&1&1&1&1&1&1&1&0\\0&0&0&0&0&0&1&1&1&1&1&1&1&1&1&0\\0&0&0&0&0&0&1&1&1&1&1&1&1&1&1&0\\0&0&0&0&0&0&0&0&0&1&1&1&1&1&1&0\\0&0&0&0&0&0&0&0&0&1&1&1&1&1&1&0\\0&0&0&0&0&0&0&0&0&1&1&1&1&1&1&0\\0&0&0&0&0&0&0&0&0&1&1&1&1&1&1&0\\0&0&0&0&0&0&0&0&0&0&0&0&0&1&1&0\\0&0&0&0&0&0&0&0&0&0&0&0&0&1&1&0\\1&1&1&1&1&1&1&1&1&1&1&1&1&1&1&1\end{bmatrix}$$

如矩阵 M 所示，I_{11}、I_{12}、I_{13}、I_{21}、I_{53}的行和列对应的元素是一致的。因此，把 I_{11}、I_{12}、I_{13}、I_{21}、I_{53}视为一个因素，保留 I_{11}删去 I_{12}、I_{13}、I_{21}、I_{53}。同理，把 I_{22}、I_{23}视为一个因素，保留 I_{22}删去 I_{23}；把 I_{31}、I_{32}、I_{33}视为一个因素，保留 I_{31}删去 I_{32}、I_{33}；把 I_{41}、I_{42}、I_{43}、I_{44}视为一个因素，保留 I_{41}删去 I_{42}、I_{43}、I_{44}；把 I_{51}、I_{52}视为一个因素，保留 I_{51}删去 I_{52}。得到缩减的可达矩阵 N：

$$N=\begin{array}{c}I_{11}\\I_{22}\\I_{31}\\I_{41}\\I_{51}\end{array}\begin{bmatrix}1&1&1&1&1\\0&1&1&1&1\\0&0&1&1&1\\0&0&0&1&1\\0&0&0&0&1\end{bmatrix}$$

① 通过布尔代数进行集合运算可以获取到不同集合之间的交集、并集或补集，进行逻辑运算可以对不同集合进行与、或、非。

（三）分配要素的级别

对可达矩阵 N 分配要素级别并建立重新排序的可达矩阵，得到涉外企业人民币汇率风险管理应急机制影响因素的层次化可达矩阵，如表 9-6 所示。

表 9-6 层次化的可达矩阵

	I_{51}、I_{52}	I_{41}、I_{42}、I_{43}、I_{44}	I_{31}、I_{32}、I_{33}	I_{22}、I_{23}	I_{11}、I_{12}、I_{13}、I_{21}、I_{53}
I_{51}、I_{52}	1	0	0	0	0
I_{41}、I_{42}、I_{43}、I_{44}	1	1	0	0	0
I_{31}、I_{32}、I_{33}	1	1	1	0	0
I_{22}、I_{23}	1	1	1	1	0
I_{11}、I_{12}、I_{13}、I_{21}、I_{53}	1	1	1	1	1

（四）生成层次结构图

如表 9-6 所示，影响企业人民币汇率风险管理应急机制的因素可以分为 5 个层次。第一层要素集合 $\{I_{51}, I_{52}\}$；第二层要素集合 $\{I_{41}, I_{42}, I_{43}, I_{44}\}$；第三层要素集合 $\{I_{31}, I_{32}, I_{33}\}$；第四层要素集合 $\{I_{22}, I_{23}\}$；第五层要素集合 $\{I_{11}, I_{12}, I_{13}, I_{21}, I_{53}\}$。在此基础上，用有向图表示，得到了涉外企业人民币汇率风险管理应急机制影响因素的解释结构模型图，如图 9-3 所示。

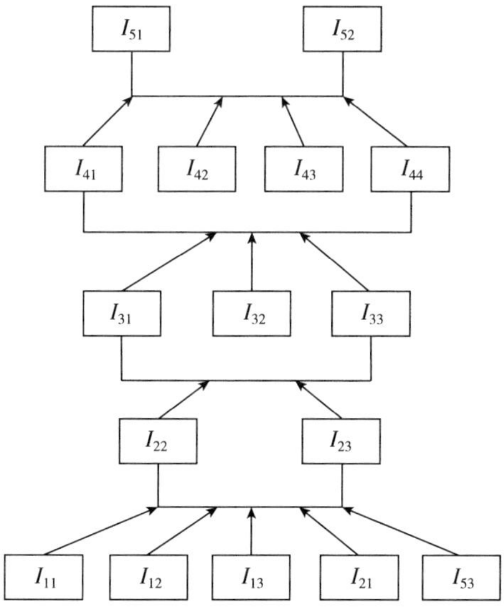

图 9-3 涉外企业汇率风险管理应急机制影响因素的解释结构模型

从图9－3中可知，涉外企业人民币汇率风险管理应急机制影响因素可表现为五个层次，其中第五层预案编制及管理（I_{11}）、应急宣传教育及培训（I_{12}）、管理机构（I_{13}）、专业队伍（I_{21}）、应急绩效评价及经验总结（I_{53}）5个因素是应急机制影响因素中的基础性因素，这5个因素通过不同的方式对涉外企业人民币汇率风险管理应急机制的其他因素产生直接影响或间接影响。

第四层汇率风险监测及评估（I_{22}）、预警决策系统（I_{23}）2个因素对第三层的应急信息沟通、反馈（I_{31}），指挥与协调（I_{32}），决策支持（I_{33}）3个因素有直接影响。通过对汇率波动的监测，评估汇率风险的大小，启动相对应级别的预警，为企业的汇率风险应急管理提供决策依据。

第三层应急信息沟通、反馈（I_{31}），指挥与协调（I_{32}），决策支持（I_{33}）3个因素是中层影响因素，起着承上启下的关键作用。快速的汇率风险信息报告、通报和发布，以及统一的汇率风险应急指挥、协调和决策，都直接影响上一层次要素的网络联系和要素之间的有效性。

第二层会商机制（I_{41}）、资源整合（I_{42}）、止损机制（I_{43}）、紧急处理机制（I_{44}）4个因素直接影响第一层的因素，它们反映应急控制的能力和水平。

第一层善后处理机制（I_{51}）、恢复计划（I_{52}）2个因素是企业汇率风险管理应急机制的最直接因素，反映了企业应急管理的最终效果。

由涉外企业人民币汇率风险管理应急机制层次结构图确定基础性因素的权重 $a=0.5$，应用等比数列求和公式得到递减因子 $\omega=0.52$，则涉外企业人民币汇率风险应急管理机制各指标客观权重如表9－7所示。

表9－7　涉外企业人民币汇率风险应急管理机制各指标客观权重

层级	客观权重	指标	客观权重
第一层级	0.04	善后处理机制（I_{51}）	0.0200
		恢复计划（I_{52}）	0.0200
第二层级	0.07	会商机制（I_{41}）	0.0175
		资源整合（I_{42}）	0.0175
		止损机制（I_{43}）	0.0175
		紧急处理机制（I_{44}）	0.0175
第三层级	0.13	应急信息沟通、反馈（I_{31}）	0.0500
		指挥与协调（I_{32}）	0.0400
		决策支持（I_{33}）	0.0400

续表

层级	客观权重	指标	客观权重
第四层级	0.26	汇率风险监测及评估（I_{22}）	0.1300
		预警决策系统（I_{23}）	0.1300
第五层级	0.50	预案编制及管理（I_{11}）	0.1000
		应急宣传教育及培训（I_{12}）	0.1000
		管理机构（I_{13}）	0.1000
		专业队伍（I_{21}）	0.1000
		应急绩效评价及经验总结（I_{53}）	0.1000

对于主观权重由多位权威专家和涉外企业中高层管理者根据层次分析法，构造判断矩阵，根据涉外企业人民币汇率风险管理应急机制指标体系可以得出判断矩阵如下：

$A=(I_1, I_2, I_3, I_4, I_5)$，$I_1=(I_{11}, I_{12}, I_{13})$，$I_2=(I_{21}, I_{22}, I_{23})$，$I_3=(I_{31}, I_{32}, I_{33})$，$I_4=(I_{41}, I_{42}, I_{43}, I_{44})$，$I_5=(I_{51}, I_{52}, I_{53})$。

然后采用10分制的标准对涉外企业人民币汇率风险管理应急机制各个指标的重要程度逐一进行评分，再将专家的打分值进行加权平均后作为原始数据。最后，通过MATLAB计算权向量进行一致性检验，具体结果如表9-8所示。

表9-8 涉外企业人民币汇率风险应急管理机制各判断矩阵一致性检验结果

判断矩阵	n	λ	CI	CR	一致性检验结果
I_1	3	3.0183	0.0091	0.0157	通过
I_2	3	3.0649	0.0325	0.0560	通过
I_3	3	3.0649	0.0325	0.0560	通过
I_4	4	4.2059	0.0686	0.0762	通过
I_5	3	3.0536	0.0268	0.0462	通过

涉外企业人民币汇率风险应急管理机制各指标主观权重如表9-9所示。

表9-9 涉外企业人民币汇率风险应急管理机制各指标主观权重

判断矩阵	指标权重向量			
I_1	I_{11}	I_{12}	I_{13}	—
	0.6548	0.0953	0.2499	—

续表

判断矩阵	指标权重向量			
I_2	I_{21}	I_{22}	I_{23}	—
	0.6491	0.0719	0.2790	—
I_3	I_{31}	I_{32}	I_{33}	—
	0.7306	0.0810	0.1884	—
I_4	I_{41}	I_{42}	I_{43}	I_{44}
	0.0797	0.5479	0.2407	0.1317
I_5	I_{51}	I_{52}	I_{53}	—
	0.6442	0.0852	0.2706	—

对上述基于AHP得到的涉外企业人民币汇率风险应急管理机制各指标主观权重进行归一化处理，得到以下各指标主观权重，如表9－10所示。

表9－10　归一化处理后的人民币汇率风险应急机制各指标主观权重

判断矩阵	指标权重向量			
I_1	I_{11}	I_{12}	I_{13}	—
	0.13096	0.01906	0.04998	—
I_2	I_{21}	I_{22}	I_{23}	—
	0.12982	0.01438	0.05580	—
I_3	I_{31}	I_{32}	I_{33}	—
	0.14612	0.01620	0.03768	—
I_4	I_{41}	I_{42}	I_{43}	I_{44}
	0.01594	0.10958	0.04814	0.02634
I_5	I_{51}	I_{52}	I_{53}	—
	0.12884	0.01704	0.05412	—

根据信心指数法，参考专家给出的建议，客观权重分配权值ψ_1为70%，主观权重分配权值ψ_2为30%。因此，根据式（9－1）计算得到涉外企业人民币汇率风险管理应急机制各指标的综合权重，结果保留2位小数，如表9－11所示。

表9－11　汇率风险应急机制各指标综合权重

指标	权重	指标	权重	指标	权重	指标	权重
I_{11}	0.11	I_{22}	0.10	I_{33}	0.04	I_{44}	0.02
I_{12}	0.08	I_{23}	0.11	I_{41}	0.02	I_{51}	0.05

续表

指标	权重	指标	权重	指标	权重	指标	权重
I_{13}	0.08	I_{31}	0.08	I_{42}	0.05	I_{52}	0.02
I_{21}	0.11	I_{32}	0.03	I_{43}	0.03	I_{53}	0.09

属性综合评价模型中 x 为涉外企业人民币汇率风险管理应急机制综合属性值，将 x_i 的各级指标的评价属性空间用 F 表示。每一个指标按照专家的建议采用百分制表示，把每一个指标分为 5 个评价级别 $F=(C_1, C_2, C_3, C_4, C_5)$，其中极差［0，30）、差［30，60）、一般［60，80）、良好［80，90）和极好［90，100］。

涉外企业人民币汇率风险应急管理机制作为研究对象具有属性等级为 C_k（$k=1, 2, 3, 4, 5$）时，用属性测度表示为 $\mu_{xk}=\mu$，一级指标 I_i（$1\leqslant i\leqslant 5$）具有 C_k 属性等级时，用属性测度表示为 $\mu_{xk}^{i}=\mu$。同样，二级指标 I_{ij}（$1\leqslant i\leqslant 5$，$1\leqslant j\leqslant 4$）可以表示为 $\mu_{xk}^{ij}=\mu$。对汇率风险应急机制的单指标等级划分如表 9－12 所示。

表 9－12　各二级指标等级划分

指标	C_1	C_2	C_3	C_4	C_5
I_{11}	0－30	30－60	60－80	80－90	90－100
I_{12}	0－30	30－60	60－80	80－90	90－100
I_{13}	0－30	30－60	60－80	80－90	90－100
⋮	⋮	⋮	⋮	⋮	⋮
I_{53}	0－30	30－60	60－80	80－90	90－100

对涉外企业人民币汇率风险管理应急机制评价的各个指标都属于定性的，再加上评价属性也完全相同。因此，只详细列明了预防子机制的各二级指标的划分，其他指标分级情况可直接参考。这时，满足条件 $a_{j0}<a_{j1}<\cdots<a_{jK}$，即 $0<30<60<80<90<100$。

令 $b_{j1}=\dfrac{a_{j0}+a_{j1}}{2}=\dfrac{0+30}{2}=15$，则 $b_{j2}=45$，$b_{j3}=70$，$b_{j4}=85$，$b_{j5}=95$。

故可得：$d_{j1}=\min\{|b_{j1}-a_{j1}|, |b_{j2}-a_{j1}|\}=\min\{|15-30|, |45-30|\}=\min\{15, 15\}=15$

$d_{j2}=\min\{|45-60|, |70-60|\}=10$

$d_{j3}=\min\{|70-80|, |85-80|\}=5$

$d_{j4} = \min\{|85-90|, |95-90|\} = 5$

求得各二级指标的属性测度函数如下所示：

$$\mu_{x1}^{ij}(t) = \begin{cases} 1 & t < 15 \\ \dfrac{|t-45|}{30} & 15 \leqslant t \leqslant 45 \\ 0 & 45 < t \end{cases}$$

$$\mu_{x2}^{ij}(t) = \begin{cases} 0 & t < 15 \\ \dfrac{|t-15|}{30} & 15 \leqslant t \leqslant 45 \\ 1 & 45 < t < 50 \\ \dfrac{|t-70|}{20} & 50 \leqslant t \leqslant 70 \\ 0 & 70 < t \end{cases}$$

$$\mu_{x3}^{ij}(t) = \begin{cases} 0 & t < 50 \\ \dfrac{|t-50|}{20} & 50 \leqslant t \leqslant 70 \\ 1 & 70 < t < 75 \\ \dfrac{|t-85|}{10} & 75 \leqslant t \leqslant 85 \\ 0 & 85 < t \end{cases}$$

$$\mu_{x4}^{ij}(t) = \begin{cases} \dfrac{|t-75|}{10} & 75 \leqslant t \leqslant 85 \\ \dfrac{|t-95|}{10} & 85 < t \leqslant 95 \\ 0 & t < 75,\ t > 95 \end{cases}$$

$$\mu_{x5}^{ij}(t) = \begin{cases} 0 & t < 85 \\ \dfrac{|t-85|}{10} & 85 \leqslant t \leqslant 95 \\ 1 & 95 < t \end{cases}$$

多指标综合属性测度为 $\mu_{xk}^{i} = \sum_{j=1}^{n} w_{ij}\mu_{xk}^{ij}$，$n$ 为各一级指标下的二级指标个数。涉外企业人民币汇率风险管理应急机制总的属性测度为 $\mu_{xk} = \sum_{i=1}^{5} w_i \mu_{xk}^{i}$。

根据 $P_0 = \min\{p: \sum_{l=1}^{5} \mu_{il} \geqslant \lambda, 1 \leqslant p \leqslant 5\}$ 判断，则涉外企业人民币汇率风险

管理应急机制属于 P_0类。

四、算例分析

A 公司主要生产小型机械工具，销售市场主要包括欧美地区、东南亚地区，出口额占整个销售额的 3/4 左右，主要选用美元为结算币种。由于属于劳动密集型行业，A 公司利润率较低，受汇率波动影响较大。如果汇率波动较小，A 公司为保证市场份额不变，A 公司可以主动承担汇率损失来维持产品卖价不变；如果汇率变动较大，A 公司将通过金融衍生品的使用和重新商定合同价格来避免其承担过大的损失。经过对 A 公司汇率风险应急管理实际情况的了解，专家根据 16 个指标对 A 公司的汇率风险应急机制进行了评价打分，整理之后，其具体情况如表 9－13 所示。

表 9－13　A 公司汇率风险应急机制专家评价打分情况

指标	I_{11}	I_{12}	I_{13}	I_{21}	I_{22}	I_{23}	I_{31}	I_{32}
分数	45	60	30	85	80	70	84	90
指标	I_{33}	I_{41}	I_{42}	I_{43}	I_{44}	I_{51}	I_{52}	I_{53}
分数	88	55	75	90	66	55	60	68

根据各二级指标的属性测度函数计算如表 9－14 所示。

表 9－14　A 公司汇率风险应急机制各二级指标属性测度情况

指标	属于 C_1 的属性测度	属于 C_2 的属性测度	属于 C_3 的属性测度	属于 C_4 的属性测度	属于 C_5 的属性测度
I_{11}	0	1	0	0	0
I_{12}	0	0. 5	0. 5	0	0
I_{13}	0. 5	0. 5	0	0	0
I_{21}	0	0	0	1	0
I_{22}	0	0	0. 5	0. 5	0
I_{23}	0	0	1	0	0
I_{31}	0	0	0. 1	0. 9	0
I_{32}	0	0	0	0. 5	0. 5
I_{33}	0	0	0	0. 7	0. 3
I_{41}	0	0. 75	0. 25	0	0

续表

指标	属于 C_1 的属性测度	属于 C_2 的属性测度	属于 C_3 的属性测度	属于 C_4 的属性测度	属于 C_5 的属性测度
I_{42}	0	0	1	0	0
I_{43}	0	0	0	0.5	0.5
I_{44}	0	0.2	0.8	0	0
I_{51}	0	0.75	0.25	0	0
I_{52}	0	0.5	0.5	0	0
I_{53}	0	0.1	0.9	0	0

得到（μ_{x1}，μ_{x2}，μ_{x3}，μ_{x4}，μ_{x5}）=（0.04，0.2655，0.3825，0.288，0.044）。取 $\lambda=0.6$ 时，因为 $0.04+0.2655+0.3825=0.688>0.6$，所以 A 公司的汇率风险应急机制实际情况属于 C_3 类，即为一般。

由评价结果可知，基于 ISM－ASAS 模型对涉外企业人民币汇率风险应急管理机制进行评价是可行的。同时，从专家对 A 公司人民币汇率风险管理应急机制的各指标评分结果可以看出：虽然，A 公司在专业队伍 I_{21}，汇率风险监测及评估 I_{22}，应急信息沟通、反馈 I_{31}，指标与协调 I_{32}，决策支持 I_{33}，止损机制 I_{43} 六个方面比较完善成熟，但对于预防子机制中预案编制及管理 I_{11}、应急宣传教育及培训 I_{12}、管理机构 I_{13} 的建设方面重视不够，存在不足。根据人民币汇率风险应急管理机制层次结构模型可以看出涉外企业人民币汇率风险预防子机制是应急管理机制中重要的一个环节，对整个应急机制的运行起着关键性的作用，这就导致 A 公司人民币汇率风险应急管理的整体运行情况只能属于“一般”水平。A 公司应依据自身汇率风险应急管理的评估结果，及时总结经验、找准短板，加强人民币汇率风险管理的防范意识，正确掌握关键指标与薄弱指标的内在关系，同时做好关键指标与薄弱指标的建设，把人民币汇率风险管理预防子机制中的各指标作为日常应急管理工作的重点，最终达到人民币汇率风险管理有效，全面提升涉外企业人民币汇率风险应急管理运行水平和能力。

第十章 结论与对策

第一节 研究结论

“一带一路”倡议的实施，促进了我国国际贸易与服务的快速发展，也不断增加了涉外企业外汇风险敞口，外汇风险暴露头寸也越来越大。我国汇率制度改革使人民币汇率的波动频率加快，波动幅度加大，导致涉外企业承担越来越明显的汇率风险。与此同时，全球范围内各种突发事件又给企业的收汇期、收汇额等带来不确定性，形成企业额外的汇率风险，这也给央行的汇率管理带来了难度。因此，如何利用汇率风险测度手段及其规避方法对企业汇率风险进行管理，提升涉外企业汇率风险承受能力，以及如何借鉴其他国家货币汇率管理的经验，如何发挥汇率对人民币国际化的重要促进作用，正确回答这些问题也使得研究人民币国际化进程中汇率管理和企业汇率风险承受能力显得更具有紧迫性。通过对我国汇率改革措施、人民币汇率波动、人民币国际化等进行分析，对企业的汇率风险承受能力、央行外汇干预以及人民币国际化下实际有效汇率与均衡汇率进行实证研究，并在此基础上提出企业汇率风险的规避措施、构建企业汇率风险承受能力、构建企业应急管理机制以及人民币汇率在均衡状态、非均衡状态下的管理策略等相关建议。其结论如下：

（1）人民币汇率波动特征及趋势。近年来，人民币汇率相对稳定的状态被打破，并出现大幅度波动的特征。首先，人民币出现了非均衡升值或贬值状态；从相对较长的时间段来看，人民币兑美元将保持升值趋势，而同期人民币兑其他几种主要货币的升值幅度偏小。其次，人民币兑非美元货币走势呈现较强的独立性，这种趋势使我国涉外企业面临更加复杂的国际贸易局势和汇率风险形势。最后，由于我国有大量的外汇储备，人民币兑换各国货币总量也较大，促使人民币与美元、欧元、日元及新兴市场国家的货币的波动频繁且幅度加大，汇率风险管控的难度将大幅度增加。

（2）根据风险价值理论及实证研究结果可知，VaR－CVaR 模型能够较好地测算企业面临的汇率风险，且运算结果显示出了较高的谨慎性；同时分析结果表明，近期我国涉外企业正面临着比较大的汇率风险。

（3）基于风险以及汇率风险的内涵，在理论分析和实地调研的基础上，本书认为企业特征、经营能力、管理能力、偿债能力、担保能力、管理者素质、汇率风险七个因素是影响企业汇率风险承受能力的决定性因素。从而构建了企业汇率风险承受能力评价指标体系，根据专家评分法、多级模糊综合评价法得出了我国出口型企业汇率风险承受能力的评价等级。

（4）基于解释结构模型分析了影响企业汇率风险管理应急机制的因素，厘清了影响因素的层级关系，得出善后处理机制 I_{51}、恢复计划 I_{52} 是影响企业汇率风险管理应急机制的 2 个直接因素；预案编制及管理 I_{11}、应急宣传教育及培训 I_{12}、管理机构 I_{13}、专业队伍 I_{21}、应急绩效评价及经验总结 I_{53} 是 5 个基础性因素。上述 7 个因素是汇率风险应急管理过程中的关键点，必须高度重视。

（5）在企业汇率风险应急管理中预防阶段是关键环节。预防阶段作为风险应急管理的第一个阶段，是后续汇率风险应急管理执行的前提。由于企业汇率风险管理应急机制具有整体性，各因素之间有复杂的网络关系，且不是线性的。因此，企业在汇率风险应急管理中要注重综合性、全面性，切实管控好各个阶段的因素，使企业汇率风险管理应急机制有效运行。

（6）企业汇率风险管理可划分为预防、预警、反应、控制、恢复五个过程；同时分别建立预防子机制、预警子机制、反应子机制、控制子机制以及恢复子机制各阶段的一级指标，并根据这五个阶段中企业汇率风险管理的主要影响因素选取 16 个二级指标。同时，基于 ISM－ASAS 模型对涉外企业汇率风险管理应急机制进行了评价。

（7）通过度量涉外企业汇率风险的大小，涉外企业可以通过有效地选择结汇币种来控制进出口数量、出口国别等来降低汇率损失；同时本书希望相关企业充分利用金融衍生品等工具来规避国际贸易的汇率风险。

（8）通过运用 ADL 模型、ARCH 模型及 GRACH 模型，对我国外汇干预条件进行了实证分析。得出我国央行在汇率波动超过目标区间、汇率短期波动异常和配合公开市场操作及货币政策的条件下，会进行“逆风向性干预”和“熨平汇率波动”，其干预行为具有长期性、稳定性和非对称性的特点。央行主要是为了追求币值的稳定，而出清市场和减少外汇市场波动的行为在统计上并不具有显著性。无论是人民币贬值或者是人民币升值，央行都进行了不同程度的外汇干预，对于人民币升值，央行采取了弱项干预；而对于人民币贬值，央行干预的力度明显加大。

（9）2005 年第三季度至 2018 年第三季度，人民币实际有效汇率被高估 0.07%，说明了自人民币汇率形成机制改革以来，人民币汇率基本保持在合理均衡的区间内，2005 年的汇率改革是适时的且具有成效的。相较而言，从 2005 年第三季度至 2009 年第三季度人民币国际化正式启动期间，人民币实际有效汇率被高估 0.82%；从 2009 年第三季度人民币国际化启动至今，人民币实际有效汇率被低估 0.37%，说明了人民币国际化在一定程度上降低了人民币实际有效汇率的失调程度。

第二节　对策建议

一、提升企业汇率风险承受能力的对策建议

由于我国企业在国际贸易实务中，遭遇汇率损失是不可小觑的。如何有效减少汇率风险带来损失是国家和企业的共同课题。从国家宏观层面来讲，如何有效发展金融市场并推动人民币国际化，为企业创造一个良好的政治经济环境是关键。从企业微观层面来讲，在当前汇率波动频率和幅度都有增大趋势的情况下，我国的外贸企业应该积极主动出击，采取多种方法和策略，尽可能地减少由于汇率波动给企业带来的损失，并积极提升企业承受汇率波动、抵御汇率风险造成损失的能力。

（一）国家层面

1. 积极扩展外汇衍生品的市场

第一，加快推进人民币利率市场化改革的步伐，加大利率衍生工具开发力度。实现市场利率化通常要经历一个这样的过程。首先要直接管制利率，其次是有管理的浮动利率，再次是部分市场化利率，最后是间接调控市场利率。我国目

前利率市场化的现状是实行有管理的浮动利率制度，同时也在缓慢地进行着第三步即部分市场化利率。目前我国利率市场面临的最重要问题是，如何更好地进行有管理的浮动利率以及如何推动其更好地转化成部分市场化利率，从而逐渐增加利率自由化的种类和范围，最终实现由中央银行间接调控市场的利率。

第二，推进外汇衍生产品开发工作，促进外汇市场改革的进一步深化。我国人民币经常项目下的自由兑换以及汇率达到市场化的标准是在 1996 年逐步实现的。目前我国想要进一步推进汇率市场化改革，大力发展外汇衍生产品就必须坚持循序渐进、分步推进的原则，只有这样才能逐渐稳步实现我国货币的完全可自由兑换。

第三，坚持以政府为主导，加快衍生品市场建设方面的立法工作。为了避免走以前发展的老路——“先发展，后规范”，我国的金融衍生品和衍生市场的推出以及建设必须由政府来主持。我国政府应该牵头尽快建设和完善金融衍生品市场的相关法律法规，为我国金融衍生品的发展创造良好的发展条件。

金融衍生品的种类极其复杂和繁多，我们应该遵循由简到繁的原则，先发展简单的衍生品并为后期发展复杂的衍生品打下扎实牢固的基础。

2. 加快实施人民币国际化进程

伴随着我国经济实力不断增强和经济全球化进一步深入，我国已经逐渐融入全球化的浪潮中，2013 年中国国内生产总值跃居世界第二位，为 8. 3 万亿美元，且我国在世界货物进出口总额中位居世界第一，为 4. 16 亿美元，国家外汇储备位居世界第一。人民币国际化已经有了非常坚实的经济基础，与此同时，随着中国的政治局面的逐步稳定以及国防力量的逐步提升，我国的综合国力以及在国际上的影响力与日俱增，这些条件推动了人民币国际化的进程。

借鉴世界上其他国家货币国际化的经验，建议人民币国际化进程按以下发展路径进行：

（1）大力建设以人民币一体化为基础的自由贸易区。自由贸易区通常指在多于两个国家或地区，在自由贸易协定的基础上，通过相互取消绝大部分货物的关税和非关税壁垒，以及取消绝大多数服务部门的市场准入限制，开放投资，加快商品、服务、资本、技术、人员等要素的流动，在优势互补的基础上实现共赢。自由贸易区也用来形容一国国内，取消了关税和贸易配额，并且对其经济的行政干预较小的区域。

自由贸易区只包含大陆和港澳三地的自由贸易区。在自由贸易区内消除区域内贸易壁垒，逐步在三地促进商品、服务和资本、技术、人员等生产要素的自由流动。自由贸易区一旦建成，其经济参与国际竞争的能力将得到增强，而且三种货币之间汇率稳定，利率趋同，为实现货币一体化奠定基础。

（2）逐步实现自由贸易区人民币的自由兑换。1996 年 12 月，人民币实现了经常项目下的可自由兑换，但人民币还没有实现完全自由兑换。港元和澳元都是完全自由兑换，三地货币要一体化，要想和港元、澳元实现融合，人民币必须实现自由兑换。

现阶段，人民币实现自由兑换的条件还有所欠缺，人民币要实现自由兑换要循序渐进，不可能一蹴而就，中国必须加快货币体制改革，创造和准备自由兑换的条件，逐步实现自由贸易区人民币的自由兑换。

（3）统一我国四币，最终实现人民币的一体化。在政治制度和意识形态上，大陆和台湾存在着较大的差异，因此这种政治环境下，整合"一国四币"向使用同一货币的可能性较小，所以我们应该在和香港、澳门两地实现统一货币后，以市场的力量为中间力量推动货币的国际化，最终实现人民币和台币合作。在此基础上，只有在充分满足全球经济一体化的情形下，逐步实现人民币和台币更加深层次的合作，比如在金融市场上进行货币互换等，才能使人民币扩大对台币的影响。最终，通过两岸人民的共同努力，整合货币，实现人民币一体化，这是人民币国际化的初级阶段。

（4）充分利用"一带一路"倡议，率先推动人民币在贸易区域内的国际化。中国是一个贸易大国，通过贸易发展来推动人民币区域化具备优势。在全球范围内借助世界贸易大国的地位，巩固人民币周边化和区域化的优势。

第一，与亚洲国家加大区域合作，扩大市场规模，增大市场份额。在贸易大国的基础上，加大区域合作，增加贸易伙伴，扩大市场规模。加强与亚洲国家政府之间的交流和协商，并和他们建立起多层次的双边合作关系，这样才能够消除彼此之间的贸易摩擦，最终达到促进贸易快速发展以及增强国外市场份额的目标。与此同时，中国还应该在维持国内外经济稳定的情况下，大力发展贸易增强人民币作为国际货币的竞争力。

第二，扩大人民币计价结算的范围。目前，人民币结算主要用于边境贸易，还处于初级阶段，因此我国必须采取积极的途径扩大人民币的结算范围，使其可以用于一般贸易结算和相关的其他贸易结算，这就需要我国尽快完善与人民币结算相关的管理制度。

第三，逐步放宽人民币出入境限制。如果我国想要使人民币在一些区域内成为国际支付手段和国际储备资产，那么就应该进一步取消人民币在某些区域的出入境限制。众所周知，双边经济和贸易往来的发展通常受到人民币出入境政策限制的影响，取消这些政策性限制不仅有利于双边经济贸易的大力发展，而且还有利于解决出口收汇和出口核销问题，规范了边境贸易结算和推进了人民币国际化的进程。

第四，设立人民币自由兑换试验区。中国想要成功设立人民币自由兑换试验区，其中选址很重要。我国应该选择对人民币认同感较高的国家的边境区域，例如云南和广西就是最佳选择。实施人民币特殊管理政策的具体做法如下：鼓励两地居民和非居民将持有的人民币通过银行兑换成可自由兑换货币或者是毗邻国家的货币。同时，我国相关人员还应该对人民币兑换的状况、两国汇率波动的状况以及货币跨境流动的状况进行统计和分析，以此了解周边国家和地区使用和接受我国人民币的状况。这些设立人民币自由兑换试验区的运作情况，可以在一定程度上为人民币国际化道路积累经验。

（二）企业层面

1. 采用多种方式规避和防范汇率风险

当企业面临人民币汇率波动时，尤其是涉外企业要懂得运用金融市场的金融工具来保护自己，以此将自身可能承受的风险予以转嫁。

涉外企业选择避险工具应该遵循资金运用安全性和有用性的基本原则。保值是安全性的基本要求；在保值的基础上，资金运用的有效性就是增强资金的运用效益和减少营运成本。

企业应该结合自身的特点和优势来选择避险工具，要着重关注一些主要货币汇率趋势并且尽量分析出各种潜在的汇率风险，这样才能够灵活合理地采用不同的衍生工具实现套期保值的目的。

（1）利用外汇期权。外汇期权自身具有规避外汇风险和存在盈利机会的独特性质，这些独特性质使其成为国际外汇市场上使用最灵活和最广泛的避险工具之一。锁定未来汇率进而提供外汇保值是外汇期权业务最突出的一个优势；外汇期权的另外一个突出优势是提供获利机会——在汇率向有利的方向变动时会增加企业的额外利润。

期权的买方风险有限，仅限于期权费，但买方获得的收益可能无限大；期权卖方的利润有限，仅限于期权费，但其风险可能无限大。由于成本这一重要原因，无论在国内市场上还是在国际市场上，远期以及掉期等其他种类的金融衍生产品要比期权使用得更加广泛，因为许多企业还不能够接受为一项未来可能并不能行使的权利来提前支付费用。目前，我国许多金融机构已经开展了一系列的外汇期权业务，其中以欧式期权为主，这些金融机构主要集中在中国银行、招商银行以及中国建设银行。为了使期权能够为大众所接受，减少其前期成本费用的支出，银行等金融机构设计的期权方案基本上都是零成本期权方案。通常情况下，如果外汇的交割是在对企业不利时进行的，那么会增加企业交易的相关费用，所以企业基于此在进行期权交易时，会最大限度地缩短未来不确定的时间从而节约期权的交易成本。

外汇期权适合使用欧元、日元等非美元外汇结算的进出口企业，外汇期权比远期具有较大的灵活性，因为它不仅提供了外汇保值的方法，还提供了从汇率波动中获利的机会。

（2）远期外汇交易。远期外汇交易是指交易双方在达成交易后，在合同约定的日期以双方在此之前约定的汇率进行交割的外汇买卖交易。远期结售汇协议是指企业和外汇指定银行双方签订的能够全部消除外汇风险的一种协议，其主要是指通过约定未来办理结汇或售汇的外币币种、金额、汇率和期限来实现，以便在到期日按照该远期结售汇协议约定的各项规定来办理相应的结售汇业务。目前，针对远期结售汇交易期限的各种限制已经全部放开，各银行可以根据自己的实际情况确定交易期限和展期次数，交易期限只要不短于7天即可，最长期限可以在1年以上，办理资金交割的交割日期既可以是固定的，也可以是约定的合约有效期内任选的一天。远期结售汇在交易期限、银行报价、展期次数方面的优点，使其具有更好的操作性。远期结售汇也成为我国外汇市场上最主要的汇率避险工具。

（3）货币掉期交易。货币掉期又称货币互换，是指交易双方在指定的期限内将一定数量的两种货币进行交换。货币互换作为债务保值的常用工具，通过两种外汇计价的债务或资产之间的转换，起到降低乃至规避汇率风险、减少成本的作用。货币互换汇率在长期外汇风险的规避中更具优势，这得益于货币互换比期货、远期交易具有更长的互换交易期限。汇率的预先确定性使汇率波动的风险降低，从而具有了避险的作用。随着汇率改革的深入，外汇掉期业务被越来越多的企业采用，加工贸易类企业更是依赖这种业务。例如一家中国企业从美国进口原料，货款的支付需向银行买入美元卖出人民币，这家中国企业把原料制成成品后，在出口产品收到美元货款时，需向银行卖出美元买进人民币。此时货币掉期交易就能有效地起到防范外汇风险的作用。

（4）利用海外关联企业。有境外公司的企业可以通过合并的途径来实现规避风险的目的。例如进行无本金交割远期外汇交易（NDF）。作为一种离岸金融的衍生产品，因为对汇率的不同看法，签订了确定远期汇率、期限等的非交割远期交易合约，只需在到期时通过远期和实际汇率的差额进行交割清算。在有外汇管制的国家或地区，此种产品具有无需对本金进行交割的特点。此种产品，可以用将来更低的价格支付现在的钱。

这种方式在跨国公司应用得较为普遍。在实际业务中，许多国际知名企业就是利用其多元化的地理分布，来规避因为布局单一而造成的汇率变动风险，对于大型公司来讲这确实是一种行之有效的方法。

（5）利用保理业务。出口商出售商品时，在货物装船后，立刻将发票、汇票、提单等有关单据卖断给保理商，就可获得大部分贷款，将来即使发生进口商不付或逾期付款等行为，也由保理商承担付款责任，此种业务可以有效地避免因为汇率波动而对企业造成的损失，对资金需求紧急的中小型外贸企业帮助颇大，但是由于该方法具有较高的保理业务费用，一般不被认为是保值的方法。

（6）借款保值。对于大型企业的小额合同来说，因为借款具有灵活的期限、变动的利率和可以到期续借的特征，因此借款保值相比于远期结售汇更具有灵活性。例如，假设一家企业申请了美元贷款，在人民币升值的情形下，该企业用人民币购买美元进行还贷，可以有效地避免因汇率带来的风险。具体的做法是，出口企业以质押人民币为前提贷款美元，而与其关联的海外企业则卖出人民币购买美元。这种无本金交割远期汇率的交易做法通常被称为“提前结汇”，简而言之，当出口企业需要还清美元贷款时，只需要较少的人民币支付即可。

（7）利用交易双方合同条款约定。为规避在结汇期间因汇率变化导致企业利润被侵蚀，交易双方可以在签订合同环节增加保护条款。例如在合同中约定以本国货币计价，这样就可以避免因汇率变化给企业带来的损失；如果不能以本国货币计价，则可以约定一个固定汇率作为结汇的汇率。交易双方可以以这样一种方式避免企业利润在汇率波动中遭受损失。

2. 积极提升企业自身抵抗汇率风险的承受能力

（1）改变出口结构，以竞争优势为主导。我国出口型企业的产品附加值较低、可替代性较高且科技含量较低。该类企业主要依靠薄利多销的手段谋取利润，所以其议价能力不高。当人民币升值时，这种企业几乎不可能提高产品价格以弥补因汇率所遭受的损失。故对该类企业来讲，须改变出口结构，由劳动密集型产品逐步向资本密集型产品或技术密集型产品转化，以增强自身的竞争能力。

（2）创造自主品牌，增强竞争能力。要想在国际市场中取得一席之地，创造自主品牌是企业提高国际竞争力的办法之一。只有这样我国企业才可以在对外贸易中保护自己。

（3）通过预测汇率波动方向来制定合理的进出口产品计划。企业在制定进出口产品计划时，应该将汇率波动对企业造成的影响考虑在内，这样才能使企业从容地面对汇率波动给企业带来的不利影响。因此就需要企业对汇率波动具有一定的预测能力。

（4）合理配置外汇收支，降低汇率风险。企业面临的汇率风险可以通过外汇收支来平衡。如果一家企业既有出口业务又有进口业务，那么该企业可以通过不同期限和方向的资金运作以及合理配置进出口的业务量来匹配外汇收支，这样做会在一定程度上达到降低企业汇率风险的目的。

（5）坚持“走出去”战略，积极进行海外投资。企业为了有效地规避汇率风险，可以在出口国设立工厂进行产品生产，这样就能更好地融入贸易国和降低运输成本。人民币升值促使海外投资成本减少，进而投资收益就会相应增加。因此鼓励企业“走出去”是有利的，因为这样不仅能够实现我国全球经济化发展的道路，而且可以促使企业不断发展壮大成为实力雄厚的跨国企业。

（6）制定风险管理战略。企业应该以结合自身发展的特点和减少面临的不确定性为出发点，确定该企业的风险管理目标，从而制定与企业自身情况相符合的风险管理战略。

第一，采用针对性的报价策略。谨慎选择和合理组合货币，确定购销原则与进出口商品价格。在防范汇率风险方面，应使用提前或延迟收付、计价从优，以及多种货币组合等方法。

第二，利用外汇风险分摊条款。把价格调整条款附加到贸易合同中，并且允许汇率在某一范围内上下波动，这是外汇风险分摊的主要方式。如果实际汇率波动范围在此区间外，那么超出的部分需由买方与卖方两者均分。

第三，对外汇风险进行投保。一国进出口企业只要缴纳一定的保险费给专门的外汇保险机构，当该企业因汇率变动而蒙受损失时，就会得到保险机构的补偿。

第四，依靠内控制度和政策防范汇率风险。①认真制定汇率风险管理的战略目标。企业的高层管理人员首先应从战略的高度将汇率风险管理看为重中之重，主动制定汇率风险控制目标，这是有效防范汇率风险的重要措施。通过有效控制和管理汇率风险，使公司盈利水平得到提升。②认真制定汇率风险管理的政策措施。汇率风险管理政策，一方面是指确定相关汇率风险管理人员的工作内容及工作程序；另一方面是指确定风险与防范措施匹配的相关规章制度。③不断完善防范汇率风险的业务操作程序。企业应确保信息渠道顺畅，使企业能够及时得到汇率风险的相关信息。④不断完善汇率风险管理的监控机制。必须建立和完善稽核程序，及时识别和防范汇率风险。必须完善风险控制机制，企业应将外汇交易和资金结算相互分离，避免其相关工作人员相互勾结。

第五，其他避险方法。企业可以利用资金管理方式避开汇率相关风险。对货币进行预算测量是通过管理资金的形式来避免换算风险的重要方式。

（7）提高企业员工风险意识，培养外汇风险管理专业人才。①企业要树立汇率风险防范意识。在国际金融环境不断发生变化的时代里，企业必须意识到汇率风险管理的重要性，培养企业员工汇率风险防范意识，要从全方位多方面分析汇率变化的成因，只有这样才能高效处理汇率风险问题。②加强外汇管理人才的储备和培养。汇率风险防范是一项具有专业技术性的工作，这要求负责管理企业外汇的人员具有高素质和高技能，他们不但要熟悉审计、财务管理以及会计的相关理论及方法，而且还要具有发散性思维、创造性思维，同时还需要对国际金融知识有一定的了解。当前，我国外汇管理人才相对短缺，这对于企业外汇风险规避是不利的，当前的现状使得相关人才的培养工作变得越发重要。为了使企业各个业务都能顺利开展并不断成长，还应派专业人员研究汇率风险防范等问题。

（8）企业应提高技术创新能力。技术创新对企业发展是至关重要的，因为技术创新不仅能增强企业的抗风险能力，而且技术创新也能够使企业处于国际市场的主导地位。我国企业应该自主提高创新意识，加大技术开发投入，从而加强自身的创新能力。

（9）针对汇率波动的趋势进行长远性研究进而确定合同条款。当前企业签订的某些进出口协议或者是承诺书都会决定企业未来的资产和负债，所以企业未来的受险情况取决于当前谈判的合同条款。

第一，积极主动选择好合同货币。在合同货币选择时务必遵循三个基本原则。首先，合同货币最好选择本国货币；其次，采用“收硬付软”的手段；最后，当条款难以达成时，无论采取何种方式，应尽量减少公司的利益风险。

第二，在合同条款中加入货币保值条款。在企业对外贸易中，合同双方不可能同时争取到合同货币，因此当一方处于不利地位时，就可以提出一些要求，例如企业在签订合同时采用的是锁定汇率的方式，可能到期付款时会出现相反的情形，此时企业可以在合同中添加货币保值条款——与对方共当汇率风险，这样就可以在一定程度上减少企业的经济损失。

第三，结算方式是合同安全性的重要保证。对外贸易出口收汇的一个基本原则就是安全及时性原则。当企业存在汇率风险和信用风险时，及时收汇是企业免遭风险的重要保证。对一家企业而言，选择适当的结算方式是使企业避免汇率风险和信用风险的重要手段。从安全及时的角度出发，本书把企业的结算方式进行排序，首先是即期信用证（L/C）①，其次是远期信用证托收中的付款交单（D/P）②，最后是托收中的承兑交单（D/A）③。出口商应该根据自身的情况，合理地选择最优的结算方式。

第四，选择正确的结汇时间。企业要想规避汇率带来的不确定性风险，就应该适时合理地预期货币升值或贬值的具体情况，从而决定处理交易账款的收付情况。例如，在人民币预期升值的情况下，进口商会选择延迟付汇，而出口商会选择提前收汇；在人民币预期贬值的情况下，进口商会选择提前付汇，而出口商会选择延迟收汇。

二、完善我国涉外企业汇率风险管理应急机制的对策建议

人民币汇率市场化使人民币汇率风险所产生的影响不断增强，风险控制难度加大。当企业缺乏汇率风险意识且汇率风险又没有及时得到控制时，则涉外企业的生产运营会受到严重的影响。由于目前我国企业汇率风险管理意识缺失，对人民币汇率风险监测和评估的能力不强，缺乏应对人民币汇率风险管理的有效应急措施。所以，涉外企业建立健全人民币汇率风险应急管理机制是企业平稳发展的有力保障。

由解释结构模型可以得出涉外企业人民币汇率风险影响因素之间的层级关系，结果显示善后处理机制（I_{51}）、恢复计划（I_{52}）这 2 个要素是影响企业人民币汇率风险管理应急机制的直接因素，而预案编制及管理（I_{11}）、应急宣传教育及培训（I_{12}）、管理机构（I_{13}）、专业队伍（I_{21}）和应急绩效评价及经验总结（I_{53}）这 5 个指标是涉外企业人民币汇率风险应急管理机制的基础性因素。这 7 个因素是涉外企业在人民币汇率风险应急管理过程中的关键点，涉外企业必须足

---

① 即期信用证是指受益人根据信用证的规定，可凭即期跟单汇票或仅凭单据收取货款的信用证。

② 付款交单是指出口人的交单以进口人的付款为条件，即出口人将汇票连同货运单据交给银行托收时，指示银行只有在进口人付清货款时，才能交出货运单据。

③ 承兑交单是指出口人的交单以进口人在汇票上承兑为条件，即出口人在装运货物后开具远期汇票，连同商业单据，通过银行向进口人提示，进口人承兑汇票后，代收银行即将商业单据交给进口人，在汇票到期时，进口商才履行付款义务。

够重视。

（一）完善预防机制，强化风险应急意识

在企业汇率风险应急管理中，预防阶段的工作是至关重要的。预防阶段的工作是涉外企业人民币汇率风险后续应急管理工作和应急措施执行的基础和前提。做好预防阶段的管理工作，管理者才能及时处理企业在人民币汇率风险发生时造成的损失。

预防子机制是企业汇率风险管理应急机制建设工作的第一步，同时也是企业汇率风险应急管理机制的关键环节。预防子机制的主要任务是通过预案编制及管理、应急宣传教育及培训、建立管理机构为涉外企业人民币汇率风险应急管理奠定基础。

1. 编制应急管理预案

编制应急管理预案是为企业人民币汇率风险应急管理提供制度保障，使管理者在面临人民币汇率危机时知道该怎么做，做到有案可依。减少人民币汇率风险给涉外企业造成的损失。

编制科学的应急预案是有效应对汇率剧烈波动的关键。为了确保应急预案的可操作性，编制的预案既要体现行业特点，又要体现在不同情况下涉外企业应对汇率风险的不同方法。在编制预案之前，涉外企业相关管理人员组成人民币汇率风险应急管理预案编制小组，小组成员应掌握编制人民币汇率风险应急管理预案所需的相关知识。分析企业当前面临的基本情况，如市场汇率、外汇总额、企业经营状况、外汇交易期限、外汇资产持有期限、外汇资产组成等要素。根据第三方机构对汇率走势的判断，制定汇率风险管理预案。企业汇率风险的应急预案涉及以下内容：

第一，详细说明涉外企业人民币汇率风险应急管理预案编制的目的，编制目标要求清楚界定汇率风险应急预案的适用范围和适用条件。

第二，建立企业人民币汇率风险应急管理机构，制定相关的应急管理制度，明确专业管理人员在应急管理中的责、权、利，理顺信息传递渠道。

第三，涉外企业人民币汇率风险应急管理机构应对汇率风险因素进行识别和监控，汇率风险管理要有书面报告，风险报告应明确预警标准和界定预警级别。

第四，涉外企业人民币汇率风险应急管理应建立人民币汇率风险应急响应程序，如信息沟通及反馈、预案启动、应急工作展开等。

第五，涉外企业应确定不同情况下的人民币汇率风险应急管理方案的选择条件及实施方案，分析方案实施对企业外汇债务、成本、汇率、利率等账务风险及处理的影响。例如人民币汇率风险应急管理方案若失效，应采取何种补救对策。

第六，涉外企业应制定并实施人民币汇率风险管理衍生工具授权交易方案。

第七，涉外企业人民币汇率风险管理的恢复与重建预案应总结已发生人民币汇率风险事件的经验，补充修订并实施动态跟踪管理。

另外，预案的形式可以是多样的。每种预案都有各自的优势，企业可具体问题具体分析。

涉外企业人民币汇率风险应急预案得以有效实施的核心是严格按照审批程序执行，具体包括：

（1）涉外企业人民币汇率风险管理部门提供金融市场及企业外汇债务报告，形成人民币汇率风险管理预案。企业风险管理部门提交部门主管初次审批。

（2）涉外企业人民币汇率风险应急管理预案交企业财务部门负责人审批。

（3）涉外企业人民币汇率风险应急管理预案交企业总经理签批。

（4）涉外企业人民币汇率风险预案执行完毕，需要在15日内提交后续分析报告，包括实施原因或未实施原因、实施结果及后续影响。

（5）对于企业汇率风险管理部门，每隔半年应对已实施的汇率风险应急管理方案进行评估，并就其未来风险管理提出合理的方案。

（6）涉外企业人民币汇率风险应急管理部门应根据金融市场的情况，对原有交易是否继续执行或不执行提供建议。

2. 加强队伍建设和应急宣传教育及培训

专业水平和管理人员素质决定并影响人民币汇率风险应急管理的效果。对于专业性很强的涉外企业人民币汇率风险应急管理工作，涉外企业需要建立一支熟知人民币汇率变化趋势和应急管理的专业人才队伍；这支队伍的人员既要懂得分析和判断宏观经济与金融形势，还能熟练掌握各种金融衍生避险工具的应用。企业同时可以采用待遇留人方式积极引进国际金融市场的专门人才。同时，涉外企业还需要进行有针对性的实战应急培训，避免管理人员因为缺乏应急经验而导致管理失效的局面。涉外企业也应该与第三方专业服务机构进行合作，按照人民币汇率风险的特点，对企业员工定期进行人民币汇率风险管理全方位的应急培训，以提升员工素质。

建立健全涉外企业人民币汇率风险应急管理教育及培训流程：

第一，涉外企业应明确人民币汇率风险管理教育及培训的目的、培训目标、工作方针以及应急管理原则。

第二，涉外企业人民币汇率风险应急管理培训应根据培训对象制定科学的培训计划，聘请第三方培训机构强化培训。

第三，涉外企业应加强与培训机构的沟通，在培训周期、培训方式以及培训内容方面提出明确的要求。

第四，涉外企业应采取多种考核方式对培训效果进行评估。

第五，涉外企业和第三方培训机构都应该对培训内容、过程以及结果进行文字和电子的记录并存档。

第六，涉外企业管理部门应根据培训效果，优化培训方案，为下一次培训做好准备。

3. 建立统一的涉外企业人民币汇率风险应急管理机构

涉外企业人民币汇率风险应急管理机构的主要职责是有效识别企业人民币汇率风险源、高效执行人民币汇率风险应急管理措施。在人民币汇率风险应急处理后对应急管理绩效进行评估。因此，建立统一的涉外企业人民币汇率风险应急管理机构能够为涉外企业人民币汇率风险应急管理提供保障。

涉外企业人民币汇率风险应急管理机构由企业主要领导人负责。应急领导小组下设专职人员来处理各种风险事件，该机构具有独立性，主要职责是贯彻落实涉外企业人民币汇率风险应急管理预案中的各项应急管理措施，开展人民币汇率风险应急管理工作等。其管理机构的特点如下：

第一，涉外企业人民币汇率风险应急管理机构的设置要有层次性，每一层级的各个岗位职能清楚、分工明确。该管理机构既要有权威性，并且还具有协调具体相关各项工作的能力。

第二，涉外企业人民币汇率风险应急管理机构应是常设机构。人民币汇率风险等突发事件尽管并不是时时发生，但正是这种汇率风险的不确定性，所以，涉外企业应该把汇率风险应急管理工作作为企业日常工作的一部分。识别、监管、制定相关的应急管理预案是人民币汇率风险应急管理机构的日常工作。

第三，涉外企业人民币汇率风险应急管理机构设置要有独立性。掌握涉外企业情况，了解并分析国际国内经济社会发展形势，判断人民币汇率风险的大小，制定人民币汇率风险应急管理报告，统一指挥并协调处理汇率风险事件，从而顺利开展人民币汇率风险应急管理工作。

（二）加强汇率风险监测及评估，健全汇率风险管理预警决策系统

企业汇率风险监测及评估作为应急管理中最基础的工作之一，是指企业对影响汇率风险的各因素进行监测，随时关注汇率风险的变动，对汇率波动数据进行收集、整理和分析，确定企业汇率风险暴露头寸和时间，对汇率风险大小进行确

定并划分等级，为汇率风险应急管理提供信息资料。汇率风险监测及评估是一个“监测—分析—评估”循环往复的动态过程。监测结果和数据的真实性和准确性影响着应急管理全过程的工作。有效的监测及评估不仅有利于管理者选择战略和制定决策，也有利于正确开展后续的管理工作。因此，企业十分有必要对汇率风险进行监测和科学地评估汇率风险，准确判断汇率风险的大小和可能对企业造成的影响，在此基础上对预警信息进行分级。

企业汇率风险监测的主要内容有：①在宏观方面，汇率走势、汇率制度变化、国家外汇储备、经济增长速度、通货膨胀率、失业率、影响国际贸易活动的突发事件等。②在微观方面，企业国际贸易活动的规模以及地区结构、外币资产和债务等。企业进行汇率风险监测的途径有统计报表、资产平衡预测表、收入预测表、资金流量预测表等。

预警决策系统是指企业根据因素、技术和综合分析方法，分析汇率风险监测结果和评估汇率风险的大小，依据科学的方法对风险暴露头寸和风险损益值进行计算，预测汇率波动可能会给企业带来多少损失，并向相关部门发出不同等级的警报。确保在汇率风险发生时能够有充足的准备和有预见的应对措施，达到最大程度降低汇率风险对企业造成损失的目的。

有效的预警决策系统能够通过对汇率风险状况进行监测，对汇率风险等级进行判断，据此准确地做出预测、预报和预警。科学、完善的汇率预警指标体系是汇率风险预警决策系统的核心，各个指标必须具有一定的合理性，并且与企业进出口密切相关。借鉴发达国家的经验和结合企业自身的情况，总结出汇率风险预警指标体系应当包括：两国之间的相对利率、国家外汇储备、经济增长速度、通货膨胀率、失业率、国际收支的状况、相关国家的货币政策、财政政策的类型以及政治稳定程度、汇率变动率、融资费率、汇兑损益、金融衍生品的远期汇率水平等。

以《国家突发公共事件总体应急预案》和风险状况的调控界限作为依据，把汇率风险划分为“严重”“风险”“亚健康”和“正常”四个预警等级，分别以红色、黄色、橙色、蓝色来标示，同样与之对应的反应等级为Ⅰ级、Ⅱ级、Ⅲ级、Ⅳ级。应急管理部门要在监测和评估结果的基础上对汇率风险的性质、类型、级别和汇率趋势进行前期分析判断，每当监测数据在某一范围内变化时，预警决策系统就会确定预警级别并及时发出预警信号。然后应急管理人员可以根据预警决策系统发出的预警信号启动相应的应急预案对汇率风险进行调控。

（三）提高信息沟通、反馈能力，健全决策指挥机制

有效的应急管理必须是以应急预警等级与应急反应等级一一对应为前提，不同等级的汇率风险需要采取措施的力度和范围也不相同，因此，应急反应同样应该以汇率风险可能给企业造成影响的程度为标准来划分等级，也就是一旦预警决策系统发布什么级别的预警信号，企业就给予相对应级别的反应。过度反应或者反应不足都将对汇率风险应急管理造成损害。

通过对汇率风险监测及评估，如果汇率风险对企业可能造成的影响达到预警决策系统设置的风险警报点，那么应急管理人员应该通过信息传递机制将预警等级、备选预案等预警信息在第一时间内告知给相关处理部门。同样地，相关控制措施的执行效果、汇率风险的变化等情况也通过反馈机制及时传达到执行部门。良好的应急信息沟通能为有效进行指挥、资源协调、行动方案调整提供保障，而应急信息反馈机制能够给企业决策者及时提供最新的情况，决策管理者基于最新的反馈信息来制定方案或者进行修改已有方案，使方案更加符合企业的情况，使应急管理效果更好。

建立应急信息沟通、反馈机制主要包括的内容有：

第一，在预警信息发出后，应急管理部门应该及时召集相关部门，将汇率风险的情况及预案库中相应的应对方案告知相关部门的管理人员，明确告知每个部门的职责范围，使相关人员能够知晓该干什么和不该干什么。部门之间的理解与配合是企业成功应对风险的前提，因此企业应该保证应急管理部门与相关部门之间信息畅通。

第二，在汇率风险应急管理的整个过程中都要确保信息能够及时、准确的传递。应急管理人员接收到预警信号时，必须积极向主要负责领导如实、详细汇报汇率风险的情况以及相对应的控制策略。在执行控制措施的过程中，应急管理人员必须定期将事态的发展、控制以及善后的具体情况汇报给主要领导。在汇率风险应急管理工作结束后，整理应对的详细情况、存在的主要问题以及解决的方法、对于预案的调整等资料，以书面报告的形式送交企业主要领导。

第三，在建设企业内部信息沟通、反馈机制的同时，也不能忽视与银行和相关企业保持联系，要与其建立良好的沟通，及时交换信息，实现信息的共享。

完善的应急决策支持过程主要有：

（1）一旦预警决策系统发出预警信号，应急管理部门的管理人员必须迅速熟悉并消化汇率风险的相关信息。例如，汇率风险的等级、可能产生的后果和影响、预测汇率风险的发展趋势等。

（2）基于对以上相关信息的缜密分析，形成汇率风险的专题调查报告，上交给主管领导。

（3）主管领导在掌握调查报告的内容以后，及时组织有关职能部门进行分析、决策，会同相关部门负责人商讨应急预案中相对应的具体实施方案。分析拟采取解决方案可能的实施效果，即采用此方案后可能对企业造成的影响。

（4）根据企业的实际情况、社会大环境以及汇率风险的特殊性，分析找到控制事态的最有效方法，调整拟采取的方案，使方案中的应急处理策略更加符合企业要求。

应急指挥与协调属于应急机制的一部分，在整个应急机制当中起着重要的作用，给应急方案的贯彻执行提供基础和保障。企业应急管理部门应该重视汇率风险应急指挥与协调。在实际的管理过程中，可以把应急管理部门作为指挥和协调中心，要求应对汇率风险的发生做到指挥有力、协调有方。在应急管理部门的组织下，各相关部门相互配合、相互支持，确保各项应急措施得到高效的执行，让各项应急资源能够得到有效的配置和使用。然而，我国企业应急管理部在指挥与协调方面还存在着很多问题，例如指挥能力不足、指挥协调方式落后、应急指挥与应急资源不匹配等。

应急管理过程需要多个部门的共同参与和配合，各部门分工合理、职责明确，这样才能提高企业应对汇率风险的处置能力和效率。因此，要建立多层次、立体化的应急指挥与协调体系。最关键的是建立应急指挥协调中心，发挥统一部署、统一指挥和分工协作的职能。应急指挥协调中心负责实施执行应急管理部门与有关部门以汇率风险预警结果为基础共同商定的方案，迅速积极地组织人力、物力和财力等资源，协调各种资源以保证应急方案的顺利进行。

（四）创新汇率风险应急管理措施，建立高效控制机制

汇率风险应急管理作为一种非常态管理，及时性是一个重要原则，每个环节的处理必须及时，否则会对应急管理的绩效造成影响。本着特事特办的原则，应该建立紧急处理机制，简化各个环节的流程，减少不必要的时间浪费。企业应急管理部门在统一的指挥调度系统下，根据各个环节的需要，分别配置相关资源。除此之外，还需要做好相关资源的动态管理，根据使用情况及时更新资源状况。这样可以实现资源共享，提高资源利用率，对应急管理给予必要支持，以使企业更好地控制汇率风险的发展与影响。

银行和企业之间的业务是相辅相成的，两者之间的关系十分密切。从 2005 年汇率改革开始，随着汇率市场化的不断推进，汇率风险也日益加大，银行利用

透彻认识和了解金融货币政策的优势，积极开展关于汇率风险相关内容的专题讲座和培训，主动对企业宣传汇率风险防范的知识和工具。很多银行不断扩大发展外汇业务和中间业务。银行以汇率分析工具以及专业的分析人员作为平台，协同企业进行国际金融形势分析和货币汇率走势的研判，并提供适当的金融工具给企业进行选择。随着汇率风险的不断加大，企业进行汇率风险管理的意识不断增强，银行不断创新推出金融工具，使金融产品市场上的产品种类更加丰富，在一定程度上能够减小汇率风险给企业造成的损失。主要的金融产品有：①远期外汇合约。企业可以为未来某个时间的交易与银行签订远期外汇交易合同，规定交割日的币种、合同数额以及汇率。这样就算交割日时汇率发生变化，但由于合同双方依然按照合同规定的汇率进行外汇交易，企业就锁定了汇率。远期外汇合约比较成熟，也相对容易操作，因此最适合中小型出口企业。②外汇期权。外汇期权作为一种积极主动的避险工具，每日成交额巨大，是应用最广泛、最灵活的金融工具。企业如果能够合理使用，不仅能够起到锁定风险、控制汇率风险的作用，甚至还可能让企业获得一定的盈利。③外汇掉期。外汇掉期只是掉期的一种，它的本质就是进行风险对冲。涉外企业在持有汇率风险时，在同一时间段内进行金额相同但方向相反的即期交易和远期交易，通过反向操作来对冲掉已有的汇率风险。

除了采用以上这些传统方法进行汇率风险控制以外，企业也在不断创新汇率风险应急管理措施，主要包括：

第一，加强与银行、保险公司等金融机构的联系沟通、合作协调。不仅可以主动向银行进行避险业务咨询，还可以通过使用国际上现行的出口信用保险产品及时买断票据，提前结汇来转嫁贸易信用风险并降低应收账款可能造成的巨大经济损失。另外企业还可以向保险公司缴纳一定的保险费，当汇率变动范围在规定范围内时，保险公司负责赔偿投保者的损失；反之，则由企业自己承担。

第二，建立企业关系网，与兄弟企业建立合作机制，签订应急协议，相互支持，可以将风险分担出去，这样可以有效减轻企业压力。在汇率风险应急管理过程中需要兄弟企业的帮助，就可以及时展开沟通，与他们迅速开展合作，使企业能够更加有效地应对汇率风险。

第三，灵活的使用贸易合同。可以通过在合同中规定结算货币、货币保值或风险分担条款、货币保值条款、结算时间等事项来较好地规避或转嫁汇率风险。

（五）总结经验教训，做好善后工作

应急管理部门应充分考虑实际需要，制定明确的汇率风险善后处理机制，善后处理机制作为恢复机制的一部分，当风险得到有效控制后，针对实际情况对不足之处进行弥补，对人力、物力等资源进行调整，以使汇率风险应急管理效果能够达到更好的状态。善后处理过程需要进行动态性管理，确保汇率风险应急善后处理工作的及时性。

做好善后工作是企业应急管理的重要内容，善后恢复工作主要途径有：

第一，涉外企业应加大科研创新力度，提高产品技术含量和技术附加值，降低成本，扩大利润空间，这是应对汇率变动的根本途径。

第二，升级产业结构、优化产品，提高出口产品的技术附加值。企业通过改进生产设备、提高劳动生产率，以及通过产品差异化升级和品牌提升等方式，提高产品的国际竞争力。

第三，实行国外市场多样化策略。企业除了要确保利润来源国家或地区的市场份额外，还应积极拓展其他市场，加大力度开拓新兴市场。

第四，加大海外市场扩张的步伐，把生产基地转移到货币疲软的国家，建立国际贸易生产体系，达到购买更低价的原材料和零部件来降低企业生产成本的目的，使企业拥有相对的产品价格优势。

第五，改进融资方式。涉外企业根据汇率的走势以及经营策略的变化，对企业的债务结构进行调整，用偿债性支出的减少实现企业利润增加的效果。

第六，调整订单管理方式。长期订单一般具有稳定和量大的特点，汇率变化对其影响也非常大。为了避免汇率波动造成的损失以及订单的丢失，涉外企业可将长期订单改为滚动短期订单。另外，涉外企业还可以采取在本币贬值后推出新产品的策略。

涉外企业执行了恢复计划工作后，须对汇率风险应急管理的整个管理过程进行全面、客观的评价，以掌握涉外企业汇率风险应急管理的状况，使今后的汇率风险管理过程更加合理，形成更加系统、完备的汇率风险应急管理机制。

汇率风险管理的绩效评估就是企业在一个国际贸易周期完成后对其汇率风险管理进行评价和总结。在此阶段，应急管理部门根据风险管理成本—收益分析法对汇率风险应急管理进行效果评价。汇率风险应急管理成本包括交易费用、咨询和培训费用、调查费用等，而收益则是有汇率风险应急管理后损失减少的数额或收益的增加值。对汇率风险应急管理整个过程进行绩效评价主要包括对预防子机制的再度审核、预警子机制的及时性和准确性评估、反应子机制及控制子机制的实施情况评估，最后形成绩效评价报告。

经验总结是对汇率风险应急管理绩效评价工作的有益补充，也是整个汇率风险应急管理中的重要环节。由于受主观条件和客观条件的限制，企业汇率风险管理各个环节的实施都会与预期产生偏差，因此，企业应对汇率风险应急管理的整个过程进行详细总结，找出应对过程中的优劣点，对存在的不足提出完善措施，以书面报告的形式提交给企业的决策者参考，达到改进企业经营管理、增强风险承受能力的目的。

三、关于人民币国际化下的央行汇率管理的对策建议

（一）人民币汇率在均衡状态的管理策略

根据实证分析可知，虽然人民币汇率几乎不会处于完全的均衡状态，但是当失调程度在允许的浮动范围内，可以认为人民币汇率处于动态的均衡状态之中，此时央行的汇率管理策略主要是为了努力保持汇率均衡及为以后出现非均衡状态做好准备。

1. 编制人民币实际有效汇率指数

人民币实际有效汇率指数是判断汇率是否失调的重要指标，货币当局可根据人民币被高估或被低估采取一定的调整措施，使得人民币汇率趋于合理均衡的水平。目前，我国央行尚未编制该指数，学者和投资者一般采用国际清算银行（BIS）和国际货币基金组织（IMF）编制的人民币实际有效汇率指数。但是由于其主要以贸易作为权重来计算人民币实际有效汇率，这已不适合我国现阶段人民币国际化进程中的外汇供求状况。因此，本书建议我国央行可根据国际收支中的贸易、投资、收益、债务等多个项目来确定外币权重，从而编制更加可靠的人民币实际有效汇率指数，并通过定期公布这项数据引导公众从主要关注人民币兑美元双边汇率到汇率制度所参考的一篮子货币汇率上来。

2. 合理引导人民币升贬值预期

尽管从长期来看，人民币汇率在合理均衡的范围内上下波动，但是市场对于人民币升贬值预期均有不断自我强化的趋势。人民币升贬值预期是推动长期均衡汇率上行或下行的重要因素，货币当局应当对人民币汇率预期进行管理。一是要与市场保持良好的沟通，比如向市场传递积极的情绪、稳定 GDP 增长率和加快推进人民币国际化进程的相关政策信号；二是提高汇率形成机制改革等政策的透明度，在政策实施之前与市场进行合理沟通以便提前获得市场反馈，推动投资者形成稳定预期；三是计算并公布合理的均衡汇率计算方法，促进市场内部自动平复汇率失调，形成人民币自动收敛机制。

3. 建立事前事后评估机制

央行可分设汇率操作和评估的相关部门，在可能会导致汇率发生失调前进行

预判，为汇率失调所带来的影响做好充分准备。此外，在央行进行汇率管理后，以月度或季度为时间节点，定期评估在汇率失调时所采取的汇率管理工作的效果、成本、反馈意见等，从中总结和归纳汇率管理经验与不足，不断完善汇率管理机制。

（二）人民币汇率在非均衡状态的管理策略

1. 人民币汇率升值期间的管理策略

通过分析可知，自人民币国际化以来，人民币汇率在较长一段时间内进入了单边升值通道，这不免让我们想到了日元的升值历程，即当一个国家政治经济稳定、劳动生产率不断提高、经济高速增长，其货币必将呈现升值的趋势。目前，在面临国内通货膨胀和资产价格泡沫压力、国际舆论和美元泛滥压力的复杂情况下，如何面对人民币升值的压力，如何在人民币升值的同时保持经济稳定是关系到我国经济发展的关键问题。尽管根据分析，人民币现阶段并不存在被严重低估的情况，但是并不能确定未来人民币会存在被严重低估的可能性。因此，央行应该做好长期性的应对策略。

（1）坚持货币政策的独立性。在人民币汇率升值期间，如果在货币政策独立性、资本自由流动与汇率稳定中只能同时实现两个政策目标，那么应始终坚持货币政策的独立性。货币政策关系到一国的宏观经济政策，汇率政策要从属于宏观经济发展的决策，要从整体利益先于局部利益考虑，长期利益先于短期利益考虑。

（2）以稳定国内物价为首要目标。在坚持货币政策独立性的基础上，面对人民币升值，我国应该保证物价稳定、抑制通货膨胀、配合使用适当的利率政策。根据日本的相关经验，在“广场协议”后，日本的经济增长率并没有受到太多的负面影响，但日本经济繁荣的背后是低利率和宽松货币政策下不断变大的经济泡沫。因此，货币升值不可怕，可怕的是为了抑制升值而采取的不当货币政策，使得经济难以平稳发展。所以在人民币升值过程中，我国应该谨慎使用利率政策，抑制通货膨胀，防止资产泡沫的产生。

（3）有效利用外资加快产业升级换代。人民币升值使得我国依靠低价劳动力为出口竞争力的企业被迫寻求新的发展模式，只有增强自主创新能力，才能使出口产品具备可持续发展的国际竞争力。逐步实现由“中国制造”向“中国创造”的转变，由贸易大国向贸易强国的蜕变。同时，转变经济发展方式、扩大内需，使部分出口转为内销，以此减轻人民币升值对经济发展的不利影响，并且缓解经济增长对出口贸易的过度依赖。

2. 人民币汇率贬值期间的管理策略

在受到国内外经济政策或事件的刺激后，人民币汇率会出现一定幅度的贬值，这属于正常情况，但当短时期内汇率的大幅贬值甚至影响到了整个国家经济的正常运行时，央行就应该引起足够重视，为防止人民币汇率在短期内的过快贬值而提高人民币的坚挺程度。

（1）建立区域同盟机制。欧元的汇率管理策略为人民币国际化提供了一条值得参考和借鉴的道路，即先实现区域化，再实现国际化。我国应该加快推进区域同盟机制的建立，逐步实现区域内经济、贸易、投资和货币的一体化。虽然我国已经开始实施“一带一路”倡议、设立亚洲基础设施投资银行等措施来逐步建立起区域同盟机制，但是大多是与发展中国家进行合作，与很多发达国家建立密切合作关系还有很长的一段路要走。

（2）进一步提高人民币的公信力和国际影响力。推行人民币国际化就是为了提高人民币的公信力和国际影响力，但在具体措施方面，要将本国的货币政策与资本项目开发和汇率政策结合起来，并且应该注重对资本的监控和风险的防范，逐步实现人民币国际化。人民币国际化正在从国际化第一阶段迈向第二阶段，提高人民币的公信力和国际影响力、进一步扩大人民币跨境结算的范围、逐步放开外资股比限制，都是为人民币完全实现国际化打下基础。

（三）人民币国际化期间的汇率管理策略

总体而言，人民币国际化需要人民币汇率相对稳定且保持一定的升值潜力，所以应通过改革提高我国经济增长效率和劳动生产率，不断增强人民币币值稳定的经济基础。

从不同阶段人民币国际化下的人民币资产的不同属性而言，人民币国际化期间人民币汇率的管理也应该采取不同的管理策略。在人民币国际化初级阶段，人民币资产体现出套利资产属性，这可以从近几年国际收支变化中得到证明。近几年我国经常项目顺差变化不大，但年度间或季度间资本和金融项目时常出现顺差和逆差交替现象，人民币汇率时常出现升值走势和贬值走势的交替，这说明跨境资本更多是追逐利差和人民币升值收益的。在人民币国际化高级阶段，人民币资产具备了避险资产属性，在国际金融市场动荡时国际资本会选择持有人民币资产，进而推动人民币汇率上行。人民币国际化的阶段不同，其汇率变化的逻辑也不相同，所以应分阶段实施不同的人民币汇率管理策略。

1. 人民币国际化初级阶段的汇率管理策略

人民币国际化的初级阶段，是指人民币国际化使用主要集中在贸易和投资计价交易阶段。这一阶段，人民币国际化的保证是我国充足的外汇储备、人民币币值稳中有升，以及市场主体相信其手中的人民币能够及时足额兑换为美元。这一阶段，资本项目尚未完全实现可兑换，人民币汇率管理应采取保持人民币兑美元汇率相对稳定、逐步放宽汇率波动幅度的策略，以促进国际化进程和实体经济的发展。

根据前文对人民币实际有效汇率影响因素的分析，可根据离岸人民币资产规模及境内外利差水平设定人民币汇率波动幅度，建议将人民币兑美元汇率年度目标波动幅度设在与境内外利差基本一致的水平上，以增强人民币汇率弹性，与日益开放的资本流动形势和不断扩大的资本流动规模相适应。因为根据利率平价理论，远期汇率贬值幅度与本外币利差基本一致，我国跨境资本流动将随着资本项目的更加开放而趋近利率平价理论，所以人民币汇率年度波动幅度应保持在与境内外利差基本一致的水平上，这样有利于市场预期的稳定。

2. 人民币国际化高级阶段的汇率管理策略

人民币国际化的高级阶段，是指人民币在跨境贸易和投资交易，以及第三国之间广泛使用，且充当主要储备货币的阶段。在这一阶段，人民币国际化的保证是我国强大的经济实力以及具有相当广度、深度和开放度的在岸金融市场。在这一阶段，资本项目已基本实现完全可兑换，人民币汇率应采取自由浮动策略，但仍应对汇率超调适时进行管理，防范大规模投机交易对汇率产生的异常波动风险。

这一阶段人民币汇率管理呈现出主要国际货币发行国的特征。在人民币国际化高级阶段，“特里芬难题”风险开始显露，所以应保持经常项目小幅盈余，通过资本项目输出人民币，做到在输出人民币的同时维持对外净债权，提高投资收益，以保持人民币币值稳定。

附　录

企业汇率风险承受能力调查问卷

企业名称：__________________________

联系人：________联系电话：________

为帮助企业更好地规避和控制汇率风险，提高企业的汇率风险承受能力，课题组特进行相关研究。

请您根据企业实际情况填写问卷，感谢您的大力支持！

1. 贵企业是（　　）　（除标明的问题外其余均为单选）

（A）国有及国有控股企业　　（B）民营企业

（C）中外合资企业　　（D）中外合作企业

（E）外商独资企业　　（F）其他类型______

2. 贵企业从事贸易类型（　　）

（A）生产型进出口企业　（B）专业外贸公司　（C）其他类型______

3. 贵企业的从业人员是______

4. 贵企业的营业收入（销售额）是______

5. 贵企业所属行业（可多选）（　　）

（A）纺织行业　　（B）服装及其他纤维制品制造业

（C）皮革、毛皮、羽绒及其制品业　　（D）家具制造业

（E）食品制造业　　（F）木材加工及竹藤棕草制品业

（G）玩具制造业　　（H）造纸及纸制品业

（I）印刷和纪录媒介复制行业　　（J）文教体育用品制造业

（K）化学原料及化学制品制造业　　（L）橡胶制品业
（M）塑料制品业　　（N）金属制品业
（O）普通机械制造业　　（P）电气机械及器材制造业
（Q）电子及通信设备制造业　　（R）其他制造业______

6. 贵企业对外贸易的主要业务类型（　　）
（A）出口为主　　（B）进口为主　　（C）进出口兼营

7. 贵企业进出口的主要贸易方式（　　）
（A）一般贸易　　（B）进料加工　　（C）来料加工
（D）其他方式______

8. 贵企业贸易结算的货币币种主要为（可多选）（　　）
（A）美元　　（B）欧元　　（C）日元　　（D）港元
（E）英镑　　（F）其他______

9. 贵企业对汇率风险的认识程度是（　　）
（A）不了解　　（B）了解　　（C）非常了解

10. 贵企业对汇率风险的偏好程度（　　）
（A）厌恶　　（B）　中性　　（C）喜好

11. 贵企业的年进出口规模（　　）（以 2014 年为例）
（A）100 万美元以下　　（B）100 万～500 万美元
（C）500 万～1000 万美元　　（D）1000 万～2000 万美元
（E）2000 万～5000 万美元　　（F）5000 万美元以上

12. 与 2013 年相比，目前贵企业国内采购的比例（　　）
（A）增加　　（B）不变　　（C）减少

13. 与 2013 年相比，目前贵企业内销占比（　　）
（A）增加　　（B）不变　　（C）减少

14. 与 2013 年相比，目前贵企业与客户的议价情况如何（　　）
（A）增强　　（B）不变　　（C）减弱

15. 与 2013 年相比，目前贵企业技术更新改造的投入（　　）
（A）增加　　（B）不变　　（C）减少

16. 与 2013 年相比，目前贵企业的出口产品价格（　　）
（A）提高____　　（B）基本不变　　（C）降低____

17. 与 2013 年相比，目前贵企业的出口收入（　　）
（A）提高____　　（B）基本不变　　（C）降低____

18. 当前影响贵企业出口变动的因素有哪些（请按照影响程度由大到小进行多项选择）（　　）

（A）人民币汇率变化　　（B）国际市场需求变化

（C）设限特保等贸易壁垒　　（D）出口退税政策调整

（E）企业产品质量的变化　　（F）企业产品价格的变化

（G）原材料价格变化　　（H）国内同业竞争

（I）劳动力成本变化　　（J）母公司的经营决策

（K）本国关税政策的变化　　（L）交易国关税政策的变化

（M）其他因素______

19. 与 2013 年相比，当前贵企业的进口产品价格（　　）

（A）提高______　　（B）基本不变　　（C）降低______

20. 与 2013 年相比，当前贵企业的进口支出（　　）

（A）提高______　　（B）基本不变　　（C）降低______

21. 当前影响贵企业进口变动的因素有哪些（请按照影响程度由大到小进行多项选择）（　　）

（A）人民币汇率变化　　（B）本国关税政策的变化

（C）进口配额　　（D）进口产品质量的变化

（E）进口产品价格的变化　　（F）交易国关税政策的变化

（G）本国市场需求的变化　　（H）母公司的经营决策

（I）交易国非关税政策的变化（J）其他因素______

22. 贵企业已采取何种措施应对汇率风险（可多选）（　　）

（A）提高产品档次　　（B）降低原材料、生产成本

（C）降低劳动力成本　　（D）重新谈判产品价格

（E）增加第三国出口比重　　（F）增加内销比重

（G）增持外汇净负债　　（H）远期结售汇

（I）境外无本金交割远期外汇交易（NDF）（J）外汇掉期

（K）改用人民币结算　　（L）采用贸易融资

（M）改变结算方式　　（N）其他措施____

23. 贵企业能够承受一年内人民币汇率波动的幅度范围（　　）

（A）1% 以内　　（B）1% ~3%　　（C）3% ~5%

（D）5% ~10%　　（E）10% 以上

24. 预期未来半年内美元兑换人民币汇率浮动的范围（　　）

（A）升值______ （B）基本不变 （C）贬值______

25. 预期未来一年内美元兑换人民币汇率浮动的范围（ ）

（A）升值______ （B）基本不变 （C）贬值______

26. 贵企业的对外贸易收入占总收入的比重是______

27. 贵企业认为影响本企业汇率风险承受能力的因素有哪些？

____

____

28. 就规避汇率风险而言，贵企业希望获得的支持有哪些方面？

____

____

请填写以下表格。

附表 1 贸易进出口情况

项目 年份	贸易项下出口总额（万美元）	贸易项下收汇总额（万美元）	贸易项下进口总额（万美元）	贸易项下付汇总额（不含抵扣部分）（万美元）
2009				
2010				
2011				
2012				
2013				
2014				

附表 2 企业经营情况

项目 年份	资产总额（万元）	出口销售收入（万元）	内销收入（万元）	国内采购支出（万元）	技术改造投入（含研发投入）（万元）	净利润（万元）
2009						
2010						
2011						
2012						
2013						
2014						

感谢您的大力支持！

参考文献

[1] Adler, Michael, Dumas, Bernard. International Portfolio Choice and Corporation Finance: A Synthesis [J] . Journal of Finance, American Finance Association, 1983, 38 (3) 925 -984.

[2] Alan C. Shapiro. Multinational Financial Management [M]. New Jersey: John Wiley & Sons, 2006.

[3] Alexander G J, Baptista A M. Economic Implications of Using a Mean - VaR Model for Portfolio Selection [J]. Journal of Economic Dynamics and Control, 2006 (26): 1159 -1193.

[4] Allayannis, George, Eli Ofek. Exchange Rate Exposure, Hedging, and the Use of Foreign Currency Derivatives [Z] . Working Paper, Stem School of Business, NYU, 1996.

[5] Allayannis, Ihrig, Weston. Exchange Rate Hedging: Financial Versus Operational Strategies [J]. The American Economic Review, 2006 (2): 391 -395.

[6] Almekinders G J, Eijffinger S C W. A friction Model of Daily Bundesbank and Federal Reserve Intervention [J]. Journal of Banking & Finance, 1996, 20 (8): 1365 -1380.

[7] Almekinders G J, Eijffinger S C W. Daily Bundesbank and Federal Reserve Interventions [J]. Empirical Economics, 1994, 19 (1): 111 -130.

[8] Amine Jalal, Machael Rockinger. Predicting Tail - related Risk Measures: The Consequence of Using GARCH Filters for non - GARCH Data [J]. Journal of Empirical Finance, 2008 (15): 868 -877.

[9] Andersson F, Mausser H, Rosen D, et al. Credit Risk Optimization with Conditional Value at Risk Criterion [J]. Mathematical Programming, 2007 (89):

273 - 291.

[10] Andrey I Kibzun, Evgenity A. Kuznetsov. Analysis of Criteria VaR and CVaR [J]. Journal of Banking and Finance, 2006 (10): 48 - 57.

[11] Antonelli C. Industrial Organisation and the Production of Knowledge [J]. Cambridge Journal of Economics, 2004 (23): 243 - 260.

[12] Artzner P, Delbaen F, Eber J H, et al. Thinking Coherently: Risk [J]. Mathematical Finance, 1997 (10): 33 - 49.

[13] Artzner P, Delbaen F, Eber J H, et al. Coherent Measures of Risk [J]. Mathematical Finance, 1999 (9): 203 - 228.

[14] Bahmani - Oskooee M, Ratha A. Dynamics of the U. S. Trade with Developing Countries [J]. Journal of Developing Areas, 2004 (37): 1 - 11.

[15] Balassa B. The Purchasing - Power Parity Doctrine: A Reappraisal [J]. Journal of Political Economy, 1964, 72 (6): 584 - 596.

[16] Balbas A, Garrido J, Mayoral S. Coherent Risk Measures in a Dynamic Framework [J]. Insurance Mathematics and Economics, 2003, 32 (1): 157.

[17] Benjamin J, Cohen. The Yuan Tomorrow? Evaluating China' s Currency Internationalisation Strategy [J]. New Political Economy, 2012, 17 (3): 361 - 371.

[18] Bradley K, Moles P. Managing strategic Exchange Rate Exposures: Evidence from U. K. Firms [J]. Managerial Finance, 2002, 28 (11): 28 - 42.

[19] Cenedese G, Stolper T. Currency Fair Value Models [A] //Jessica James, Ian W. Marsh, Lucio Sarno. Handbook of Exchange Rates [C]. New Jersey: John Wiley & Sons, 2012.

[20] Chen H C, Chang K L, Yu S T. Application of the Tobit Model with Autoregressive Conditional Heteroscedasticity for Foreign Exchange Market Interventions [J]. Japan & the World Economy, 2012, 24 (4): 274 - 282.

[21] Cheung Y W, Chinn M D, Fujii E. Measuring Renminbi Misalignment: Where do We Stand? [J]. Working Papers, 2010, 11 (2): 933 - 935.

[22] Christine Saucer, Alok K, Bohara. Exchange Rate Volatility and Exports: Regional Differences between Developing and Industrialized Coutries [J]. Review of International Economics, 2001 (9): 133 - 152.

[23] Clark P B, Macdonald R. Exchange Rates and Economic Fundamentals: A Methodological Comparison of BEERs and FEERs [A] //Ronald MacDonald, Jerome

L. Stein [C] . Equilibrium Exchange Rates. Dordrecht: Springer, 1999.

[24] Cline W R, Williamson J. Estimates of Fundamental Equilibrium Exchange Rates [J]. Policy Briefs, 2011, 2 (4): 381 -383.

[25] Coquet F, Hu Y, Mémin J, et al. Filtration Consistent Nonlinear Expectations and Related g - expectations [J]. Probability Theory and Related Fields, 2002 (123): 1 -27.

[26] Cvitanic J, Karatzas I, On Dynamic Measures of Risk [J]. Finance and Stochasties, 1999 (3): 451 -482.

[27] Daul De Grauwe. The Economics of Monetary Integration [M]. New York: Oxford University Press, 2007.

[28] David Cabedo, Moya Ismael. Estimating Oil Price "Value at Risk" Using the Historical Simulation Approach [J]. Energy Economics, 2003 (5): 239 -253.

[29] Duffie D, Pan J. An Overview of Value at Risk [J]. Journal of Derivatives, 2005 (3): 7 -15.

[30] Dunaway S, Leigh L, Li X. How Robust Are Estimates of Equilibrium Real Exchange Rates: The Case of China [J]. Pacific Economic Review, 2009, 14 (3): 361 -375.

[31] E. Flood, D R lessard. On the Measurement of Operating Exposure to Exchange Rate: A Conceptual Approach [J]. Financial Management, 1986 (15): 15 -36.

[32] Frenkel M, Pierdzioch C, Stadtmann G. Japanese and U. S. Interventions in the yen/U. S. Dollar Market: Estimating the Monetary Authorities' Reaction Functions [J]. Quarterly Review of Economics & Finance, 2005, 45 (4): 680 -698.

[33] George D Haddow, Jane A Bullock. Introduce to Emergency Management [M]. Texas: Butterworth - Heinemann, 2003.

[34] George S. Tavlas. The International Use of the US Dollar: An Optimum Currency Area Perspective [J]. World Economy, 1997, 20 (6): 709 -747.

[35] Glasserman P, Boyle P. Monte Carlo method for Security Pricing [J]. Journal of Economic Dynamics and Control, 1997.

[36] Glauco De Vita, Andrew Abbott. The Impact of Exchange Rate Volatility. On UK Exports to EU Countries [J]. Scottish Journal of Plocitial Economy, 2004 (51): 62 -81.

[37] Gärtner M. Intervention Policy under Floating Exchange Rates: An Analysis

of the Swiss Case [J]. Economica, 1987, 54 (216): 439 -453.

[38] Haddow G D,Bullock J A. Introduction to Emergency Management [M]. Amsterdam: Butterworth - Heinemann, 2004.

[39] Hanoch G, Levy H. The Efficiency Analysis of Choices Involving Risk [J]. Review of Economic Studies, 1969 (36): 335 -346.

[40] Harry Markowitz. Portfolio Selection [J]. The Journal of Finance, 1952, 7 (1): 77 -91.

[41] Hartmann M, Ehrlich A, Fuder H, et al. Equipotent Inhibition of Gastric acid Secretion by Equal Doses of Oral or Intravenous Pantoprazole [J]. Alimentary Pharmacology Ther, 1998, 12 (10): 1027 -1032.

[42] Helmut Reisen. Is China's Currency Undervalued? [EB/OL]. VOX CEPR Policy portal, https: //voxea. org/article/Chinas - carrency - undervalued, 2010 - 04 -16.

[43] Hodgson D J. A Test for the Presence of Central Bank Intervention in the Foreign Exchange Market with an Application to the Bank of Canada [J]. Empirical Economics, 2011, 41 (3): 681 -701.

[44] Ikeda Y, Beroggi G E G, Wallace W A. Supporting multi - group Emergency Management with Multimedia [J]. Safety Seienee, 1998 (30): 223 -234.

[45] Ito T, Yabu T. What Prompts Japan to Intervene in the Forex Market? A New Approach to a Reaction Function [J]. Journal of International Money & Finance, 2007, 26 (2): 193 -212.

[46] Jeffrey Frankel, 谢丹夏. 基于综合计量技术的人民币汇率制度演化分析[J]. 国际金融研究, 2018 (2): 66 -76.

[47] Jorge ZvÃin Canales Kriljenko. Foreign Exchange Intervention in Developing and Transition Economies: Results of a Survey', IMF Working Paper No. 03/95.

[48] Jorion P. The Exchange - Rate Exposure of U. S. Multinationals [J]. The Journal of Business, 1990, 63: 331 -345.

[49] J L Wybo, K M Kowalski. Command Centers and Emergency Management Support [J]. Safety Science, 1998 (30): 131 -138.

[50] Kang Boda, Jerzy A. Filar. Time Consistent Dynamic Risk Measures [J]. Journal of Mathematical Methods of Operations Research, 2006 (1): 169 -186.

[51] Kathryn Mary Dominguez, Jeffrey A. Frunkel. Does Foreign Exchange Inter-

vention Matter? The Portfolio Effect [J]. The American Economic Review, 1993, 83 (5): 1356 – 1369.

[52] Katrina Bradley, Peter Moles. Managing Strategic Exchange Rate Exposuru: Evidence from UK Finnst [J] . Managerial Finance, 2007 (11): 28 – 40.

[53] Kevin Dowd. The Extreme Value Approach to VaR: An Introduction [J]. Financial Engineering News, 2004.

[54] Krokhmal P, Palmquist J, Uryasev S. Portfolio Optimization with Conditional Value at Risk Objective and Constraints [J]. Journal of Risk, 2010 (2): 43 – 68.

[55] Landesman L Y. Publie Health Management of Disasters: The Practice Guide [M]. Washington, DC: Ameriean Public Health Association, 2001.

[56] Logue, Dennis. When Theory Fails: Globalization as a Response to the Market for Foreign Exchange [J]. Journal of Applied Corporate Finance, 1995 (3): 39 – 48.

[57] Madura J. International Financial Management (2nd Edition) [M] . St. Paul, Minnesota: West Publishing Company, 1989.

[58] Markowitz H. Portfolio Selection: Efficient Diversification of Investment [M]. New York: John Wiley and Sons, 1959.

[59] Masson P, Blundell – Wignall A. Fiscal Policy and the Exchange Rate in the Big Seven : Transmission of U. S. Government Spending Shocks [J]. European Economic Review, 1985, 28 (1 – 2): 11 – 42.

[60] Maurice Obstfeld. Models of Currency Crises with Self – Fulfilling Feature [J]. European Economic Review, 1996 (40): 1037 – 1047.

[61] Milton Friedman. Studies in The Quantity Theory of Money [M]. University of California Press, 2001 (6): 85 – 98.

[62] Mulvey J M, Erkan H G. Applying CVaR for Decentralized Risk Management of Financial Companies [R] . 2011.

[63] Norman R. Augustine. 管理你力求避免的危机[M]. 北京: 中国人民大学出版社, 1995.

[64] Paul Krugman. A Model of Balance – of – Payments Crises. Journal of Money [J] . Credit and Banking, 1979, 11 (3): 311 – 325.

[65] Peter Clark, Shang – jin Wei, Azim Sadikov, et al. Exchange Rate Volatility and Trade Flows: Some New Evidence [R] . 2004.

[66] Pflug G. Some Remarks on the Value – at – risk and the Conditional Value – at – risk [M]. S. Uryasev Ed. Probabilistic Constrained Optimization: Methodology and Applications, 2004.

[67] Pownall R A, Koedijk K G. Capturing Downside Risk in Financial Markets [J]. Journal of International Money and Finance, 2009 (6): 78 – 86.

[68] R E Park, E W Burgess. Introduction to the Science of Sociology [M]. The University of Chica go Press, 1921.

[69] Robert Engle. Dynamic Conditional Correlation: A Simple Class of Multivariate Generalized Autoregresive Conditional Hetero Skedasticity Models [J]. Journal of Business and Econometric Statistics, 2002 (3): 339 – 350.

[70] Rockafellar R T, Uryasev S. Conditional Value – at – risk for General Loss Distributions [J]. Journal of Banking & Finance, 2002 (26): 1443 – 1471.

[71] Rodriguez R. M. Exchange Risk Management [J]. Journal of Finance, 1974 (5): 427 – 439.

[72] Roorda B, Schumacher J M, Engwerda J C. Coherent Acceptability Measures in Multiperiod Models [J]. Mathematical Finance, 2005 (15): 589 – 612.

[73] Rotenstein D, Reigel D H. Exchange Rate Economics: Where do We Stand? [J]. Brookings Papers on Economic Activity, 1980 (1): 143 – 205.

[74] Roy A. Safety – first and the Holding of Asset [J]. Econometrica, 2001 (20): 65 – 70.

[75] Rudiger Dornbusch. Expectationsand Exchange Rate Dynamic [J]. Journal of Political Economy, 1976, 84 (6): 1161 – 1176.

[76] S N Ahkam. A Model for the Evaluation of a Response to Economic Risk by Multination Companies [J]. Managerial Finance, 2005 (4): 7 – 22.

[77] Srinivasulu S. Strategic Response to Foreign Exchange Risks [J]. Columbia Journal of World Business, 2009 (1): 13 – 23.

[78] Suardi S, Chang Y. Are Changes in Foreign Exchange Reserves a Good Proxy for Official Intervention? [J]. Journal of International Financial Markets Institutions & Money, 2012, 22 (4): 678 – 695.

[79] Taylor S and Xu X. The Incremental Volatility Information in one Million Foreign Exchange Quotations [J]. Journal of Empirical Finance, 1997 (44): 317 – 340.

［80］ Thomas J. Linsmeier，Neil D. Pearson. Value at Risk ［J］. Financial Analysts Journal，2003 （2）：46 –47.

［81］ T. Bollerslev，R. F. Engle，J. M. WooldridgeA Capital Asset Pricing Model with Time Varying Covariances ［J］ Journal of Political Economy，1988 （11）：116 – 131.

［82］ Williamson J. Estimating Equilibrium Exchange Rate ［M］. Washington，DC：Institute for International Economics，1994.

［83］ Williamson J. The Exchange Rate System ［M］. Washington，DC：Institute of International Economics，1983.

［84］ Wisner B，Blaikie P，Cannon T，et al. At Risk：Natural Hazards，People' s Vulnerability and Disasters ［M］. London and New York：Routledge，2004.

［85］ You K，Sarantis N. Structural Breaks and the Equilibrium Chinese Yuan/US Dollar Real Exchange Rate：A FEER Approach ［J］. Review of International Economics，2011，19 （5）：791 –808.

［86］ Zhang Z，Chen L. A New Assessment of the Chinese RMB Exchange Rate ［J］. China Economic Review，2014 （30）：113 –122.

［87］ 巴曙松．中国外汇市场运行研究［M］. 北京：经济科学出版，2006.

［88］ 卜国军．人民币国际化进程中汇率的决定和管理研究［D］. 北京：中央财经大学博士学位论文，2015.

［89］ 蔡中贯．承载力：全面对象价值整合管理［M］. 北京：机械工业出版社，2006.

［90］ 陈华．央行干预使得人民币汇率更加均衡了吗？［J］. 经济研究，2013，48 （12）：81 –92.

［91］ 陈金龙，张维．CVaR 与投资组合优化统一模型［J］. 系统工程理论方法应用，2002 （3）：68 –71.

［92］ 陈力杰．基于条件风险价值的股市风险分析［D］. 青岛：山东科技大学硕士学位论文，2008.

［93］ 陈卫东，王有鑫．跨境资本流动监测预警体系的构建和应用［J］. 国际金融研究，2017 （12）：65 –74.

［94］ 陈粤芳．基于多级模糊综合评价模型的出口企业汇率风险承受能力应用研究［D］. 重庆：重庆理工大学硕士学位论文，2014.

［95］ 程乾生．属性集和属性综合评价系统［J］. 系统工程理论与实践，1997

(9): 9.

[96] 笪家祥. 人民币汇率制度改革对出口企业承受力的影响研究[J]. 世界经济与政治论坛, 2008 (6): 35-41.

[97] 笪家祥. 人民币升值对出口企业承受力影响的实证分析[J]. 国际商务财会, 2008 (11): 5-11.

[98] 邓金英, 郑力源. 浅谈人民币汇率升值对广东出口贸易的影响[J]. 现代商业, 2012 (8): 42-43.

[99] 邓云峰, 郑双忠, 刘功智等. 城市应急能力评估体系研究[J]. 中国安全生产科学技术, 2005 (6): 33-36.

[100] 刁锋. 中国外汇市场干预资产组合渠道有效性实证检验[J]. 南开经济研究, 2002 (3): 31-35.

[101] 刁锋. 中国央行外汇市场干预目标的实证分析[J]. 南开经济研究, 2001 (6): 56-59.

[102] 董沛武, 陈爱东, 冯英浚. 不确定条件下资本预算最优化模型研究[J]. 中国软科学, 2002 (5): 103-105.

[103] 费明. 企业汇率风险控制与防范初探[J]. 中国外资, 2011 (12): 40.

[104] 冯焱. 浅谈人民币汇率变动对我国对外贸易的影响[J]. 商业现代化, 2009 (11): 351.

[105] 傅勇, 李月. 外汇市场干预模式与货币政策: 国际比较及经验启示[J]. 上海金融, 2013 (11): 42-47.

[106] 高建明. 国际贸易中风险的预见及规避方法研究[J]. 中国市场, 2010 (28): 22-23.

[107] 高铁梅. 计量经济分析方法与建模[M]. 北京: 清华大学出版社, 2006.

[108] 巩前锦. 条件风险价值 (CVaR) 在投资组合理论中的应用研究[D]. 中南大学硕士学位论文, 2003.

[109] 管涛, 谢峰. 做对汇率政策: 强势美元政策对中国的启示[J]. 国际金融研究, 2016 (9): 3-10.

[110] 管涛. "一波三折"的人民币汇率形成机制改革[J]. 中国经济周刊, 2019 (18): 132-133.

[111] 桂岚, 李跃军. 基于 ISM 的公路突发地质灾害应急机制构建[J]. 中

国地质灾害与防治学报，2010（1）：117－121.

［112］郭田勇，陈佳．我国中央银行对外汇市场干预效力分析[J]. 国际金融研究，2006（7）：57－61.

［113］郭小金．企业生命周期理论视角下的财务资源整合途径[J]. 江西社会科学，2011（4）：74－78.

［114］韩传峰，刘亮．基于解释结构模型的应急机制系统分析[J]. 自然灾害学学报，2006（6）：154－158.

［115］韩建武．突发事件应急机制研究[J]. 北京理工大学学报（社会科学版），2004（4）：6－8.

［116］韩玉珍．国际贸易与国际金融[M]. 北京：北京大学出版社，2009.

［117］何磊．不同分布条件下的风险价值及其实证研究[D]. 湖南大学硕士学位论文，2003.

［118］何信，张世英，孟利锋．动态一致性风险度量[J]. 系统工程理论方法应用，2007（9）：243－247.

［119］何彦．我国外汇冲销干预中存在的问题及改革思路[J]. 财经研究，2000（4）：14－18.

［120］贺红波．市场运营环境下发电投资的风险决策和系统动力学模型研究[D]. 长沙理工大学硕士学位论文，2008.

［121］胡大江，任玉珑，陈学梅等．企业国际贸易汇率风险管理研究[J]. 现代管理科学，2010（4）：71－73.

［122］胡大江．面向双重风险的我国企业国际贸易外汇风险管理研究[D]. 重庆大学博士学位论文，2010.

［123］胡黄山．基于 CVaR 的投资组合理论及实证研究[D]. 沈阳：东北大学硕士学位论文，2005.

［124］胡奕明．外汇风险管理[M]. 大连：东北财经大学出版社，2001.

［125］黄昌利．人民币实际有效汇率的长期决定：1994～2009［J]. 金融研究，2010（6）：34－45.

［126］黄祖辉，陈立辉．金融衍生工具的使用及其对企业出口绩效的影响——来自 352 家中国农产品出口企业的经验证据[J]. 农业经济问题，2010（12）：31－35.

［127］姜秋月．基于 CVaR 有交易费用投资组合优化模型及实证研究[D]．东北大学硕士学位论文，2008.

［128］金磊．城市安全风险评价的理论与实践［J］．城市问题，2008（2）：35－40.

［129］菊地悠二．日元国际化：进程与展望［M］．陈建译．北京：中国人民大学出版社，2002.

［130］李成，马国校．VaR 模型在我国银行同业拆借市场中的应用研究［J］．金融研究，2007（5）：89－91.

［131］李海涛．基于 CVaR 的衍生证券投资组合优化模型研究［D］．武汉理工大学硕士学位论文，2005.

［132］李金华．基于改进 CVaR 约束条件下的投资组合优化模型研究［D］．武汉理工大学硕士学位论文，2007.

［133］李君治，唐立峰．基于云模型的煤矿企业应急管理能力评价研究［J］．经济论坛，2013（8）：131－135.

［134］李科，陈平．基于 ADL－ARCH 模型的我国外汇干预目标之实证研究［J］．中山大学学报（社会科学版），2010，50（5）：202－208.

［135］李娜．我国所得税会计问题及改善策略［J］．现代商业，2015（29）：142－143.

［136］李平，董曦明，李家美．人民币汇率干预的理论选择与策略研究［J］．南开学报（哲学社会科学版），1999（4）：66－74.

［137］李石凯，戴本忠，刘昊虹．美元汇率的长期均衡与离岸人民币汇率管理［J］．新金融，2017（8）：18－22.

［138］李肃浩．汇率变动对我国国际贸易的影响研究［J］．时代金融，2012（4）：121－122.

［139］李艳．竞争情报与企业战略风险管理［J］．情报理论与实践，2006（1）：20－24.

［140］李泽广，Man－Wah Luke Chan. 基本面因素与人民币均衡汇率［J］．统计研究，2012，29（5）：51－57.

［141］梁琦，徐原．汇率对中国进出口贸易的影响［J］．管理世界，2006（1）：48－56.

［142］廖凌雁．基于 VaR 模型的证券投资风险分析［J］．财会月刊，2006（12）：53－57.

［143］林财超．VaR 和 CVaR 在证券投资组合决策中的应用［D］．长沙理工大学硕士学位论文，2008.

［144］林佳武，赵新．交通应急能力评价指标体系研究［J］．科技创新导报，2010（27）：9－11.

［145］刘刚．从生命周期理论谈企业对环境的调适方法与路径［J］．商业时代，2009（5）：54－55.

［146］刘昊虹，李石凯．人民币汇率联动效应变迁与汇率管理问题研究［J］．农村金融研究，2018（4）：36－40.

［147］刘虎明．金融市场风险度量方法的比较及新架构的探索［D］．西南财经大学硕士学位论文，2007.

［148］刘辉，任建伟．企业应急管理体系构建及其运作管理研究［J］．金融经济，2008（12）：94.

［149］刘建元．金融风险的理论与应用研究［D］．重庆大学硕士学位论文，2008.

［150］刘娇娇．人民币升值对我国外贸的影响［J］．财政金融，2012（4）：43－44.

［151］刘林清．基于 GARCH－CVaR 模型的涉外企业汇率风险度量及规避研究［D］．重庆理工大学硕士学位论文，2013.

［152］刘仁辉，安实．面对突发事件企业应急管理策略［J］．管理世界，2008（5）：180－181.

［153］刘晓燕，翟东升．VaR 方法在预测股票指数流动性上的应用［J］．技术经济，2004（7）：35－41.

［154］刘莹．CVaR 方法在投资组合风险管理中的应用研究［D］．东北大学硕士学位论文，2006.

［155］刘志东．Downside－Risk 风险度量方法研究［J］．统计与决策，2006（12）：25－28.

［156］柳菲．基于遗传算法的 CVaR 模型在投资组合中的应用［D］．西安电子科技大学硕士学位论文，2009.

［157］龙朝阳，王健，祝建军．改进约束条件的组合投资决策优化模型［J］．预测，2001（1）：68－70.

［158］罗伯特·蒙代尔．蒙代尔经济学文集［M］．向松祚译．北京：中国金融出版社，2003.

［159］罗伯特·希斯．危机管理［M］．王成，宋炳辉，金瑛译．北京：中信出版社，2004.

［160］马德功．中央银行外汇市场干预研究［D］．四川大学博士学位论文，2005.

［161］马杰．利率与汇率风险管理［M］．北京：人民邮电出版社，2006.

［162］孟令申．证券市场风险测量与修正［D］．中南大学硕士学位论文，2010.

［163］孟志青，虞晓芬，蒋敏等．基于动态 CVaR 模型的房地产组合投资的风险度量与控制策略［J］．系统工程理论与实践，2008（9）：69－76.

［164］彭红枫，陈文博，谭小玉．人民币国际化研究述评［J］．国际金融研究，2015，399（10）：12－20.

［165］乾小乾．基于遗传算法的 CVaR 投资组合模型研究［D］．东北大学硕士学位论文，2009.

［166］邱慧．对汇率风险控制的几点思考［J］．现代经济信息，2012（9）：234.

［167］任杰．人民币汇率均衡问题研究［J］．上海金融，2013（12）：28－32.

［168］任喜功．浅析风险辨识与控制在企业应急管理体系建设中的地位和作用［J］．机械管理开发，2013（1）：199－201.

［169］塞尔维斯特尔·C. W. 艾芬格，雅各布·德·汉．欧洲货币与财政政策［M］．向宇译．北京：中国人民大学出版社，2003.

［170］沙文兵，刘红忠．人民币国际化、汇率变动与汇率预期［J］．国际金融研究，2014（8）：10－18.

［171］闪淳昌．建立突发公共事件应急机制的探讨［J］．中国安全生产科学技术，2005（2）：24－26.

［172］尚静．人民币升值的原因及对我国经济的影响探析［J］．国际贸易问题，2008（9）：21－22.

［173］邵云飞，杜欣，周敏．企业突发事件应急管理体系创新设计——基于全系统的视角［J］．技术经济，2010（10）：94－98，125.

［174］沈华．应急管理方法研究综述［J］．现代管理科学，2009（10）：34－35.

［175］史丽萍，杜泽文．基于 DEMATEL－ISM 的企业应急能力结构研究［J］．科技管理研究，2013（5）：227－230.

［176］宋磊．收汇期不确定条件下企业汇率风险度量及规避研究［D］．重庆理工大学硕士学位论文，2011.

［177］苏莉．含有衍生证券的投资组合问题［D］．天津大学硕士学位论文，2005.

［178］孙海霞．货币国际化条件研究——基于国际货币三大职能［D］．复旦大学博士学位论文，2011.

［179］孙健．金融资产的离散过程动态风险度量研究［D］．哈尔滨工业大学博士学位论文，2007.

［180］孙明春．外汇市场干预的理论分析［J］．世界经济，1998（5）：14－17.

［181］孙悦．人民币实际有效汇率对中国出口贸易的影响［J］．经济研究导刊，2012（3）：83－85.

［182］孙章杰，傅强．基于状态空间模型的人民币均衡汇率研究［J］．管理工程学报，2014，28（4）：112－117.

［183］田新民，黄海平．基于条件 VaR（CVaR）的投资组合优化模型及比较研究［J］．数学的实践与认识，2004（7）：40－50.

［184］田永强，王凤芹．我国粮食企业风险承受能力的模糊综合评价研究［J］．农业技术经济，2005（1）：15－19.

［185］佟淑娇，张培红，钟茂华等．基于 AHP 的企业应急管理能力评价研究［J］．东北大学学报（自然科学版），2012（6）：899－903.

［186］涂永红．外汇风险管理［M］．北京：中国人民大学出版社，2004.

［187］王爱俭．20 世纪西方汇率理论发展的百年回顾与评述［J］．区域金融研究，2004（8）：7－11.

［188］王姣姣．我国国有控股商业银行汇率风险管理研究［D］．武汉科技大学硕士学位论文，2009.

［189］王晋斌，李南，孙涛．论人民币汇率防御性管理策略［J］．安徽大学学报（哲学社会科学版），2012，36（3）：146－156.

［190］王利平．汇率改革对浙江省重点行业企业出口的影响研究［J］．国际贸易问题，2007（5）：68－72.

［191］王楠，吕建黎．我国中央银行外汇市场干预的现状、问题及对策［J］．特区经济，2006，211（8）：74－75.

［192］王锐兰．政府应急管理的绩效评价指标体系研究［J］．安徽大学学报（哲学社会科学版），2009（1）：35－39.

［193］王生云．通过 VAR 模型对人民币汇率波动与企业盈利的影响分析

[J]．工业技术经济，2010（4）：101－103.

[194] 王熙玲．试论外贸企业汇率风险应急机制评价模型［J］．现代商业，2015（29）：139－140.

[195] 王相宁，李敏，缪柏其．基于 BEER 模型的人民币均衡汇率——来自状态空间理论的新证据［J］．系统工程，2010，28（5）：8－12.

[196] 王有鑫，谢峰．新汇改以来人民币汇率走势与汇率管理改革［J］．新金融，2018（2）：14－19.

[197] 王有鑫，赵雅婧．美联储加息前景及对中国外溢影响［J］．清华金融评论，2017（4）：68－70.

[198] 王有鑫．人民币汇率调控新变化［J］．金融博览，2017（1）：14－16.

[199] 魏爱东．运用金融衍生工具规避汇率风险的对策［J］．南方金融，2006（3）：46－48.

[200] 文争为．人民币汇率变动对我国出口价格动态传递效应的实证研究［J］．经济评论，2012（4）：128－134.

[201] 巫英，向刚．基于属性测度的创新型企业战略风险评价研究［J］．科学学与科学技术管理，2012（8）：161－166.

[202] 吴俊．突发公共事件社会应急机制的构成框架［J］．统计与决策，2006（13）：54－57.

[203] 夏江山．基于 CVaR 约束的投资组合优化模型［D］．天津大学硕士学位论文，2004.

[204] 肖立晟，郭步超．中国金融实际有效汇率的测算与影响因素分析［J］．世界经济，2014（2）：95－115.

[205] 谢赤，贝籽．中央银行的外汇干预行为特征研究——基于 TR－GARCH 模型的实证检验［J］．上海经济研究，2014（3）：3－15.

[206] 谢非，陈学梅，胡大江．企业国际贸易外汇风险影响因素研究［J］．现代管理科学，2011（3）：69－71.

[207] 谢非，陈粤芳，杨茜．企业汇率风险承受能力影响因素及对策［J］．重庆理工大学学报（社会科学版），2014（1）：61－64.

[208] 谢非，刘林清，陈粤芳．新形势下我国涉外企业汇率风险规避策略选择［J］．对外经贸实务，2012（6）：63－65.

[209] 谢非，刘星．浮动汇率制下的企业外汇风险度量及控制［J］．重庆大学学报，2008（4）：20－23.

［210］谢非，杨茜，黄晓娟．基于解释结构模型的企业汇率风险管理应急机制构建研究［J］．重庆大学学报（社会科学版），2015（4）：59－64.

［211］谢非，杨茜，黄晓娟．外贸企业汇率风险应急机制属性综合评价模型［J］．重庆理工大学学报（社会科学版），2015（3）：11－16.

［212］谢非，张静，宋磊．汇率风险管理研究综述［J］．重庆理工大学学报（社会科学版），2011（9）：3，46－50.

［213］谢非．不确定条件下企业国际贸易汇率风险度量与规避研究［D］．重庆大学博士学位论文，2010.

［214］谢太峰，甄晗蕾．基于 BEER 模型的人民币均衡汇率研究［J］．金融理论与实践，2015（8）：21－24.

［215］熊洁敏．人民币升值对我国出口企业的影响和对策［J］．对外经贸实务，2007（5）：76－79.

［216］徐虹．我国央行外汇干预的特征分析［J］．时代经贸（学术版），2007，5（10）：177－179.

［217］徐晟，唐齐鸣．中国参考盯住篮子货币干预的实证研究［J］．国际金融研究，2008（9）：68－72.

［218］徐志彬．基于 CVaR 的证券投资组合模型设计及其应用研究［D］．华北电力大学硕士学位论文，2009.

［219］许明辉，于刚，张汉勤．带有缺货惩罚的报童模型中的 CVaR 研究［J］．系统工程理论与实践，2008（10）：53－56.

［220］颜海，赵冲，马强．我国应急管理体制与机制理论研究综述［J］．图书情报工作网刊，2010（7）：8－12.

［221］杨长江，钟宁桦．购买力平价与人民币均衡汇率［J］．金融研究，2012（1）：36－50.

［222］杨黎．中国涉外企业汇率风险度量与规避［J］．商品与质量，2012（S3）：84.

［223］杨茜．基于 ISM－ASAS 理论的我国涉外企业汇率风险应急机制研究［D］．重庆理工大学硕士学位论文，2015.

［224］杨志国．涉外企业汇率风险控制问题与管理机制的建立［J］．长江大学学报（社会科学版），2011（8）：35－37.

［225］姚德忠．贸易发展推动人民币国际化研究［D］．华中科技大学硕士学位论文，2010.

［226］叶青．基于GARCH和半参数法的VaR模型及其在中国股市风险分析中的应用［J］．统计研究，2005（12）：25－29.

［227］叶亚飞，石建勋．人民币汇率是否被低估？——基于BEER模型的实证研究［J］．当代经济管理，2017，39（2）：86－93.

［228］张欢．应急管理评估［M］．北京：中国劳动社会保障出版社，2010.

［229］张太海，赵江彬．承载力概念的演变分析［J］．经济研究导刊，2012（14）：11－14.

［230］张在美，谢赤，孙柏．外汇干预反应函数非线性FTR模型的提出及其实证［J］．中国管理科学，2010，18（4）：34－42.

［231］赵春峰．基于条件风险价值（CVaR）投资组合模型的分析及应用［D］．西南财经大学硕士学位论文，2009.

［232］赵红，康大臣，汪亮．突发事件应急管理机理、机制与体系探讨［J］．中国管理科学，2006（14）：784－788.

［233］赵丽娟，安琪．VaR的改进方法CVaR在投资组合风险中的应用［J］．商业经济，2009（17）：64－66.

［234］赵然．汇率波动对货币国际化有显著影响吗？［J］．国际金融研究，2012（11）：55－64.

［235］赵兴民．突发自然灾害后的教育应急机制研究——以汶川地震灾害为例［J］．重庆大学学报（社会科学版），2010（6）：151－158.

［236］郑明川，吴晓梁．VaR约束下的投资组合管理［J］．技术经济与管理研究，2003（6）：32－37.

［237］周海．运用衍生产品规避企业汇率风险［J］．中国金融，2011（14）：79.

［238］周小敏．基于GARCH模型的CVaR金融风险测度研究［D］．湖南大学硕士学位论文，2007.

［239］周业．浙江纺织服装业应对人民币升值影响的调查报告［J］．国际经济评论，2008（1）：17－20.

［240］周宇．论汇率贬值对人民币国际化的影响——基于主要国际货币比较的分析［J］．世界经济研究，2016（4）：3－11.

［241］朱贺．构筑汇率风险预警机制必要性及框架分析［J］．开发研究，2009（4）：96－99.

[242] 朱杰．中国外汇市场压力和中央银行的干预程度：一个经验分析［J］．世界经济，2003（6）：14－23.

[243] 朱孟楠，韩晓雪．CKM 理论的人民币汇率失衡测算［J］．财经问题研究，2013（5）：52－58.

[244] 朱庆．外汇干预理论与我国的实践［J］．南方金融，2007（2）：34－36.

后　记

本专著是在国家社会科学基金项目和重庆金融学会课题基础上完成的，在此感谢国家社会科学基金、央行重庆营业管理部及其金融学会给予的鼎力支持。为了更好地撰写本专著，课题组成员先后走访了央行重庆营业管理部、重庆市商务委员会及数十家上市公司、中小型企业，获得了第一手研究资料。课题组依托重庆理工大学丰富的图文资料、高质量的中英文网络检索数据库，进行了大量理论研究及相关数据收集，从而为完成本专著奠定了基础。

在本专著成稿期间，正值中美贸易摩擦，人民币兑美元的汇率出现了较大幅度的贬值，国内外资本市场发生剧烈波动，我国进出口贸易格局也因此发生了深刻的变化。同时，改革开放不断深入及汇率市场化改革进一步推进，使人民币汇率的波动幅度、波动频率进一步加大，由此给我国涉外企业带来了不容忽视的汇率风险。本专著对我国汇率制度的历史沿革进行了详细梳理，阐述了汇率波动对企业经营带来的风险，深入剖析了汇率风险管理技术与手段，并通过实证研究分析了涉外企业汇率风险承受能力，对当前中美贸易摩擦期间中国人民银行如何进行汇率管理，企业如何规避汇率风险具有一定的参考性。

最后，感谢重庆理工大学计算机学院韩芳副教授的鼎力支持和帮助，同时感谢研究生聂宇贤、胡小英、傅炜、刘超、庹树豪、胡小草、袁露航、阳华、刘婷婷、方璐、谭朋、周建等在本专著成稿过程中对大量文献及相关数据的梳理与收集。鉴于时间和能力有限，本专著中可能还存在着一些不足，在今后的研究中将会不断地进行完善。

谢非

2019 年 12 月于重庆理工大学